地方創生に駆けた男

天草架橋・離島振興に命を賭した森 國久

森 純子・段下文男【編著】

熊本出版文化会館

森 國久という男

森國久は、明治四五（一九一二）年七月、天草郡樋島村（現・熊本県上天草市龍ヶ岳町）に生まれた。
故郷住民の熱い要請で、昭和二六（一九五一）年五月、三八歳で旧天草郡樋島村長として地方政治家の一歩を踏み出した。天草ではいち早く町村合併の必要性を説き、龍ヶ岳村を誕生させ、龍ヶ岳村・町長となった。町政にあっては、龍ヶ岳町を天草島内きっての後進性から脱皮させることに全霊を打ち込み、多くの業績を残した。昭和三六（一九六一）年、国の法律に先駆け町独自の母子福祉年金、身体障害児童年金、戦没者遺族年金条例などの福祉三法を制定した。この条例は、国の恩恵に属さない生別母子家庭、小児マヒ児童、軍属、国籍のない人に光を与えた。当時多くメディアに取り上げられ、注目を集めた。

森 國久
（昭和 36 年、東京・浅草にて長男が撮影）

中央においては、内閣の諮問機関・内閣離島対策審議会の委員を務め、全国離島振興協議会の副会長を昭和二八（一九五三）年の設立時から亡くなるまで歴任した。これら委員・副会長としての活動を通して、天草のみならず全国二〇〇万離島民の幸福を念願して全国離島振興に旺盛な情熱を傾けたのである。「離島振興法なかりせば離島の姿は一体今どうなっているのであろうか」と全国の離島民を鼓舞した。一方、天草では天草郡町村会長（天草振興協議会長）、天草架橋期成会副会長に就き、闘うリーダーとして天草架橋、天草振興の現実的運動を島民と一体となって展開した。

天草架橋の現実化のため、「交通は道路」として、「天草循環道路舗装五ヵ年計画・天草道路公社構想」を掲げた。昭和三五年、「上島循環道路」期成会会長に就き、昭和三六年、「本渡瀬戸開削・瀬戸橋改修国営工事」が実現し、ここに天草架橋に繋がる道路網の完成を見た。

天草架橋開通後の産業基盤の確立に向け「畜産果樹園パイロット構想」「キリシタン遺跡保存、雲仙天草国立公園編入」の実現など、観光立島に向け実行した。

さらに「天草は一つ」、天草架橋開通後は全天草郡市の合併に向け、天草は『特例市』を目指していたのである。

当時、熊本市の人口は三〇万人台、天草が一つになれば、人口二二万の市となり、県下では二番目の人口の市の誕生だった。天草がひとつになることにより、当時国交のなかった中国や朝鮮との貿易の拠点、世界的な観光地へ、果ては天草を「香港」のような島にする構想も掲げていた。天草の「一〇〇年先」を見据え、天草の自立「国」造りを目指していた。

次々と提言した構想を実現する力を持ち合わせていたはずである。

だが、超人的な活動は、明らかに國久の限界を超えていた。昭和三六(一九六一)年五月、寺本県知事と共に天草架橋の陳情で上京し、事業着手を確実なものとしながら、起工式を直前にして病に倒れた。天草架橋開通も待たずして逝った。

昭和三六年六月二六日、享年四八歳。

福祉国家の建設を! 誰もが住み良い社会を造ろう……というのが死ぬまで國久が叫び続けた言葉だった。

地方創生に駆けた男／目　次

はじめに

今から半世紀前、天草に夢と希望を残し、天地を龍のごとく駆け抜けて逝った男がいた。天草諸島の有人島のなかでも特に小さな樋島を故郷とするある一人の男の物語であり、生きた歴史の証言である。その人物の名前は森國久という。

九州の地図を広げてみると、その中央に熊本県がある。その熊本県の南西方向に突き出ている半島が宇土半島である。その先に、國久の故郷である樋島をふくむ天草の島々が連なっている。これらの島々は、どれも複雑に入り組んだ海岸線に縁どられている。この空間は狭いようで広い。これらの島々に、天草五橋と呼ばれる橋がかけられ、まるで真珠の首飾りのように美しい島々がつながっている。

上島には龍ヶ岳という天草諸島のなかでは比較的高い山がある。訪れた人がそこから眺めると、天草諸島のすべてを眼下におさめることはできないけれども、変化にとんだリアス式海岸や点在する島々の景観を随所に楽しむことができるはずである。特に夕暮れにかけて太陽が傾きながら西の水平線に近づいていくころ、西の空は青、朱、茜、紫などの水彩絵の具をつぎからつぎへと淡く流し込んだように、刻々とその相貌を変え、波の穏やかな日には島々のあいだをうめる海面は黄金色に染まる。訪れた旅人にとってはまさに至福のひとときである。

けれどもこの美しい天草の島々も、住民がたどった苦難の歴史を秘めている。それは風景からは想像しがたい。江戸時代の幕藩体制下での過酷な年貢の徴収、キリスト教徒への仮借ない弾圧などは周知のとおりである。また、明治維新後に日本は近代化の道を歩み始めるのであるが、他の離島と同様に天草は、急速に進展した産業化という一面では、大都市から取り残され、大都市やその周辺地域のための安価な労働力の供給基地としての役割を担わされることになったのである。天草のような離島は、不均等に発展する日本の産業化の過程においては、貨幣経済に巻き込まれてゆく消費生活の水準の面でも、交通インフラの面においても、相対的に不利な立場におかれつづけた。生活の困窮からすこしでも抜け出そうと天草の住民は、時には海外や「外地」に出稼ぎに出かけた。このような貧困状況から日本の離島が抜け出すには、第二次世界大戦、太平洋戦争の終結を待たねばならなかったのである。

とはいえ、天草に暮らす人々自身が切実に離島状況から脱出することを願い、その願いを実行に移さなければ、離島状況からの脱出も離陸も果しえないことは明らかであった。このような状況のなかから國久は、昭和二六（一九五一）年、天草島内きっての後進性から樋島村を再生し、龍ヶ岳町で国に先駆けた先進的な福祉政策など着眼点の先進性をいかんなく発揮した。彼の視野は龍ヶ岳町一町に閉じられているものではなかった。彼の視野はつねに天草諸島全体、さらには全国の離島に開かれていた。

全国の離島振興、ことに天草諸島の浮揚のため天草架橋を切望し、粉骨砕身の思いで目標実現のために果敢に行動し、挑戦し続けた男、それが森國久である。森國久は、日本の近代化、産業化の過程で社会の発展から取り残されそうな天草という地域社会、否、全国の離島社会と大都市との格差是正への切なる思い、声なき声を代弁するかのように絶えず明確なことばを発し続けた。彼の願いは全離島社会住民の願いでもあった。

だが、激務が身体をむしばんでいた。突如襲ってきた病は、それらを完了させる機会を彼から永久に奪ってしまった。妻と五人の子どもを遺して彼は最大の懸案であった五橋開通の輝かしい日をさえ待たずに逝った。樋島村長に就任してからわずか一〇年の歳月を急ぎ足で駆け抜けた。享年四八歳の國久はあまりにも早く世を去ってしまった。

天草架橋は平成二八（二〇一六）年九月、開通五〇年を迎えた。

國久もまた、亡くなってから五〇年余が過ぎた。

葬儀に臨んだ人々は、天地を龍のごとく駆け抜けて逝ってしまった國久を、「公僕の鬼、一〇年で一〇〇年生きた男」「我が郷土の事業、これすべて君が血と魂の塊、君の死は公務殉職なる」と死を悼み、「崇高な人格と偉業は青史に残るべき。永遠に歴史に名を刻む」と誓った。

歳月がたち、記憶の風化とともに、今では森國久という男を知る人も少ない。亡くなる最後の年、昭和三六（一九六一）年年頭に、天草島民に次のように語っている。

「今日ほど差のひどい年は無い。都会と田舎の差、なかなか追いつけない所得の格差、そして暮らしの差。どうすればその差を縮めることが出来るかが身近にせまる課題である」「所得倍増の時代であればあるほど脱落者を心配することを忘れてはならない（中略）」と（「天草郡町村会長今年の展望」「天草民報」昭和三六年一月八日）。

今日、貧困と格差はますます広がっている。しかし、政治はこのことを忘れ去ってしまったかのようである。「限界集落」「消滅自治体」などと地方の危機が叫ばれ、我が故郷もまた衰退と過疎化に喘いでいる。「地方創生」が声高に唱えられている。だが空虚に響くのは私ばかりであろうか。離島振興、天草架橋実現運動の旗手として地方創生に挑戦し続けた森國久の一〇年の熱誠の闘いの軌跡を辿り、現実的で先進的な地方再生のヒントを探ってみたい。

残念ながら國久は急病死したため、著書など遺していない。本書は國久が遺した日記、資料、原稿、地域誌、広報誌、妻・政子が語り継いだ思い出や、政子の原稿、家族が見聞きした國久、知人町民の証言などを集成したものである。

家族が見た國久、政治家・國久を形成した前半生、町民に寄り添った先進的な町村政治、地方から国を動かした離島振興・天草架橋実現運動の歴史とリーダー國久の歩み、現実的で革新的な國久の提言、人物評、随筆、追悼文などで構成している。

本書によって、

1、天草の小さな町の先進的な政治とそれを可能とした政治姿勢とは何であったのか

2、壮大な天草架橋はどのように現実的な運動として展開されていったのか、その原動力となったものは何であったのか

3、架橋完成後の天草および地方政治の展望をどのように描いていたのか

4、國久の情熱と魂の根底に流れる政治の心と政治の原点はいったい何であったのか

という四つの問いの答えを読み取っていただければという思いである。

本書は、閉塞した政治に警鐘を鳴らす、古くて新しい「地方による地方のための物語」である。

序章

昭和 35 ～ 6 年頃の樋島
（『変わりゆくふるさと　樋島の昔と今』より）

一 突然の死

昭和三六（一九六一）年六月二六日早朝、家の玄関の白いくちなしの花は満開で、なんとも言えない甘い香りを放っていた。國久の訃報を聞きながらも、一〇歳の私（次女・純子）は國久の死に実感が無いまま、國久が好きだったくちなしの花を「熊本の病院に持って行こう」と言って一枝摘んだ。

妻・政子の留守を手伝ってくれていた女性の役場職員は、そんな私を見て涙をこらえながら熊本へ送りだしてくれた。

本渡市の火葬場で國久のお骨を拾いながら、やっと父親の死を実感し、大声で泣いた。泣きやまぬ私を、園田直氏夫人・天光光さんに後ろから痛いほどの力で抱きかかえられたことを覚えている。

國久と著者・純子

國久は会議のため上京の途中、熊本の宿泊先で倒れた。

國久が出かけるその日の朝、なぜか私はめずらしく早起きをして、ひどく疲れた國久の様子を見て不安げに見送った。

天草架橋着工決定も間近となり、そのリーダーとして中央交渉のため天草、熊本、東京出張も頻繁であった。当時、橋が無いため早朝四時頃には家を出て船に乗り込み三角港まで三時間を要した。その後列車で乗り継ぎ熊本に着き、熊本での会議を終え夜行列車（座席車の移動もあった）で東京に行き、会議を終え、その日の内に夜行に乗り込み熊本に帰るという行程もあった。出張の多い國久にとっては、離島の不便はいつも身にこたえていたはずである。しかし、心配する妻・政子には「列車が書斎だ。唯一ゆっくり本も読め、仕事もできる」と、笑って言っていたそうである。

政子もまた、そんな激務の國久を案じながらも、國久が休めないことを知って、そのままその日も黙って送り出した。

熊本の宿泊先の自治会館で、國久は急に苦しみ始めた。同泊していた町議は熊本にいた國久の高校二年生の次男を電話で呼んだ。急ぎ次男は自治会館に駆けつけた。國久は、「今、入院している余裕は無い。東京で大事な仕事がある。背中を押してくれ、そのうち治まる」と言って、病院行きを拒んだ。すでに聞き取りにくい声であった。ただごとではないと直感した次男は救急車を呼んだ。熊本大学附属病院へ救急搬送しようとすると、國久はそれを遮り「自治病院に運んでくれ」と指定した。当時、國久は熊本県町村会副会長として、自治病院を作ることにも中心になって関わってきた。開院したばかりの病院の状況を「この目で見たい」と、命の危険にさらされ、激痛のさなかも仕事人の國久であった。その夜「虫垂炎」との診断で手術をした。しかし、翌日、再検査の結果、穿孔性胃潰瘍により大出血をおこしていたことが判明した。大学病院から外科の名医が出張して執刀にあたり、胃の三分の二を摘出した。手術は成功したものの、急性腹膜炎を併発し、二週間、激痛と高熱に苦しみながら、六月二六日、息を引き取った。

激務が四八歳の國久の身体をいつしか蝕んでいたのである。

明らかに働きすぎであった。体調の不安と過密スケジュールが記された國久の日記を見るたびに、「何故にそこまで」という想いがつのる。

常に全身全霊を仕事に打ち込み、二四時間をフルに生きた男が、天草架橋開通を見ないまま、天草や町の行く末を案じ、「橋はまだか、橋はまだか」とうわごとを繰り返し、施政演説をつぶやきながら、町民や政子の祈りも空しく、家族、妻・政子と五人の子供を残して逝ってしまったのである。

「一日を無駄にしないつもりで来たけれど矢張り思い半ばの感を深くする。一生懸命走って追いついたら、既に世の中は、もっと遠く進んでいる。田舎と都会の差、なかなか追いつけない所得の差」（以下絶筆）と、國久のメモが残されていた。

龍ヶ岳町葬、天草郡町村会葬（天草で初めて）

町葬の日は、梅雨というのに連日の炎暑猛暑であった。

龍ヶ岳町葬・天草郡町村会葬には、町民や全国から要人がかけつけ、「弔電六〇〇通、花輪二〇〇、会葬者三〇〇〇人という稀にみる盛葬」と報じられた。

町民はもとより全国の国会議員、知事、地方議員からの葬儀の花輪は、島の頂上の自宅から港まで、道の両脇に立てても立てきれず、重なりあっ

町葬　遺影を持つ次男、遺骨を抱える長男、その後ろが三男（昭和36年6月、観乗寺参道）

て立ててあった。天草じゅうの花輪が無くなったと言われるほどだった。

町葬が行なわれた島の観乗寺の参道にはへたりこむ人、地面に頭をすりつけ、石畳を拳で叩き、「町長さーん、町長さーん！」と号泣する人。「何で、私たちばおいて、先に逝ったとな」、町民の泣き叫ぶ声が港にこだました。国会議員をはじめ多くの要人も心底皆泣いていた。離島振興審議委員の元皇族・山階芳正氏もはるばる天草の小さな島まで足をはこばれ、「離島振興法実施地域の指定を始め数次に亘る離島振興法の改正、離島振興予算一本化の達成、経済企画庁内に離島振興課創設の実現、離島予算の大幅な獲得」など、離島振興への國久の功績を讃えた。

「せめてあと一〇年の命を与えて欲しかった！」と園田直代議士は、亡き友の前で慟哭した。

本渡の町村会葬に向けて國久の遺体の移送の一切を、町の遠洋漁業船「善幸丸」の船長がかって出た。善幸丸は「水俣病の顕在化で衰退した漁業を再生するため」の雇用政策の一環として、國久自ら後ろ盾となり作り上げた龍ヶ岳町の大型遠洋漁業船である。組合が二分し、乗組員のストライキ中であった。しかも、「死人を船に乗せてはならない」という昔からのしきたりがあった。しかし、船長の一声で皆が一つになった。遺体を乗せた船は、國久が余年心血を注いだ龍ヶ岳町管内、不知火沿岸の港々を、船笛を鳴らし走ったのである。

船上で、棺に覆いかぶさり、時折天を仰ぎ見、目から大粒の涙をとめどなく流していた友（園田直葬儀委員長）の顔、天草の島々の沿線に列し手を振る人たち、島が見える度に「ボー」と鳴る船笛。あの日の船上から見る光景はまるで、映画の残像を見ているように今でも記憶に深く焼きついている（長女・蓉子）。

働き盛りで、まだこれからというときの悲劇であった。

二　國久の前半生――生まれた時から波乱の人生

國久には、彼の個性を語るエピソードが豊富に残されている。

常に仲間を引き連れ、遊び暴れた少年期。友人のため、退学処分覚悟で決闘事件を起こした旧制中学時代。戦地でも明るさを失わず、隊員を励まし差別をしない隊長さん。「二六新報」社での記者時代は筆を振るい、戦地から帰って就職できず、とりあえず警察官になれば、在日の人々や右翼、左翼からも慕われた（國久の留守中、彼らは戦時中も命がけで家族を守ってくれた）。

天草の村長さんになれば、村民の保証人となり、自立する経済活動の後援者となっても私財は残さなかった。貧困村の再生、スピーディーな実行政治、町村民の暮らしを見つめ東奔西走、全国でも稀な福祉政策の実施、全国の離島振興、天草の振興、天草架橋の実現、そして、早くから提唱した「天草行政の一本化・天草特別市制構想」など、我が命さえ顧みることなく走り続け、伝説の村長・町長となった。

なぜ、離島天草の一町長の葬儀にこれだけの人が集まり、その死を心から悲しみ、惜しんだのだろうか。

そこに、國久の龍のように天地を駆け抜けた熱誠の人生があったのである。

一〇年間、まるで天地を駆け抜けるかのように地方政治に命を燃やし尽くした男・國久。弱きものを愛し、民を思う「政治の心」の原点を形成した少年期から政治家になるまでの前半生を追ってみる。

幼少期──不遇な体験

明治四五（一九一二）年七月一〇日、樋島村（現・上天草市龍ヶ岳町樋島）に國久は生まれた。

森家は地主であり、商家（船舶貿易、酒屋、精米所、石灰山主）を営んでいた。しかし、裕福な家庭の長男にもかかわらず、両親の愛は薄く、婿養子の義父からは他の兄弟とは明らかに差別され、理不尽な扱いに心は荒れた。

ある日、義父から足蹴りで縁側から突き落とされ、自身の待遇の不自然さに気づき、「私は一体誰の子な」と親戚に泣きながら訴え、初めて実父の存在を知ることとなった。幼少時の不遇な体験が、國久の「人情に厚く、情にもろい」性格を形成し、政治の根底に流れる「原点」を形成したのであろう。

青年期―栴檀は双葉より芳し

天草の人々は天領時代（幕府の直轄地）の圧政と貧しさの歴史、それに四方を海に囲まれた環境から、昔から開放的で人情に厚く反逆精神を持ち合わせている人が多いと言われていた。旧制天草中学校（現・天草高校）時代の仲間たちもまたそうであった。なかでも國久の天草人の気質は良くも悪くも充分発揮されたようだ。後の元外務大臣・園田直氏や熊本県会議員・松岡義昌氏らが同級生で、喧嘩や遊びに明け暮れた。強健な身体と度胸ですぐにリーダーとなり、天草の中学生の間では知らぬ者なき「有名人」となった。國久は「無鉄砲で、ダイナミックで情けに厚い男であり、人を引きつける男だった」（故・松岡義昌熊本県会議員の思い出話）。

その頃國久は実家への反発もあり、家の品物を質屋に持ち込み、友人のために金を用立てたり、その金で皆を引き連れ悪所遊びに使ったりした（松岡氏）。

家族からの不当な扱いへの怒りとさびしさが、若い國久を喧嘩と遊びへ走らせ、エネルギーを爆発させた。

しかし、青春天国は長くは続かない。他校生から理不尽な暴力を受けた下級生のため、「集団決闘事件」を引き起こす羽目となる。相当派手な喧嘩だったらしく、リーダー格の國久は退学処分と噂された。生涯、最初のピンチであったが、直前にそれを察知し、旧制八代中学校への転校手続きを済ませた國久は、職員会議に乗り込み、退学届けを出して先手を打った。誉めるべきかどうかは別として、確かに現実への対処能力と果敢な行動力は、天性のものがあった。

最初の仕事―大陸で新聞記者となる

青年となった國久は、実父との交流の中で、朝鮮に来ないかと勧められる。実父は、ふる里・天草を出て大陸に夢を求め、実業家として成功していた。その後継者に國久をと期待したのである。しかし、義父はその申し出に、これまでの養育費をそろばんを出して勘定し始めたのである。その話を襖越しに聞いた國久は、この非情な実家を捨て、朝鮮への出国を決意した。

実父は、国旗を持った大勢の人を引き連れて盛大な出迎えをしてくれ、「坊ちゃん、坊ちゃん」と大事にされ、初めて家族の温もりを感じた。しかし、國久は実父の仕事は選ばず、「二六新報」※に入社し、新聞記者としての道を選んだ。なぜ、新聞記者を選んだかは不明だ。後半生の國久の生き方を考えると、弱き者への同情や社会的公正、福祉、地域振興への情熱など、併合された朝鮮で取材する記者・國久の目に映った現実が、その後の人生に与えた影響は少なくないと想像される。

（※二六新報：明治二六年、秋山定輔らが創立。創立時、与謝野鉄幹など在社、宮崎滔天「三三年の夢」、北原白秋らの天草紀行文「五足の靴」を連載している。のち「二六新聞」と改題。その後、新聞統制で廃刊）

新聞社で活躍していた國久の下へ召集がかかった。当時の森家の財力なら納金すれば徴兵免除が可能であったが、義父はそうした対処はしてくれず、やむなく帰国となった。

戦地での國久―日支事変　中国へ

戦地での國久はどうだっただろうか。兵站を担当する部隊で、血気盛んな若者や在日の人が多い部

戦地の孤児と（右から2人目が國久）

近藤勇に扮する國久

隊であり、軍曹として部隊の指揮にあたった。写真・随筆や歌、戦争への悲哀が綴られたコメントがアルバムとして残されている。戦地でのつかの間のアトラクションだろうか？「兵隊さんは近藤勇」と記され、十字架を胸につけ、サムライのカツラをつけて國久がおどけているユーモラスな写真が残されている。また、現地の孤児と過ごし、別れをおしむ写真に添えられた文には、戦争の悲哀がつづられている。

「広東で、私は二人の親無し子を拾った。おどおどとした此の少年二人も人の心の温みは知って居た。戦争は憎しみと愛とのカクテルだ。私達は、二人の少年に因り自らの温みを省みるのだった。汕頭作戦から三ヶ月振りに還った時、二人の少年の姿を見なかった。私達は落し物をした時の様な変な気持ちで……。矢張り少年の幸を祈るのだった。無意識に――」

生死を何度もさまよった戦地にあっても、明朗な性格は発揮

戦地での國久
アルバムに「週番士官と新兵」と題す。

され、隊の緊張感ある空気を明るくした様子や、その温かさが見てとれる多くの写真と随筆が残されている。戦地で軍属であった朝鮮人の人たちとも交流があったが、戦後も親交があり、随分慕われた。戦地での孤児との出会いと、体験もまた、龍ヶ岳町の国籍の有無を問わない福祉三条例（第一章七四頁参照）の一つに反映されたと思われる。

『二六新報』記者時代の投稿記事に、戦地での様子が綴られている。

〔随筆〕　船と庖丁とクリーク

森　久（『二六新報』記者時代のペンネーム）

私達はその満月を持した妊婦を連行するに少なからず躊躇した。舟から上るに余りに大儀に苦痛に見受けられた。と見る間に黄ばんだ、汚れた、腫んだ顔が引き歪み、静脈が青蚯蚓の如く浮き出して来た。

妊婦の老母だろう、早々と薄汚れたカーテンを張り、私達の視野を遮ってしまった。微かな苦痛のウメキが私達の胸をどしどし押して来ては、焦躁しい、苛々した気持へ駆り立てた。呻吟が重なるにつれ、私達はどうにもならなくなって来た。その妙な苦痛に悶いつつあった私達は、元気な産声を聞きホッとして互いに顔を見合せた。

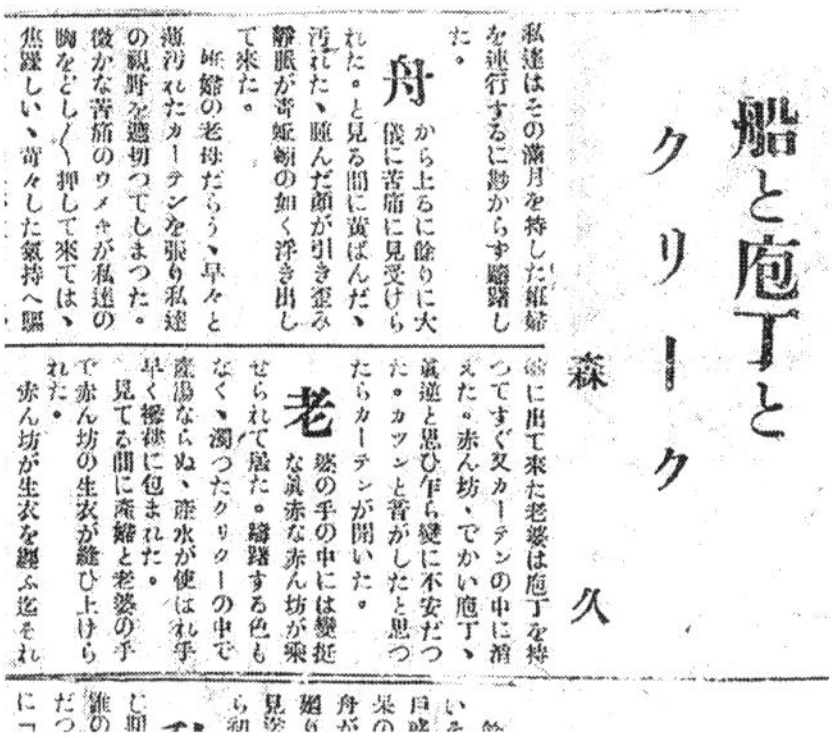
船と庖丁とクリーク

森　久

私達はその滿月を持した姙婦を連行するに尠からず躊躇した。

舟から上るに餘りに大儀に苦痛に見受けられた。と見る間に黄ばんだ、汚れた、腫んだ顔が引き歪み靜脈が青蚯蚓の如く浮き出して來た。

姙婦の老母だらう、早々と薄汚れたカーテンを張り私達の視野を遮切つてしまつた。微かな苦痛のウメキが私達の胸をどし／＼押して來ては、焦躁しい、苛々した氣持へ驅

[illegible]に出て來た老婆は庖丁を持つてすぐ又カーテンの中に消えた。赤ん坊、でかい庖丁、眞逆と思ひ乍ら變に不安だつた。カツンと音がしたと思つたらカーテンが開いた。

老婆の手の中には變挺な眞赤な赤ん坊が乘せられて居た。躊躇する色もなく、濁つたクリークの中で產湯ならぬ、產水が使はれ手早く襤褸に包まれた。

見てる間に產婦と老婆の手で赤ん坊の生衣が縫ひ上げられた。

赤ん坊が生衣を纏ふ迄それ

外に出て来た老婆は、庖丁を持ってすぐまたカーテンの中に消えた。赤ん坊、でかい庖丁、真逆と思い乍ら変に不安だった。カツンと音がしたと思ったらカーテンが開いた。老婆の手の中には変挺な真赤な赤ん坊が乗せられて居た。躊躇する色もなく、濁ったクリークの中で産湯ならぬ、産水が使われ、手早く襤褸に包まれた。見ている間に産婦と老婆の手で赤ん坊の生衣が縫い上げられた。

赤ん坊が生衣を纏う迄、それはほんの数分の出来事だった。愕く事にはその中年の産婦は古巣に帰るのだろう。颯爽としてすいすいと軽やかに舟を漕いで行くではないか。

余りに簡単な、そして逞しいその生産□□に対し、誰もが戸惑いし、愕きのまま私達は阿保の如く自分を忘れ、産婦の舟が驣て〇〇〇の建物の下を廻り見えなくなるまで黙って見送って居た。

私達は、放心から初めて吾に省った。

私達は、子供が生まれたのだと今更の如く期せずしてまた顔を見合せた。誰の顔も拭ったように明るい顔だった。クリークを通る民船に「汝来々」と呼びかけた。それは爽々しい、そして途方もない自分で喫驚するほど大きな声だった。

五月の太陽は焼き焼きするほど照りつけて居た。

（新聞投稿記事、新聞名不明）

なぜか熊本県警就職

昭和一〇（一九三五）年、國久は熊本県警に就職した。喧嘩大将が取り締まる側につくのも奇妙である。だが、その理由に悪友たちが関係している。兵役から除隊し、熊本へ帰った國久を待っていたのは悪童、悪友の懐かしい歓迎であった。人気者・國久の周りには仲間がひっきりなしにやってきては遊びに誘う。男からの人気も困ったものである。余りのうるささに閉口して飛び込んだのが警察。警察なら奴らも少しは控えるだろうという、きわめてイージーな判断であった。正義感の強い國久は、上司や、組織と度々ぶつかり、当時の警察組織と相いれず何度も退職届を出したようだが、二〇代で異例のスピードで昇進した（政子談）。

長女・蓉子は、國久の県警時代の思い出を語っている。

「年末、物資が不足している戦時中でも政子はみかんを買い出し、たくさん用意していた。長女は嬉しくて母にねだると、〝それは、留置所にいて家に帰れない人にお父さんが持っていくものだから、私たちは食べられないの。我慢して〟と母に諭された。戦時中は警備隊長でもあった國久は、警戒警報が鳴ると休日でも真っ先に出かけ、家にはいなかった。戦時中、そんな父親不在の留守家族を、元受刑者と思われる人たちが防空壕を作ったりして支えてくれた」と。

当時、在日、右翼、左翼など国や思想を超え、多くの人々から慕われ、「取り調べに検挙者から指名が入り困った」と後に妻に語っていた。國久には、戦前の警察官の権力的なイメージとは全く別なイメージが刻印されている。どこにあっても彼が不当な扱いや差別を憎む理由は、自身の不幸な体験と、戦地での経験と日本に併合された朝鮮の現実を『二六新報』の新聞記者として鋭い目で見据えていたが故であろう。その心が多くの人々に自然に伝わるやさしさとなり、國久の魅力となった。「罪ある弱き人」にも情の厚い人だった。

県警での二つの事件

県警時代は二つの事件が國久を襲う。一つは某重大事件の捜査。一つは生涯の伴侶となる政子との出会いである。某重大事件については、本人が「まだ関係者が生存しているので発言は慎む」として随筆が一部残されているが、県警と憲兵との間で綱引きがあり、本人は甚く悔しい思いをしたようである。その事件の検挙に携わったという理由で公職追放対象となり、彼に世話になった人や警察時代の同僚など多くの関係者が嘆願書や異議申し立てをすると息巻いた。乳飲み子を抱えた妻・政子もこの時ばかりは、戦後の暮らしへの不安から、「周りはいち早く転勤願いや、申し立てしているのに何とか動いて下さい。仕事一筋できて無一文で追放なんて納得できない」と國久に泣いて訴えた。國久は、政子を「もういい」と一喝した。國久の怒りと挫折感は図りしれない。

（戦後、二〇万人が調査も不十分なまま公職追放となっている。県警時代のエピソードや荒木精之氏との親交のいきさつなど、第五章二二九頁参照）

警察時代（中央が國久）

同志・政子との運命の出会い

國久を語る場合、忘れてならないのが妻・政子の存在である。政子の支えと協力が町長としての大活躍の要因となった。初赴任先の人吉警察署時代に、政子を見初めた。

政子の実家は、明治時代から宮大工の棟梁として人吉・青井阿蘇神社の大改修事業などにも携わり、戦前までは三、四〇人ほど職人をかかえる牛島伝統工芸家具店を営んでいた。博覧会など多くの賞を取り、皇室への献上品の注文をも受けていた。献上品制作にあたっては、職人は白装束をまとって作業にあたり、警察官立会いのもとでしめ縄を張り、作業場は消毒作業が行なわれていた。その警察の立会人として出向いたのが國久であった。その場に居合わせた政子に一目ぼれをした。國久は上司の署長・野上進氏（後の九州産業交通社長）に無理やり仲人を依頼し、お見合いが実現した。政子は、人吉高等女学校出身。犬童球渓先生に音楽などを師事。お琴は師範級の腕前で、バスケットや卓球でも活躍する利発な女性であった。商才にもたけた看板娘で、縁談は多くあったが、政子は忙しい商家より「平凡なサラリーマンとの家庭」を望んでいた。政子も一目で國久を気に入った。祖母は、安月給のサラリーマンで天草樋島が地図にも載っていないと言って始めは難色を示したが、國久の人柄に家族全員が魅了され、結局、歓迎されることになった。

結婚式（左は政子の母）

戦後の旅立ち、八代にて、水産会社を興す

戦後失業した國久は、八代に居を構えた。しばらくは、政子が持ち前の商才を発揮し、暮らしを支えた。失業中、まず國久は、戦後方向性を見失い荒んだ青年たちを集め家の二階を開放し青年学級を開き、青年たちに「再生の道」を説いた。戦後の港は荒れ果てていた。荒れ果てた八代の港でたびたび浅瀬に天草や長崎の漁民の船が乗り上げるのを見るやその青年たちを率いて共に潟を取り除き、危険地域の目印のため竹を立てるなどして、まず港の復旧奉仕作業を開始した。その後、戦後の食料供給安定のために友人と長崎、天草の魚を取り扱う熊本県共同水産会社㈱を立ち上げ、熊本県鮮魚船共同組合八代出張所長を務め、戦後の漁業再生に挑んだ。事業も軌道に乗り、やっと家計も安定し妻・政子もほっとした。

三　天草地方政治へ

1　故郷・樋島村の村長へ（昭和二六年）

昭和二六（一九五一）年、戦後二回目の村長選挙が行なわれた。天草は昔から政争の激しいところであり、樋島でも子ども同士であっち派、こっち派という言葉を口にしていたほどであった。樋島村は四名の候補者の誰も法定得票に達せず、上位二名による再選挙が予定されていた。この選挙

は戦後の混乱期で、選挙違反も横行し、「このままでは島中から違反者が出るのでは」と憂慮していた青年団や消防団の若者たちが新しい時代にふさわしい候補者を求めていた。八代の自宅は港の近くであったこともあり、まるで島に帰る人たちの宿泊所のようになり、故郷の人たちとの交流も多かった。

そんな折、たまたま故郷に帰っていた國久を目にし、保守政治に抗するには「この人をおいていない」と青年団有志は八代まで何度も出向き、村長選出馬を要請した。

國久は村民の貧困と格差と、時代に取り残された故郷を前にし、島の創生を決意して立候補した。

政子は次女を身ごもり、やっと暮らしが安定した矢先であり反対したものの、結局、臨月で選挙戦を共に闘った。

國久の弁舌と行動力に選挙民は魅了された（島一春氏も、「反対派に加わりながらも、選挙演説で圧倒された」と著書で記している。『のさりの山河』「竹と鉄」参照）。

昭和二六年五月、樋島村長に三七歳の若さで当選し、小さい島から地方自治行政への一歩を記した。

村民一体で貧しい村の創生（樋島村長時代）

國久は、取り残された貧しい村からの脱却を驚くべき速さ（三年）で矢継ぎ早に実行し、改革した。

樋島村長に就任と同時に樋島村広報が発刊されたが、現在資料が保存されていないので、当時の役場職員の話や、妻・政子の原稿などをたどり紹介する。

当時の役場職員は、「言葉の意味さえわからず、何がなんだかわからないまま、スピードについて行くのに必死でした。突然村の地図を書き、次々と水族館、橋、国民宿舎などの絵を描き始められた時は、〝鉈（なた）で雲切るごたること言って〟と陰で笑いました。しかし、税金徴収方法の改革、引き上げ住宅の建設、簡易水道の敷設、小学校に音楽教室、保育園の建設、下桶川の海岸道路の建設、農協・漁協の結成、青年団・婦人会の育成、国民金融公庫の取り扱い指定など、昭和二〇年代、誰もそれまで思いつかなかったことを天草でも一早く次々に実現されました」と。

　当時の天草島の状況と、國久の苦労を窺い知ることができる、妻・政子の下書き原稿がある。

龍ヶ岳町長時代の國久
（台風被害後、自転車で現地へ）

⦿離島のまた離島、天草の上島・不知火海に面した金魚の形をした小島、周囲一二キロ、六〇〇戸の密集村樋島（現・上天草市龍ヶ岳町樋島）。私たちの結婚話が持ち上がった時、「地図にさえはっきり記されていない」と、里の母がとまどうほどの小さな、小さな島に故郷を持つ主人が、「若い村長さん」と言われ迎えられた。昔ながらの貧しい生活に甘んじながら、せっせと働いている村民。

　当然、村の財源とて楽どころか赤字財政。村の所有財産の山さえ売られ、村の財産と言えるものは、何ひとつない状況だった。何から取り組んだらと迷いながらも、若さと意気と、村を愛する情熱により、着々と自分の力を試しながら、「村民の貧しさを何と

昭和 20 年代、井戸で水を汲む女性

かせねば」と寒さも寒さとせず、暑さも暑さとせず、出張以外は乗馬ズボン、ハンチング帽、ステッキ片手にタオルで汗を拭き拭き、一年一日のごとく、せっせと「村の公僕です」といって寸暇を惜しんで地方政治に取り組んだ。

そんな村長も突然の災害にはさすがに溜息をついた。離島ゆえ、台風でも来ようものなら、船は通わず、交通は遮断され、新聞、ニュースも届かない。電気、通信は途絶え、復旧作業にも時間を要し、苦労の連続だった。密集した部落に火災でもあろうものなら、水道の無い村はひとなめであると思うや否や、簡易水道を願い、昭和二八年、水源地を見つけ歩いてやっと見つけた。早速、県庁に行って願い、天草の小さな島で先陣をきって水道給水も始めた。

◎夫は、「役場に朝出勤する時、帰る時は同じ道は決して歩かない。何故なら町の人に逢うことが大事であり、町民の声を聞けるからだ」と言って、町民との触れ合いをより大事にした。

夕方帰る時は、山から畑からの帰り道のお年寄りに声をかけ、「ばあちゃん、いっときがまんしとけば、リヤカの通る道を作るけん、いなわんでよか道ば作るけんな!」と。「町長さんが向こうからきよんなって、声ばかけようと思ってると、やっぱり町長の方から先に、きつかったな……と声かけてもらう」と、お年寄りは喜ばれていた。

昭和二六年、天草のほとんどがまだ水道がなく井戸の時代であったので、子どもをおんぶしながら、女性や子どもは寒い時も暑い時も、毎日坂道をタンゴをいなって食事の準備や風呂の水を汲んでの生活であった。婦人層には、「水道を引いて水もいなわんでよかごと早くするけんな」と声をかけ、休日には自ら家の裏山を歩き「水源地」を探した。口にしたこと、思いたったことは着実に実行した。女性たちは、村に水道が引かれ、「壁から水が出た」と「村長宅に足を向けて寝れない」と言っては喜び、また、保育園が珍しく、園で遊ぶ幼児を見ては喜んだ。

天草で一番に名のりでて、貧しい村ばかりの三村合併。新しい村が誕生し、初代村長となった。帆かけ舟で出勤すること一年余り、並みの通勤ではなかった。雨風には着替えを常に携帯していた。（途中未筆）

一日も早く黒字になりたいとの念願で離島振興法という有り難い法にあやかることができ、村は再建した。

（全国離島振興協議会一〇周年寄稿予定下書き原稿より）

渡し舟通勤

國久は、〝村長〟という言葉が好きだった。「村長さんという呼び名は親しみと信頼をもって村民の口の端に上る。自分が村民と共にあることに、ほのぼのとした嬉しさを禁じえない」と記している。

闘う仲間　妻・政子

政治家としての國久は、妻・政子の支えなしでは語れない。

村長就任時、村の財政は破綻し、ほぼ無給であり、政子は当時高価だった自転車を売ったりして生活をしのいだ。最後まで貧乏村長であったが、ぐち一つこぼさなかった。

乳飲み子をかかえ三男二女の母、妻の二役をこなす一方で、福祉や婦人会活動で地域に貢献した。また、当時まだ天草に「未亡人会」（現・寡婦連合会、当時の表記のままとする）が無く、会長のなり手がなければ、まだ母子家庭ではないのにまずはと率先し、天草に「未亡人会」を組織して天草郡の「未亡人会」活動にも力を入れ、母子家庭の家族を支えた。また、天草架橋実現のための一人一円運動も、國久の指示の下、婦人会活動を中心に地元青年団とともに率先して動いた。

後に、町は国に先駆け、「福祉三法」を施行し、なかでも、国の福祉政策からもれていた生別母子家庭にも年金条例を適用するなど、内外から注目された。政子は困窮している母子家庭や「留守家族」の実情などをいつも國久に話していた。國久亡き後も熊本県未亡人会（現・寡婦連合会）理事などを務め、地域の福祉活動に励んだ。昭和四〇（一九六五）年一月の「熊本県未亡人団体協議会会報」に、政子が寄せた年頭の挨拶文がある。

「旧い年をおくり新しい年を迎えるという事は正に歴史を伝えて行くことだと思います。私達一人一人の願いも次々と稔り、昨年は母子福祉法の制定と、熊本県中央母子福祉センター設立との二重の喜びを得た訳ですが、ややともすれば子供の甘え過ぎのように、与えられる事のみに喜びを感じてはいないでしょうか。

過し二八年頃、天草架橋の運動が始まった時、婦人会の一円献金運動が如何に島民の念願を代表したことでしょう。この願いこそが国を動かし、夢のかけ橋を着々と実現させつつある原動力となったのであって、全て団結の力だと信じます。橋の完成の暁には私達物心ともに貧しい母子家庭でありますが、男の方に負けない構えで天草島民と共にがん張りましょう。

ともすれば、母子家族は、子供の結婚の時、また就職の時になど、いろいろ肩身のせまい思いをすることが多いのですが、こんな時こそ一人一人でなく、皆で一丸となり積極的に動くのが本当の政治活動だと思います。

國久と政子（新宿御苑園遊会の後か？）

このようなことを考えます時、新年度こそ家庭的に明るく子供達に信頼されるお母さん、社会に信望多い母子家庭になるよう心がけましょう。皆様の御多幸を祈り、年頭の御挨拶と致します。」

（「熊本県未亡人団体協議会会報」昭和四〇年一月二〇日）

当時、画期的な婦人会活動も展開した。なかでも政子が手がけた「生活改善運動」は、県下の注目を集めた。戦後間もない離島の貧しい食生活は、低栄養状態であった。公民館での結婚式や祭事の料理などを婦人会が請け負い、料理教室も兼ねて「ばっかり食をやめましょう」と栄養改善を指導した。そこから、婦人会活動資金もかなり生み出し、その活動をみて國久が「婦人会費を町に貸してくれ」と冗談を飛ばしたほどであった。

困ったり、お願いごとがあると、國久は座敷の上座に政子を座らせ「アネジョ、勘弁してくれない」と頭を下げた。いつも笑うしかないのが政子であった。國久の有能な秘書であると同時に、自らもいつも忙しく、たのもしい政子だったが、國久の情に熱く情に流される性格も困ったもので、貧乏村長のつけは最後まで政子にのしかかった。経済的に困窮した人を見れば生活の面倒を見たり、知人友人から頼られればお金を用立てたり、政子はずいぶん苦労したが、「仕方ない、なんとかなるわ」と乗り切っていた。國久は、天草に多くの遺産を残しながらも我が家には何一つ残さず逝った。気丈な政子も葬式後、幼い子供たちの寝顔を見ながらさすがに途方に暮れ泣き伏した。

最後まで苦労の連続だった。「私の人生でおだやかな暮らしは、蓉子（長女）が誕生した一年だけだったわ」と振り返りながら、「でも、また結婚するなら、お父さんとするわ」と言っていた。妻・政子は女手一つで三男二女を育て、平成一七（二〇〇五）年四月一四日、永眠。享年九一歳。

國久の足を踏みつけながら夫婦でチークダンス（龍ヶ岳山頂、町民の前で）

「青年の力こそ離島復興の土台」

國久は昭和二六（一九五二）年、村長に就任するや、村営簡易水道事業を始めとして、引き揚げ者のための住宅建設、一年間に厚生住宅一四戸建築、産院建設、保育園の開設、堤防工事三〇〇万円、村道、部落道の全舗装工事など矢継ぎ早に実行し、〝離島「樋島」の前進は目覚しい〟（「みくに新聞」昭和二八年三月一八日）と報じられた。

財政の乏しい村であったが、なぜ可能であったのか。國久は、次のように語っている。

「石ころが道端にころがっていても、それは役場がやることと決めている。国民が悪いのか……。旧樋島村は天草でも、湯島の次の人口密度で、道もせまい。坂道が網の目のようである。その網の目の道は墓地につづく山道までほとんどが舗装道路である。それは全て村民自体の手で出来上がった舗装である。役場がセメントを買う金を予算に組み、砂利集め、労力は各部落ごとでやる。かくして、永年にわたり続けられ、決して村民は道の石ころを除けようとしないのではない。」（國久の日記）

町民一体で作り上げた樋島の舗装道路

「舗装工事も村の青年団とともに努力した。村でセメントを買って村民に渡し、盆や祭りに出稼ぎから帰って来た青年団も参加し舗装工事を完成させた。簡易水道も、県が四分の一の負担を持ってくれないので、各部落で、金、麦など貯金をしたりして工事をやった。地道な努力を続ける青年の力こそが離島振興の土台なのだ」（昭和三〇年「離島青年会議」での発言、宮本常一『離島論集』別刊より）と。

宮本常一氏も『離島論集』で、「財政が乏しくとも熱意と住民の協力があれば出来る」と國久の姿勢を評している。

龍ヶ岳山頂から見た樋島

2　龍ヶ岳村町長時代　赤字債権団体三年で解消

国で町村合併の法案が制定されると、いち早く、上天草島東部に位置した大道村、高戸村、樋島村の合併運動の先頭に立ち、龍ヶ岳村を誕生させ、村長となった。樋島以外の大道、高戸はインフラ整備もまったく立ち遅れ、水道はおろか、無灯火部落さえ残っていた。樋島並みにするには当然多くの投資が必要となり、町として赤字再建団体となった。國久は、「町は株式会社ではない。町民のための投資は当然」とし、「返せる借金」と言い切り、次々と施策を実行した。そして、三年間で一挙に黒字へと転換した。

合併後、台風被害が町の全世帯に及び、町政に多大な打撃となったが、町長以下三役は減俸、役場職員も自発的に昇給放棄を行なうなどして、県下でも画期的な各種事業を推進し、町民一丸となって再建に奮闘し、昭和三一（一九五六）年から指定されていた赤字債権団体も三年で解消すると同時に天草で低利の公的融資の利用をいち早く推進し、産業育成の資金基盤を確保し、一人当たりの県民事業税が天草で一位となっている。

全国に類例のない福祉三法条例の実施

「これまで国の福祉政策の恩恵をこうむっていなかった、生別の母子世帯や障害児童、遺族恩給に漏れている軍属のご遺族に町条例をもってわずかであるが年金制度を実施する」（「龍ヶ岳広報」昭和三六年一月）こととした。当時、国の制度から漏れている国籍のない人、軍属で戦没した人、小児マヒ障害児童や、離別母子家庭や婚姻の有無などで受給資格のなかった母子家庭に光をあて、町独自の「福祉三条例」を施行した。国に先駆けた画期的条例は全国的にニュースでもとりあげられた。

竜ガ岳町に福祉三条例
政府の救済からもれた人々へ

旧ろう開かれた竜ガ岳町議会では全国でも珍らしい福祉三条例を議決したが、これは政府の福祉厚生制度から漏れている生別母子家庭、小児マヒ等の障害児童および戦没軍属の遺家族などを対象に適用されるもので、いわゆる竜ガ岳町福祉三法として関係者はもちろん全県下の注目を集めている

母子福祉年金　この年金条例は夫との生別により母子家庭の生活が損なわれることを防止するためのもので年金の額は六千円、同一世帯に二人以上の児童がある場合は第二子から一人につき二千四百円が支給される、期日は毎年三、六、九、十二月の四回

身体児童障害年金　児童疾病によって、その世帯の生活と児童の福祉が損なわれるのを防ぐために設けられた年金制度で満三才以上、二十才未満の者を対象に支給される。支給額、期日、方法は母子福祉年金と同じ

戦没軍属年金　この年金制度は軍属ならびに準軍属等が公務上の傷病死を遂げ、その遺族が恩給法または援護法等の適用から除外されている者を援護するのが目的で、陸海軍部内の業務に従事した雇員、傭人、工員、鉱員および学徒動員に参加した者等に適用される。年金の額、支給額、期日などは前二項の制度と同様である

「天草民報」
昭和 36 年
1 月 1 日

その福祉三法（条例）にかけた思いを、年頭の挨拶で次のように語っている。

「暗い谷間を明るくする社会福祉。底辺の線の支えになればという思いである」（「龍ヶ岳広報」）と。

龍ヶ岳出身の作家・島一春氏（故人）は國久の思い出を次のように著している。

「入院費補助の許可が受けられず、國久に窮状を訴え手紙を出した。國久からの返信に「生活保護法は社会的に弱い者の生活を支えるためにある法律です。そのような実情であれば、法律の精神に反することは明らかであります。政治の究極の目的は、みんなが平和で豊かな生活を送れる社会を築くことであり、私も政治家のはしくれの一人として、あなたの現状を見過ごすことはできません。できる限りの運動をし、あなたが望まれる状態になるよう努力します。どうか、くじけずに療養し、再起されるようお祈りします」と記されていた。目立たない一本の草、小さな石ころも大切にするという、森の人間的な思想が行間にほとばしり、情愛と正義感に満ちた手紙であった」

（「みくに新聞」「忘れえぬ人々」より抜粋）

「福祉国家の建設、誰もが住みよい社会を造ろう…」というのが、死ぬまで國久が叫び続けた言葉であり、弱き貧しき人々のための政治を見つめていた。

3　天草の政治組織改革　若手村長はリーダーへ

國久は天草の政治組織の改革と一体化に向け動きだした。

昭和三一（一九五六）年には、架橋期成会・町村会・議長会・観光協会・離島振興協議会・土木協会など天草の各団体の運営の一体的運用と効率化を目指し、天草振興協議会を結成し、初代会長に就いた。天草自治は第二の脱皮期を迎えた。翌年には会議運営の効率化のため本渡市に自治会館を建設し、そこに事務局を置いた。郡組織での一体的運営は、画期的な試みであった（現在の熊本県の天草振興局の母体ともいえる）。

旧態依然の町村会の改革にも挑んだ。村長就任二年目に地域新聞に投稿した記事がある。四〇歳の若手村長は、「町村会の会議でもちゃぶ台をひっくり返す勢いで暴れた」ことを想像させる一文がある。

秩父宮妃と國久
（本渡温泉・天草観光ホテルにて）

「今日町村の宿題は山と積まれ、その難解の宿題は直接に再建日本の宿題であり、健全な町村の確立が、日本再建の土台であると思うのです。それであるのに、今日の現状は十幾つか国家機関、或いは公共団体、名種協会、何々委員会が我々町村の上に支配者の如く…「調査を要求し」「負担金を割当」「寄付を強要」している。上意下達の便利所であり、色々の寄付は万事引き請けますというのが最近の町村会で、「町村に自治ありや」の感を深くしておるのは私ばかりではないと思います。しかし、町村は財政がお上に依存するため、之□□うに堪えぬ重荷を負うて坂を登って行き、そしてその峠は遠く、喘ぎつつ足下を見る余裕すら有りません。善良なこの「町村という名の羊」は斃れるまでは歩き続けるのでしょうが…危ない哉…町村と申したいところです。（中略、詳細は第四章二〇八頁参照）日本再建は浮かれ女に似て様々の媚態とペンキ塗りの繁栄に酔い痴れている都市には出来ぬ事

熊本県町村会副会長時代
（中列右から５人目が國久）

天草郡町村会
（自治会館前、後列左から４人目が國久）

で、日本を「まもる心」は町村です。町村は日本の故郷でもあり、
また町村は自治の主軸でもあります。」

（『みくに新聞』昭和二八年五月）

天草のダイナミックな改革を進めるためには、組織の解体と確立、人事交代が必要として、次々と若手村長・國久は代表選に出馬した。熊本県町村会においても河津寅男氏との選挙となり、僅差で敗れるも、「全国町村会長は熊本県が必ず取ります」と約束を交わし、熊本県の町村会でも実務家として河津氏を支えた。当時、町村会は長老政治であり、全国でも稀な若手村長が役職に就くことは困難と思われたが、その実績と各会合での情熱ある演説が他を圧倒し、郡町村会長、県町村会副会長の要職などを得た。名実共にリーダーとしての國久は、架橋中央交渉、説明会などを開始し、停滞していた天草架橋実務者の調査を加速させた。また、ついに雲仙天草国立公園を実現し、編入となった。当時の陳情書など、「天草振興協議会会長森國久」名のもので占められており、行動の人・國久は、画期的な施策を次々と提言し、着実に実行に向かって動いたのである。

4　闘う町長全国へ「離島振興法なかりせば」

戦後の離島地方創生および天草架橋実現運動の可能性を引き出した上で、國久などを中心とする離島振興運動の闘いの意義は言及を避けて通れない。今では、離島振興・架橋建設を「離島の俗化」とし、その開発の功罪が評されることもある。しかし当時、天草の貧困とみじめな暮らしからの脱却は切実であり、離島振興・天草架橋は全島民の切実な夢と希望であった。

昭和三〇年前後の多くの離島の島々は、港も道路の整備もなく、車はおろか自転車さえ通る道もなかった。生活水も井戸水にたより、無灯火地域も残され、島民は国から忘れ去られていたかのごとくであった。八代海、有明海、天草灘に囲まれた一二〇余の島からなる天草も、内海とはいえ他の離島と何ら変わりなかった。産業資源は乏しく、海がしけると唯一の資源の鮮魚の出荷もままならず、生活物資や通信も途絶し、陸の孤島となった。多くが出稼ぎに頼り、文明の恩恵に浴すること薄く、本土とは想像以上にその生活水準は低く、経済的にも貧困を強いられていた。

昭和 20 年代後半の離島・樋島

國久は、離島が抱えるこの状況は、町や天草の地域で打開しえないことを認識していた。離島を抱える全国の市町村が、同じ目的達成のため中央政界への働きかけを強めなければならない。そう彼は考え、中央での闘いを開始したのである。

國久は、昭和二八（一九五三）年、全国離島民代表者総決起大会に乗

離島協議会メンバーと國久（右端）

り込み、天草から吹き矢を放った。天草離島民の生活状態の窮状を訴え、その闘いの開始が天草の離島指定を勝ち取り、天草架橋実現運動の突破口を切り開くことになったのである。全国離島振興協議会副会長、内閣離島対策振興審議委員として離島振興運動に邁進していくことになった。

昭和二八年四月、天草郡町村会監事に就任し、国会の「離島振興法」制定の動きを察知するや、県を説得して「熊本県離島振興協会」（会長・桜井知事）を設立し、副会長に就いた。当初、法の対象から除外されていた天草島を適用させるため、昭和二八年六月二五日の「全国離島民代表者総決起大会」に座り込み覚悟で乗り込んだ。大会では自主参加の熊本県代表には「席」も「発言」の機会も用意されていなかった。この決起大会の運営は、「離島振興法案」成立のために努力を積み重ねてきた一都四県の主導で進められていたからである。そんな中、熊本県七名を代表して、熊本県離島振興協議会副会長であった森國久・樋島村長が急遽発言を求めた。

その模様は、『全国離島振興三〇年史』に「発言要旨」として記されている。

「現在、熊本県の天草島は皆様方の島と同様の後進性を持つものとして離島振興法の適応地域に指定を受けるべく猛運動中であるが、この機会に一言挨拶をさせて頂きたい」と、特に発言を求め、「天草島は五七ヵ町村、人口二四万人という島であるが、何の開発資源もなく、島民の生活情況は皆様方の島とたいして変わりはない。離島振興については先輩であられる皆様方の驥尾に付して天草の振興に邁進したい。よろしく御指導を乞う」と挨拶をした。彼の持ち前の行動力と発言力は全離島民代表者を圧倒した。

闘いを共にした園田直代議士は妻の政子に「あの時の発言を聞かせたかった。しびれたよ」と國久の思い出話を語っていたそうである。法案成立後は、全国の離島振興協議会、離島振興審議委員会において、離島指定の大幅緩和、離島予算の一本化、「離島に光と水を」のかけ声の下、宮本常一氏など離島関係者と共に離島振興のための土台作りとその発展に最後まで努力した。

昭和 29 年、全国離島振興協議会伊豆大島大会
名物の手ぬぐいをかぶる國久（中列左から２人目）

第一回離島振興対策審議会の結果、昭和二八年一〇月二二日、天草島を含む一二地域が指定され、架橋実現運動への足がかりを築き、以来、昭和五四年度までに、天草島内に約一三〇〇億円が投入され、天草振興のために貢献したのである。

國久の「全国離島振興協議会副会長」や「離島振興対策審議委員」の活動は、中央での新たな人脈をつくり、天草最大の懸案であった「天草架橋」の実現に大きな力を発揮した。

全国離島振興協議会の山下会長は「森（國久）氏は、施行されたばかりの法律を全国離島民のため数次に亘る法の改正、離島振興予算一本化、経済企画庁内に離島振興課創設、年々の離島予算の大幅な獲得等々、これらを渾身の努力で実現した。今は亡き本副会長として活躍された森國久氏の『離島振興法こそ我が天草・村勢伸長の基本である。離島振興法なかりせば』と口癖のように言われていたことを追憶して、感慨深いものがある」と語っている（全国離島振興協議会一〇周年表彰式典記念号『しま』弔辞から抜粋）。

盟友・園田直代議士は「我らが郷土の港湾、道路、埋め立てなど各所に見る事業は、これすべて君が魂の塊。離島振興対策審議委員、町村会長等々の激務は君の魂を、肉体を燃えつくす。君の死はまさしく公務殉職なるぞ」と追悼した。

5　昭和二九年、天草架橋実現運動の突破口を開き最先頭に立ち牽引

天草架橋実現運動のために、國久は架橋期成会副会長を務め、架橋期成会を含むあらゆる団体を統合して天草振興協議会を設立し、その初代会長として、昭和三六（一九六一）年、倒れるその日まで架橋実現運動の最先頭に立って闘った。

戦前の森慈秀氏などによる「三角と大矢野島を繋ぐ橋」の発言が、架橋運動の発端として、また、その熱意が「架橋男」としてTVドラマや観光情報などこれまで多くの所で評されている。

しかし、当時は当然架橋技術もなく、国内外も戦時体制間近にあり現実性はなく、「現実的問題として取り上げられたのは昭和二九年以来である」（『日本地誌ゼミナール』山階芳正氏、一部抜粋）。天草市アーカイブズ所蔵の資料など地域誌をたどって見る限り、昭和二九（一九五四）年まで「天草架橋」の文字はほとんど見ることはなく、現実的な運動は見て取れなかった。

昭和二八(一九五三)年に天草が「離島振興法」の指定地域となり、天草島内で種々の開発実施の可能性が展望され、昭和二九年を機に初めて「天草架橋」が地域誌の紙面を飾っている。ここに実質的に運動が開始され、國久は、現実的な運動のリーダーとして着工決定まで牽引していったのである。

「交通が第一」天草循環道路貫通へ

國久は、五橋さえ架け終わったらそれでよしとはしなかった。

橋を望みつつも、橋の功罪を最もみつめ、陸の孤島となることに一番危機感を持っていた。「橋、橋」とただ望んでも、袋小路の天草は道路建設と一体的な運動なくしてありえず、そのためには離島振興法指定による予算獲得なくして運動の展望は見いだせないとした。

國久はいち早く陸上交通の重要性を説き、天草架橋建設後の道路建設についても着々と構想を立て、天草の道路網構築に苦心し、実現しようとした。

当時、天草は海で囲まれており、海上からの交通は盛んであったが、陸上の交通は隣の部落へ行くのにも十分な道路はなく、自動車が通れる道はほんの一部であった。橋で本土と繋がっても、上島、下島を周遊できる道路がなく、上島と下島を結ぶ本渡の瀬戸の橋は車が通るには余りに貧弱であった。

「天草はひとつ、島内を道路網で結ぶ。どこからでも本渡に二時間以内で!」「交通第一」の提言(第四章二一二頁参照)は、國久が最も力を注ぎ、架橋開通後の天草が目指すべき方向性を指し示していたものの一部と思われる。

今から五〇年以上前のこの計画は、八代～天草架橋、島原～天草架橋、長島～天草架橋を想像させる。國久は「天草架橋を動脈として、九州各地に静脈を張り巡らし、本土との直結を」と提言している。橋と道路を接続する道路を想定し準備しなければ、架橋実現運動の説得力もなかった。

上島と下島を結ぶ瀬戸橋の拡充、本渡方面への道路の確保、開発が遅れている天草上島の東海岸、いわゆる「天草環状道路」が不可欠であった。國久は「天草循環道路舗装五ヵ年計画・天草道路公社構想」を掲げ、行動した。

まず、上島循環道路期成会を結成し会長に就き、天草循環道路貫通を実現した。更に「本渡瀬戸橋開削・瀬戸橋改修国営工事」を推進した。これは上島のあいだにあって干潮時には浅くなって船が通れなくなる本渡瀬戸を開削して深度を保ち、いつでも天草の島嶼と本渡の玄関港を行き来できるようにするという構想であった。しかも、この構想は開削した瀬戸の上に鋼鉄製を架けるというものであった。国会議員、町村会でこれまで運動は重ねられていたが、この計画・構想も中央政界での予算獲得運動陳情など、リーダーとなって推進していった。

「天草の夢といわれた三角―天草間の『架け橋』実現と、本渡瀬戸の運河開削と上島東海岸道路貫通実施の陳情のため一一月二二日、森（國久）村長は関係者と同行上京した」（「龍ヶ岳広報」昭和二九年一二月一日）。

ここにはじめて、天草架橋実現のための天草島民の運動が始まり、「架橋期成会」が作られた。

昭和三六（一九六一）年の着工決定確実までの各地域誌は、町村会長、振興協議会長名の國久の具体的で、実践的な提言で占められている。國久は、「政治は、政治家による政治運動であってはならない。住民との同意と一体が必要である」と常に語り、島民に語りかけ鼓舞し、婦人会・青年団などを巻き込んで運動をおこした。宮本常一氏は当時を振り返り、次のように述べている。

「二九年、副会長（離島振興協議会副会長）と補助金の事で大論争をした。（略）森（國久）さんは一人一円献金運動をおこし、天草架橋を計画した。その金が起工式までに一二〇〇万円が集まった。この献金をする時、天草島民一人々々が「橋を架けるぞ」としっかりとした意識を持ち、この熱意が政府を動かす原動力ともなった。」（宮本常一『離島論集』別巻、一部抜粋）

（注）宮本常一氏は著名な民俗学者で離島振興協議会草創期の事務局長である。草創期の離島運動を國久などと共に牽引した。離島会議を共にし、日夜論議を交わした。

6　架橋実現と開通後の展望

國久は、「一〇〇年先を見据えた政治家」と評されていた。天草架橋が実現する前に、開通後の天草の展望を見据え、着実に実現していった。橋は離島振興の一手段であり、目的ではなく、終わりではないことを一番認識していたのである。

○天草の観光産業政策「観光立島へ」

昭和三二（一九五七）年には天草雲仙国立公園が実現し、キリシタン遺跡の保存や郷土資料館の建設準備、「天草は観光、観光は道路―天草道路公社計画」（第四章二一三―二一四頁参照）や「観光株式会社」構想を提言しており、「観光立国」を予言している。

現在、天草のキリシタン遺跡が世界遺産の候補に上げられようとしているが、國久は昭和三〇年代初頭、消滅しようとしていた遺跡の散逸を防ぎ、保管し、郷土資料館建設を二度にわたり提言し、昭和三二年には遺跡の保存や郷土資料館の建設準備を提言している。

天草キリシタン館建設に向けては、資料収集などで妻・政子の弟、民俗学者で元熊本学園大学教授の牛島盛光にも協力を依頼した。

國久は天草の風光明媚さは天下一品であり、世界にも通用するとして、天草の国立公園にも力を注いだ。田村剛博士など有名な学者を地元「龍ヶ岳」をはじめ、キリシタンゆかりの地に招き、歴史と観光の融合にも力を注ぐなどし、雲仙天草国立公園の足がかりをつけた。

「天草は観光が命、力の差のある行政でそれぞれやっていても駄目だ」と、民間と天草全土の一体事業化として観光の『株式会社化』を視野に入れ、熊本県でも一早く、天草と本土を結ぶ三角港に天草全土の観光協会を設置している。

旧天草キリシタン館
昭和41年完成、平成22年に建て替え
（天草市立キリシタン館提供）

○天草市制構想「観光は道路」

「天草は観光、観光は道路―天草道路公社計画」など、日記のメモや地域誌にも多く記載している。「舗装道路一〇年計画」(「みくに新聞」昭和三六年新年号)では、天草架橋と道路網の整備が天草の観光にとって重要であり、「観光すなわち道路」であると言い切っている。既に今日の天草観光立島を予言しているのである。そのために、天草島内の道路舗装を急ぎ、中央に依存しない「天草道路公社化」を提言し、道路の公社化によって道路整備を推進し、推進母体づくりとして「天草特例市制」構想をうたっている。

その一〇ヵ年計画を前倒しし、五ヵ年で実行すると言い切るところにこそ、確信に満ち溢れ、天草の発展への想いがほとばしっているのである。

亡くなる前の年の正月、「天草は天領政治に甘んじている。いつか陳情政治は終わりにする」と政子に言いながら、「天草四郎國久」と書き初めに記した。政子に、「二年後は本渡に居を構えることになるかもしれない。そのつもりでいてくれ」と、本渡市長選も視野に入れ、天草市制構想の実現に向け着々と動き出していた。「天草特別市制構想」が実現していれば、熊本県第二の市の誕生であり、天草の歴史は大きく変わっていたものと思われる。そして、中国をはじめアジアへの玄関口「天草」も確実なものとなっていたであろう。壮大な夢の「理想の国」天草国づくりへの挑戦の一歩を秘めていた。

天草国立公園祝賀会で挨拶する國久

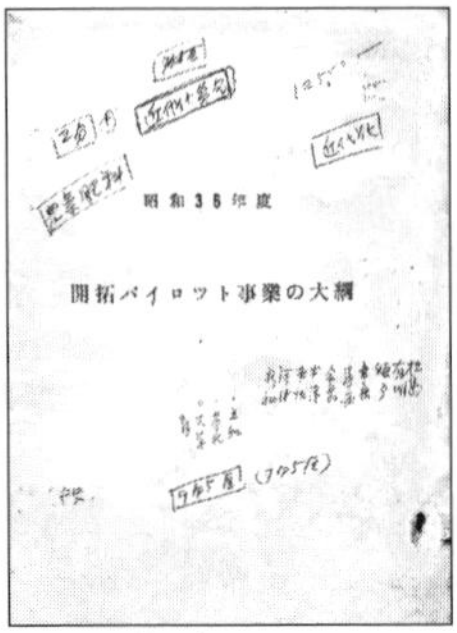
昭和36年度

開拓パイロット事業の大綱

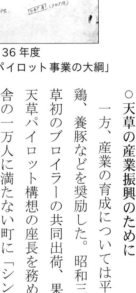

「昭和36年度
開拓パイロット事業の大綱」

○天草の産業振興のために

一方、産業の育成については平地の少ない天草に適した果樹園、養鶏、養豚などを奨励した。昭和三六（一九六一）年には龍ヶ岳町で天草初のブロイラーの共同出荷、果樹振興協会などを発足させていた。天草パイロット構想の座長を務め、期成会を準備していた。また、田舎の一万人に満たない町に「シンクタンク」を常設すると述べ、積極的に専門家を招聘したり、先進地域へ後継者を派遣したりもしていた。

「すべてことは成るの日に成るのではなく、それ以前の用意と慎重な計画が実を結ぶのだと言える……。」（樋島の灯台竣工式挨拶）

有言実行を常とし、次々と実現し、挑戦し続けた國久の政治姿勢が窺い知れる。

○天草国立公園実現に向けて動く

二〇数年間にわたって実現運動が展開されてきたが、國久は、これまでの国定公園運動ではダメとし、長崎県知事にも協力要請しながら、雲仙天草国立公園として天草郡市町村長と一体となり運動を加速した。天草の国立公園編入が昭和三一（一九五六）年七月二〇日に告示され、二二日は本渡の天劇で盛大な祝賀会が催された。今年（二〇一六）年は、雲仙天草国立公園指定六〇周年にあたる。国立公園生みの親である田村剛博士は、「龍ヶ岳からの眺望はまるでスイス」と激賞された。祝賀会には国立公園審議会会長・下村海南博士を本渡に出迎えた。架橋開通後の天草を視野に入れ、着実に政策を実行し準備していたのである。

國久の構想は、いつも「夢物語」ではなく、リーダーとしての責任と覚悟に裏打ちされたものであった。架橋実現運動の現実化から着工決定まで、その後の天草も見据えていた。アーカイブズ（天草市資料館）に國久と知事連名の建設省や道路公団への陳情書、國久直筆の下書きメモなど多数残されていた。その他、島民への鼓舞、報告、論文など國久名の資料で占められており、死の直前（着工決定）まで実現運動に命をふりしぼった軌跡がにじみでている。

東京出張にも度々同行し、最後に入院先でも付き添った役場職員は、「息を引き取るまで〝橋はまだか、まだか〟とうわ言を言われていた。三六年、着工決定まで町制、町村会など多忙を極めるなかにあっても、天草のリーダーであり、代表者として天草架橋の中央折衝にあたられていた。一番の貢献者は他の誰でもない森國久町長だったはずなのに？」といつも会うたびに語る。

期成会の予算は限られ、経費節減のため、天草架橋期成会の中央への陳情は、天草架橋期成会副会長森國久のスケジュール（全国離島振興協議会、離島振興対策審議会）に合わせて組まれ、建設省、道路公団との折衝に当たっている。その過密スケジュールは、日記や資料などからも見て取れ、架橋実現運動時の忙しい年は少なくとも年平均九回以上は上京している。倒れたその日も上京の途中だった。

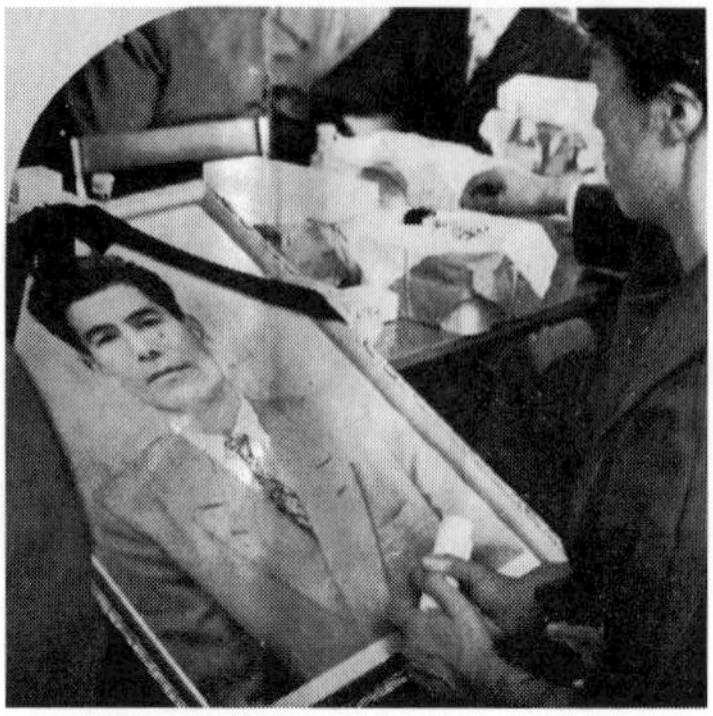

國久の遺影とともに
起工式に出席した政子
（昭和 37 年 7 月、熊本県広報）

國久は亡くなる直前、昭和三六（一九六一）年五月、着工確定に向け寺本県知事と共に上京しながら、一月後の事業着手の報も聞けず、一年後の起工式、開通式の晴れ舞台にも立てず、命をすり減らし逝ってしまったのである。

7　國久のいない起工式・開通式

昭和三七（一九六二）年七月、國久没後一年の天草架橋の起工式当日、高松宮殿下と上村道路公団総裁は、本渡温泉天草観光ホテルの特別室に妻・政子と長女・蓉子だけを招き、「一番熱心だった森國久副会長がこの日においでにならないことは残念でなりません」と言葉を頂き、公団総裁は、目頭を押さえて座布団から降りて深々と頭を下げられ政子の手を取り、政子と共に改めて涙した。

（國久は高松宮殿下が熊本国体で天草来島時の案内役として随行し、國久らしいいつもの楽しい酒宴も企画してずいぶん喜ばれ、親交を温めたそうである。政子の思い出より）

風雨と華やかな架橋開通式

昭和四一（一九六六）年九月二四日、二〇万島民の夢「天草五橋」は開通した。新しい天草の夜明けの日にも関わらず台風に見舞われ、天草は激風と雨だった。華々しいファンファーレと四〇〇台の車のパレード、沿道は日の丸の小旗で埋め尽くされ、島民の歓声に沸いた。

しかし、そこには國久の姿はなかった。架橋起工式が決まる三ヵ月前に無念の死を遂げた國久の遺影を掲げ道路公団総裁と共に政子は先頭に立って、架橋を渡った。

開通式典会場で寺本知事は「奥様はまだか」と周囲を叱り、ずいぶんやきもきしながら政子の到着を待っていた。知事（期成会会長）と政子（元期成会副会長國久代理）との合同記者会見が準備されていた。当日は、天草を台風が直撃し、交通渋滞となった。しかも連絡の手違いで、政子は知事が用意した特別車には乗らず、最後尾のバスに乗るはめとなった。

あいにく記者会見には間に合わなかった。「故森國久期成会副会長の遺影を胸にして渡る夫人の姿がひときわ目を引いた」（当時の新聞記事）と報じられた。

政子は翌日、架橋開通式を報じる新聞記事を広げ、長い時間さめざめと涙を流していた。

そこには國久の姿も言葉もどこにも無く、もう一人の森大矢野町長や地元代表者の写真と挨拶の記事が掲載されていた。母の涙は、代表として壇上で挨拶をしていたであろうはずの國久の姿を思い浮かべ「時の非情」への悔し涙だったのだろう。その後政子は、開通後の架橋関係の新聞から目を伏せた。

＊

開通式以来今日まで、天草架橋史、観光案内・教育資料には開通式後の情報だけが伝えられ、「歴史」の影に追いやられ、なぜか森國久という男は消え去られたかのようである。

もちろんそんな時間も余裕も無かった國久は、政子や私たちにきっとこう笑って言うだろう。

開通式のようす
(『熊本日日新聞』
昭和45年9月25日より)

喜ぶ島民たち

橋を渡るパレードの車

「俺は偉人などと持て囃され、立派な銅像も名もいらない。お前たちはなんばしとっとか、まずは事を成すことだ!」と。

「黒帯でありながら白帯に甘んじた人」「無私の人」(『みくに新聞』記事)と評されているように、名誉も権威にもとらわれない人であったが故に、これまで年月の儚さを噛みしめ、「歴史」に口をはさむことを断念してきた。

しかしそうも言ってはおれない。私は「地方の衰退と政治の混迷」を前にして、今こそ遺された者としての役割を果たすべき時であるのかもしれない。

地方の展望を描きながら、全国の離島・天草の地方自治再生と天草架橋実現運動のために命を削り、走り続けた、森國久という男の再検証に、地方再生のヒントがきっと残されている気がする。

架橋開通五〇周年を期にして、架橋実現運動の歴史の検証と、戦後地方自治に生きた男の熱誠の闘いを追い続けてみたい。「政治の心はその住民の生活が、より豊かに、より安全に、いついつまでも変わらない、安心して暮らせることにある」――この國久の言葉をもう一度かみしめながら。

第一章　龍ヶ岳町政に見る國久の先見性と政治の心

婦人会・青年団とともに龍ヶ岳山頂登山

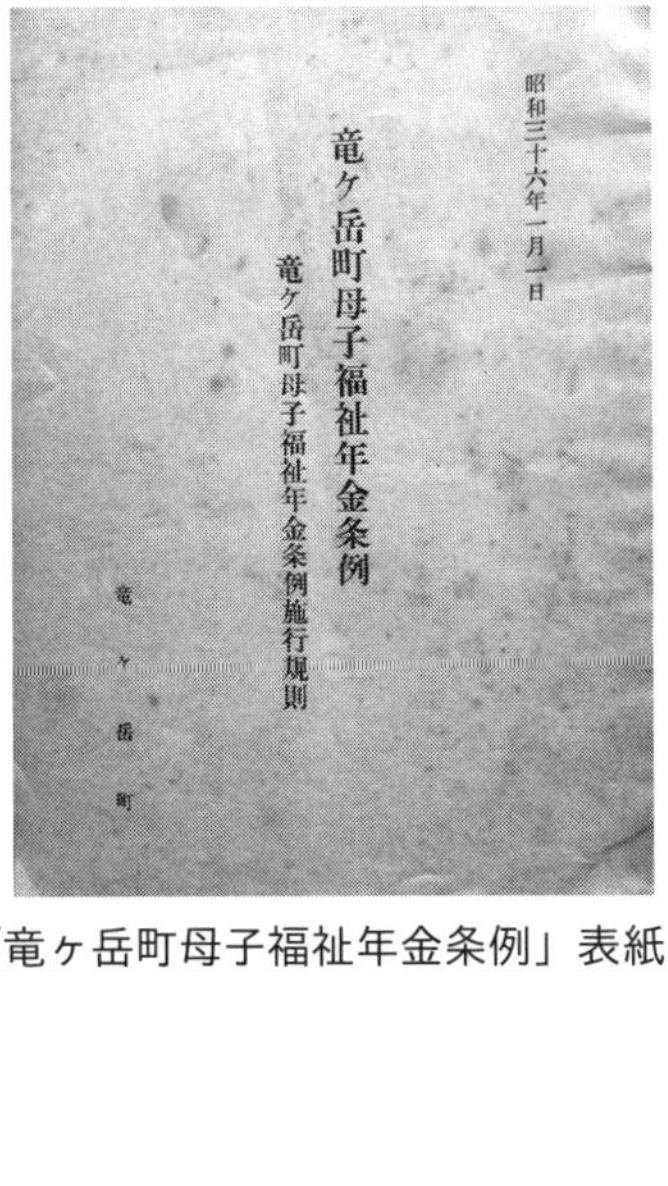
昭和三十六年一月一日
竜ヶ岳町母子福祉年金条例
竜ヶ岳町母子福祉年金条例施行規則
竜ヶ岳町

「竜ヶ岳町母子福祉年金条例」表紙

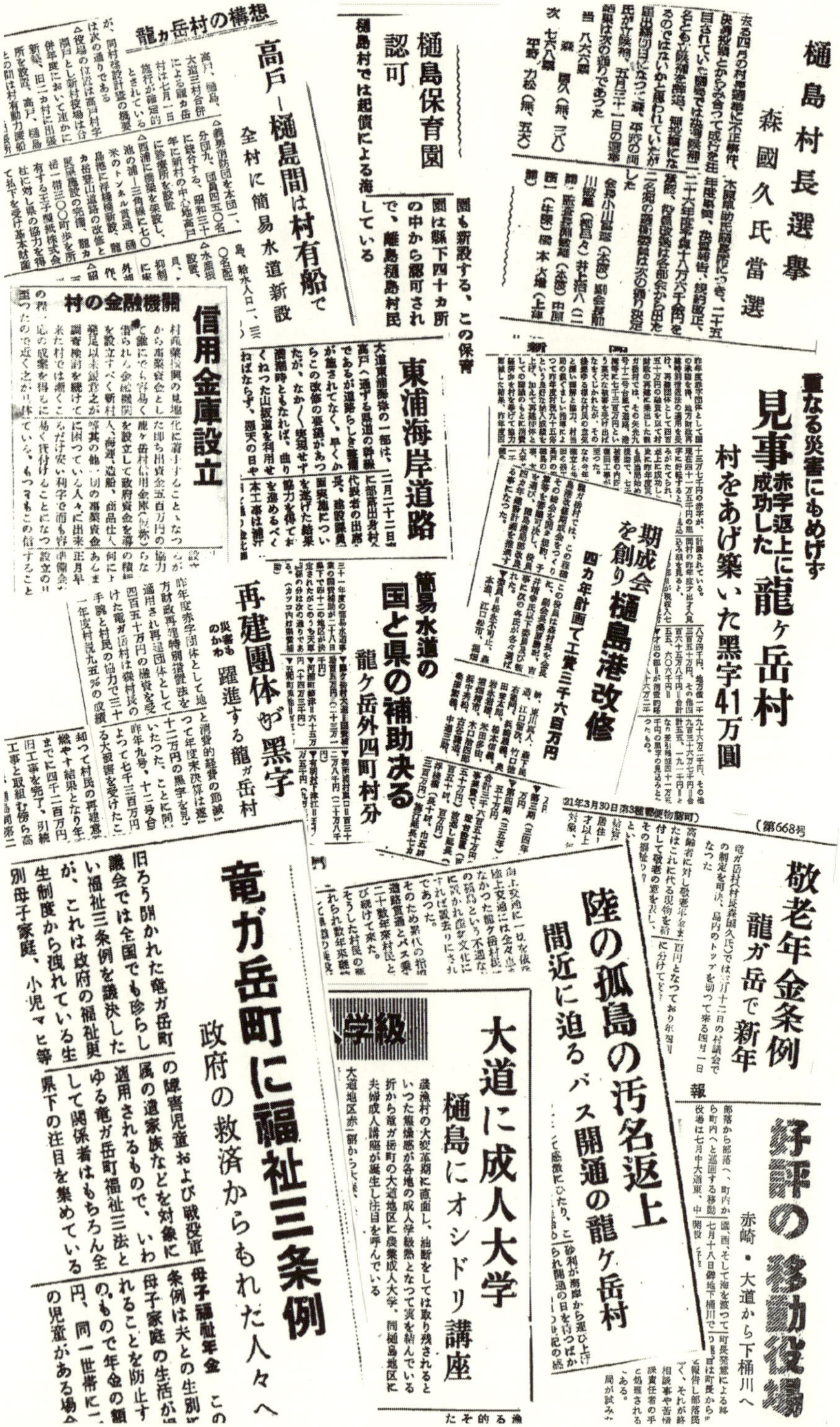

龍ヶ岳村の構想

高戸―樋島間は村有船で

全村に簡易水道新設

樋島保育園認可

樋島村では起債による海……している

……園も新設する、この保育園は県下四十カ所の中から認可されたもので、離島樋島村民……

樋島村長選挙

森國久氏當選

村の金融機関

信用金庫設立

東浦海岸道路

重なる災害にもめげず

見事赤字返上に成功した龍ヶ岳村

村をあげ築いた黒字41万圓

期成会を創り樋島港改修

四カ年計画で工費三千六百万円

簡易水道の国と県の補助決る

龍ヶ岳外四町村分

再建団体が黒字

災害ものかわ 躍進する龍ガ岳村

敬老年金条例

龍ガ岳で新年

陸の孤島の汚名返上

間近に迫るバス開通の龍ケ岳村

好評の移動役場

赤崎・大道から下桶川へ

竜ガ岳町に福祉三条例

政府の救済からもれた人々へ

旧ろう開かれた竜ガ岳町議会では全国でも珍らしい福祉三条例を議決したが、これは政府の福祉奥生制度から洩れている生別母子家庭、小児マヒ等の障害児童および戦没軍属の遺家族などを対象に適用されるもので、いわゆる竜ガ岳町福祉三法として関係者はもちろん全県下の注目を集めている

母子福祉年金

成人学級

大道に成人大学

樋島にオシドリ講座

農漁村の大変革期に直面し、油断をしては取り残されるといつた危機感が各地の成人学級熱となつて実を結んでいるが、竜ガ岳町の大道地区に農業成人大学、同樋島地区に夫婦成人講座が誕生し注目を呼んでいる

國久は地方政治家として確固とした信念をもち、離島政治の先駆者として革新的な地方行政を矢つぎ早に遂行し、熊本県や中央においても注目された。

樋島村長・龍ヶ岳町長として、民の暮らしを朝夕想い、まさに民の親として心血をそそいだ。「龍ヶ岳広報」（昭和二九〜三六年）を軸にその足跡をたどると、離島の先進的施策、國久の根底に流れる政治信条、地方政治の在り方、町村民への温い想いが見てとれる。一部抜粋しながら紹介する。

一　天草・龍ヶ岳の現状（昭和二〇年代後半〜）

取り残された離島

戦後多くの離島がそうであったように、まるで日本の国から忘れ去られたような貧困にあえいでいた。大方が生活を出稼ぎに頼り、小船による漁業に頼った生活であった。港らしい港もなく、井戸水に頼り、無灯火地区も残されていた。

島々に産業を興し、生活を安定させるためには種々の施設が必要である。現在では交通は必須不可欠のものといえる。海上交通が主流であった時は沿岸と離島をつなぐ汽船の数も多かった。ところが陸上交通の発達から一変して、島は取り残されてしまった。（参考／全国離島振興協議会機関誌『しま』第八号）

昭和 24 〜 5 年頃の樋島

國久の樋島村長就任時（昭和二六年）は、天草の陸路はほとんど開発されておらず、隣の村へも車での移動は困難だった。龍ヶ岳村（昭和二九年以降）は「高戸と樋島」は海で、「高戸と大道」は山で隔てられ、無灯火地区も残されていた。水道も樋島以外はなかった。出稼ぎに頼らず、島に産業を起こし生活を安定させるためにはさまざまなインフラ整備が必要であった。なかでも道路事業は切実であった。

二　町政に流れる國久の政治信条

地方の自立が今叫ばれているが、五〇余年前、國久はまさに最もそのことを実行した政治家といえる。そして「政治の眼目とするところは、皆様の暮らしが『より豊かな』平穏にして『より安全な生活』を総ての皆様が『いついつまでも』楽しんでいただくことが理想であり、これが政治の姿（「龍ヶ岳広報」昭和三六年、年頭の挨拶）と、政治の原点を問うた。

政治信条が伝わる言葉を抜粋し、紹介する。

◆「皆様のための役場です。皆様のための村長です」

「村治の発展は、一人の村長の力でもなく、一人の議員の力でもありません。村民皆様が『自分の村』として、寝ても起きても、一人一人が関係のあるこの村を、自分のものとして、心と心を、手と手を結び合って、村の発展に立ち上がってこそ、村の振興、即ち皆様の生活の安定、向上が訪れるものであります。皆様の村です。皆様のための役場です。皆様のための村長です。皆様の胸元に御協力下さいと飛びこんで行きます。」

（昭和二九年九月、龍ヶ岳村長就任時の挨拶より）

◆「民主主義について」

「民主主義とは何かといえば、自分の信ずる主張と相手方が正しいとして主張する考え方をよく聞いて調和させて行くことだと思う。ここから正しい判断が生まれ、社会生活にノー、イエスを言える勇気が養われる。新時代の女子青年は意見を問われてもはっきりいえるだけの気構えと勉強が格別大事だと思う。」

（昭和三四年六月一三日、家政学院学友会挨拶より）

◆「町村合併にあたり」

「政府は国民のための政府である。村長もまた村民あっての村長である。町村合併は大政奉還である。一生首長の座に在る者はないが、住民と土地、即ち村民は永久に続くものである。」

（「天草民報」昭和三二年一月）

◆「主権在民」

「主権在民は新憲法の骨髄であり、その手段方法として選挙で議員、首長を選び、即ち公僕を選ぶということが在り方である。選挙の時、国民は拝まれ頼まれ、文字通りの主権在民であるけれども、当選した〇〇の公僕は君子豹変して、君臨する代官のようになる人がなくもない。（現状の）政治は選挙の時だけが主権在民である。」

（随筆「村長と駅長」より）

◆「村長さん」

「今や、独立らしい独立をもたぬ悲しい祖国日本、その中で身も心もうち込んでは年に幾人かの村長さんがその死を早めています。あるいは時流に遠い村々では、まだソシャクされていない新思想と、依然として古い伝統の思想との矛盾の中で、村長さんは途方に暮れながらも懸命におのれに忠実であろうとしています。」

（総合雑誌『天草』創刊号、昭和三〇年）

◆「苦難の時こそ（町村合併によせて）」

「苦難の時代に一家を興し、村を発展させ、国を興すことは大変なことに違いありません。しかし、一家の和楽のもと、健康な体に健全な心を土台として、希望ある処、必ずや家も村も、県も国も、この苦難な道に勝ち得ることが出来ると信ずるものです。」

（昭和三〇年、新年の挨拶から）

◆「村長と村議会」

「執行機関と申しますのは村長でございまして、議決機関と申しますのは議会、皆さんでございます。これは、どちらが上か、どちらが下かという問題ではなく、それぞれ村のために、村民の福利増進のために、相牽制し相協力して行く機関でございます。車の両輪でございます。私達は村民のために、また村のためということになるのであります。」

（昭和三三年、龍ヶ岳村長二期目の初議会で）

樋島町民運動会で挨拶する國久

◆「村（行政）は何のために」

「村は村民の福利を図るためにあります。福利とは村民公共の福祉と利便と民福をもたらすことであります。村民は私や諸君の給料を支払っています。私達は公の義務があります。村民の欲する公共事業を行なう団体であります。本村は赤字団体でありますが、その原因は公共のため投資した結果であって、村民もまた理解しています。有限会社や株式会社なら黒字はその存在の絶対条件でありますが、公共団体が村民のために投資せずして、銀行の預金金利を稼いでも意味なしであります。」

（随筆「御用納め式の挨拶」から）

三　先進的な政策の実行

昭和二六（一九五一）年、樋島村長に就任するや、三年後、龍ヶ岳村の合併に取り組んだ。昭和二九（一九五四）年七月、龍ヶ岳村（大道村、高戸村、樋島村）が誕生し、國久は初代村長に選ばれた。

新村の当面の課題として以下をあげている。

◎村民の融和を第一としたいこと。型の上の合併は出来ました。産業の交流等々、真の旧三村の合併は今後にあります。私の役割は、人事、事業政策等々、この四年間を通じ〃地ならし〃に努力し、旧三村の精神的な融和を図ることにあると思います。

「龍ヶ岳建設略図」
（「龍ヶ岳広報」昭和30年11月）

龍ヶ岳の概要

【地理】

天草上島の東南部に位置し、東と南は不知火海に面する。

町の中央に名峰龍ヶ岳（標高470ｍ）を仰ぎ、樋島や椚島など大小10の島々からなる。


【沿革】

1954（昭和29）年　天草郡大道村・高戸村・樋島村が合併し、龍ヶ岳村が誕生。

1959（昭和34）年　龍ヶ岳村に町制施行。

2004（平成16）年　天草郡松島町・大矢野町・姫戸町と合併し、上天草市となる。

◎新しい村として、どんな事業をやろうとするかということ。
その一として大道—高串間の道路であります。県と村とで県工事とし、本年中に実施することになりましょう。

その二は瀬戸、東風留の簡易水道の敷設であります。

その三は下桶川海岸道路継続事業の実施であります。

その四は漁港下貫港の船舶のための防波堤であります。

その五は大作山一帯の電気導入で、先般、棚底村とも会議、国、県とも連絡し、着々実現を期しております。
◎産業の振興ということ。
村民の生活に直結する産業の振興は重大なことで、漁協、農協、煙草耕作組合などの統合合併を促進し、真に漁民、農民のための組合に致したいことです。

この度、経済課を置きましたのも、産業の振興策として、奨励制度を設けるは勿論、企業の合理化を図り、その根幹たる、低利、長期の各種に政府資金の導入には大いに力をつくさんとするものです。


國久は公約を次々と実現した。まさに「有言実行」の人であった。

天草でいち早く町村合併を実施した龍ヶ岳村の一年後、地域新聞「天草民報」の赤城社長が一文を寄せている。

龍ヶ岳村合併祝いで桜井県知事来島
中央が櫻井知事、左から2人目が國久。
（昭和29年7月、『樋島の昔と今』より）

かがやかしい記録

天草民報社長　赤城　優

すでに合併した一〇市町村のうち、あるものは旧町村の対立に悩み、あるものは人事問題でミソをつけ、あるものは財政的に行詰っているとき、独り龍ヶ岳のみがよく合併の意義を生かし、その名の通り力強い歩みを続けているのは何としても嬉しい限りで、わが天草の誇りといわねばなりません。これは、かつて砥岐組として一般からその文化の低さを云々されたことに対する合併旧三村住民の大いなる自覚と発奮のウズの中心に森國久という『時の人物』が立ってこれをリードしているからに外ならないと信じ、ここに合併一周年を迎うるに当り、新村九千五百住民各位に対し深甚の敬意を表します。

（「龍ヶ岳広報」昭和三〇年七月一五日）

○経済再建へ

赤字債権団体から一挙に脱却

合併後、樋島村はインフラ整備などが進んでいたが、大道村・高戸村の急ピッチの整備のため赤字団体となる。しかし、昭和三一（一九五六）年に指定されていた赤字債権団体も早期に解消している。台風被害が町の全世帯におよび町政に多大な打撃となった時も、町長以下三役は減俸、役場職員も自発的に昇給放棄、町民一丸となって再建に奮闘した。町営簡易水道、観光事業振興策（二万人もの海水浴観光客）、船舶機帆船事業などが功を奏し、天草で一人当たりの事業税額が一位[※]となった。

※第一種事業税成績、龍ヶ岳町が一位

「熊本県ではこのほど第一種事業税（県税）を発表したが、天草郡市では他の郡市に比較して低額の税率であった。この第一種事業税は物品販売業、製造業、運輸業、旅館、料理店、飲食店、演劇興行など三五の業種であるが、天草郡市では総額において本渡市が四一八万円で最も多く、牛深市、松島町、大矢野町と続いている。しかし、これを一人当たりの事業税から見れば、運送業で九割を占める龍ヶ岳町が一五七円でトップ、続いて松島町の土石採集、請負業、運送業などを中心に一四〇円、他の市町村はいずれも一〇〇円台を割る低い事業税率を示し、本渡市が製造業、物品販売業、旅館を中心とした飲食店と娯楽場で九六円を示しているのは龍ヶ岳町、松島町と比較した場合、消費中心主義であることが判る。

市町村別事業税は次の通り。単位は千円（カッコ内は一人当り平均税額、単位は円）

①龍ヶ岳一四二七（二五七）②松島一七五〇（一四〇）③本渡四一八〇（九六）④姫戸五九三（九五）⑤御所浦六三九（九三）⑥牛深三二一九（八六）以下略」

（「みくに新聞」昭和三六年四月二一日）

国民金融公庫など公的資金の導入

当時、天草では個人金融（村の分限者から借りること）が一般的であった。全国離島でもいち早く産業の育成を図るため、低利の公的融資の利用を推進した。その結果、天草で一番貧乏と言われた村が昭和三五（一九六〇）年には天草一番の納税町になった。

○港湾道路整備へ

樋島港改修事業と日中貿易への夢

「樋島港を将来、朝鮮あるいは北支、大連までのびる海運の一大拠点としたい」と戦後一〇年足らず、国交もない中国、朝鮮との貿易を考えていた。天草から真逆の方向へ視線を延ばすと、アジアはすぐ近くに迫る位置にある。昭和三六（一九六一）年の新春座談会で「町内の機帆船や漁船が朝鮮や中共に自由に貿易や漁業ができる日の一日も早いのを祈っている。それを実現するために南鮮の大統領と話をつけたいものだ」、「夢を語るとすれば、町保有の機帆船、漁船が中共、朝鮮の貨物輸送に乗り出し、広く中共沖に出漁することだろう」と語っている（「龍ヶ岳広報」昭和三六年一月）。
國久の死後一七年、盟友・園田直氏は外相として日中平和友好条約（一九七八年）を結んだ。

道路交通の整備

三三年九月九日、県道（高戸―姫戸）開通

〝県道開通式　櫻井知事を迎え盛大に執行〟

櫻井知事の挨拶

「道路は人間に例えれば、血管のようなものだとよく申すのですが、全くその通りで、血管が身体中に栄養を送りますように、この道路が十分備わりますならば村なり町なり地方の交通が十分行き届くことができまして、町村の発展というものが期して待つべきものがあります。この上は高戸―本渡間に残っている数キロの未改修道路を速やかに改修致しまして、この道路が完全に通るようにいたしたいものであります。」

当面する町関係の重要建設工事について(昭和三四年審議会後帰庁報告)

一、池の浦～本渡線、池の浦～三角線の県道については昭和三五年度中に完工する。

汗の奉仕
待望の県道開通近し

二十数年来自動車の乗入れについて要望して来た本村では、いわゆる県道「池ノ浦―三角線」がようやくこの六月末開通されるので、この喜びを前に去る四月三十日早朝より高戸地区部落民初め高戸中学生、役場職員一同県道手入れの砂利敷き或いは補修と折からの雨の中をついて汗の奉仕を行つた結果見違えるようになり、かくしきれぬ喜びにバスの乗入れを待つばかりになつた（写真は奉仕作業現場・天草民報社提供）

「龍ヶ岳公民館報」昭和33年5月15日発行

二、高戸全域に簡易水道を施設。三五年度事業として高戸全域にわたり着工し、水量、衛生、家庭の飲料水問題を一挙に解決したい。
三、下貫林道継続事業としてあと二ヵ年にして下貫〜二間戸越〜大作山線を貫通し、本町産業資源開発を実現する。

昭和三五年四月一日、龍ヶ岳町にバス開通

「実に道路こそは産業文化開発の大動脈であり、バスをはじめ機動車の運行は、この動脈に血液が還流することであり、こんなめでたいことはない」と語っている。「本年度中に池の浦〜本渡線が予定され、田浦町と連携し龍ヶ岳、田浦海上連絡航路も目論まれているので、名実ともに上天草交通の扇の要として希望が託されている」とその喜びを語った。

○雇用経済基盤の確立

漁業の再生へ—善幸丸東シナ海へ

水俣病の顕在化により不振となった漁業者のため、町で大型船・善幸丸を造り、東シナ海へ繰り出した。

「鯖はね釣船」二隻（乗組員八〇名）が遠洋漁業へ乗り出した。近海への出漁を奨励するため、その資金貸付の条例を定めて二年、延べ六〇隻が対馬のイカツリ、はえ縄船や一本釣りに、南西諸島

対馬いかつり船団視察記

経済課長　梅本　明

「龍ヶ岳公民館報」昭和36年2月5日

方面に出漁して実績を挙げている。一方、育てて獲る漁業、即ち養漁養殖の漁業を計画実施して漁業の不振を打開して行く。「漁民の協同の利益とその暮らしを良くする漁協が、よたよたではどうにもならない。体質改善への道は、一町村一漁協の統合を図ることであろう」（國久のメモより）。

農林畜産業の開発

戦争中、荒れた山林に植林することから始め、松、栗、檜、杉など二〇万本以上植えた。

龍ヶ岳山腹一帯の町有林に国土の緑化をめざし植林を実施した。大作山地区、開拓団などの協力を得て整地と野焼きを行ない、松一〇万三〇〇〇本、檜三万七六四〇本、杉六六四〇本を植林した。

これは町直営による資源造成としては画期的なものであった。治山は治国の大本であるといわれるが、豊かな町づくりは一朝一夕には出来ない。「子孫に美田をのこす」という國久の思いであった。昭和三四（一九五九）年の「公民館報」の一〇年計画によると、龍ヶ岳への観光道路、大作山地区への林道、果樹園や梅林、果実を使った工場が計画された。

果樹振興協会が発足

米麦中心の営農を転換

黄金のオレンヂの町へ

近く具体化される、町の産業振興五ケ年計画の中で重要な一部門として、とりあげられる果樹について三月一日から「竜ヶ岳町果樹振興協会」が発足しました。この協会は町の果樹振興と開発のために、栽培の改良、経済的立地条件の改善や栽培者相互の連絡あるいは指導体系をととのえて町農業発展のために強力なクサビをうちこもうというのです。

事業としては
①先進地視察や研修、講習会等を行なうこと
②果樹苗木、改良等に要る資金調達のあっせん
③果樹における経済的地位の向上をはかるため団体協約をむすぶこと
などとなっており

▼役員として
会長 竜ヶ岳町長 森 國久
副会長 竜ヶ岳農協参事 森 利作

「龍ヶ岳公民館報」
昭和36年3月5日発行

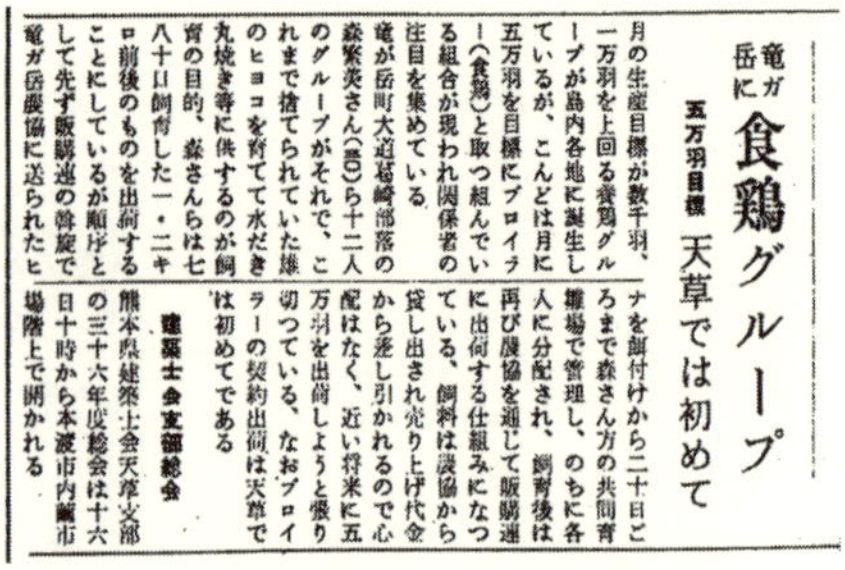

竜ガ岳に 食鶏グループ

五万羽目標 天草では初めて

月の生産目標が数千羽、一万羽を上回る養鶏グループが島内各地に誕生しているが、こんどは月に五万羽を目標にブロイラー(食鶏)と取っ組んでいる組合が現われ関係者の注目を集めている

竜が岳町大道岩崎部落の森繁美さん(三〇)ら十二人のグループがそれで、これまで捨てられていた雄のヒヨコを育てて水だき丸焼き等に供するのが飼育の目的、森さんらは七八十日飼育した一・二キロ前後のものを出荷することにしているが順序として先ず販購連の斡旋で竜ガ岳農協に送られたヒナを餌付けから二十日ごろまで森さん方の共同育雛場で管理し、のちに各人に分配され、飼育後は再び農協を通じて販購連に出荷する仕組みになっている、飼料は農協から貸し出され売り上げ代金から差し引かれるので心配はなく、近い将来に五万羽を出荷しようと張り切っている、なおブロイラーの契約出荷は天草では初めてである

建築士会支部総会

熊本県建築士会天草支部の三十六年度総会は十六日十時から本渡市内繭市場階上で開かれる

「天草民報」
昭和36年4月16日発行

農業者の「成人大学校」や漁業技術の育成

龍ヶ岳町では農業の拡大発展を目標に、養鶏一〇〇万羽、養豚一万頭、果樹一〇〇ヘクタールの達成を計ろうと五ヵ年計画を樹立し、天草で初めてブロイラーの契約出荷を大道村を中心に実現している。現在は龍ヶ岳特産で「梅肉ポーク」が有名。また、天草では初めて漁業技術者の育成を目的として樋島に漁業青年道場が完成し、亡くなる三年前には、天草をみかんの山にする「パイロットファーム計画」も座長となり、国への陳情書も書き終えていた。この目的完遂には農業者の勉強が第一と龍ヶ岳町公民館が中心となって成人大学講座を開講した。國久も講師となり、農業基本法、農業近代化施設資金制度などの講話をし、懇談会も開催した。

(「みくに新聞」昭和三六年五月一九日)

○観光事業の育成、施設の拡充

「観光は自然が与えた村の大きな産業資源であると、眺望絶佳と激賞される名峯・龍ヶ岳を始めとする観光資源の整備拡張を図るため、昭和三〇年に龍ヶ岳村観光協会を設立。高戸海水浴場を県内一の設備にし、臨海学校で二万人が熊本市や阿蘇、球磨地方から訪れた。龍ヶ岳の観光産業収入は、町政の財政の基盤となった。将来は、ケーブルカー、国民宿舎、水族館などの施設を予定していた。」

（昭和三四年正月、龍ヶ岳の一〇年計画）

○福祉医療の充実

龍ヶ岳産院開所

当時、村立としては全国的にも珍しい「産院」を作った。今でも、子どもを産むことは大変であるが、いち早く産院を開所したのである。設立と同時に、長女もそこで第一子を出産した。そして、産院設立は、現在の上天草総合病院の計画へとつながっていった。

当時、日本の乳児死亡率は一〇％を超えていたが、龍ヶ岳村の大道では二・五％であった。戦前の『週刊朝日』（昭和一六年九月一四日号）で、「赤ちゃんの死なぬ村」として紹介された。大道地区には、小児科の名医・福岡猪一郎氏がいた。福岡医師が日本でも有数の乳児死亡の少ない村の医師として紹介されている。

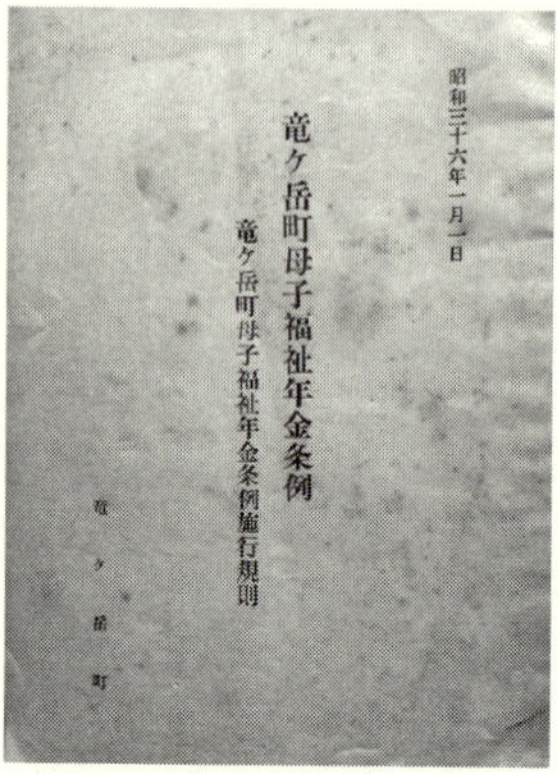

昭和三十六年一月一日

竜ヶ岳町母子福祉年金条例

竜ヶ岳町母子福祉年金条例施行規則

竜ヶ岳町

「龍ヶ岳町母子福祉年金条例」

全国に類例のない「福祉三条例」の実施（昭和三六年一月）

「これまで国の福祉政策の恩恵をこうむっていなかった生別の母子世帯や障害児童、また遺族恩給にもれている軍属の御遺族に町条例をもって、わずかではあるが年金制度を実施することにした」（「龍ヶ岳広報」）。当時、国の制度から漏れている国籍や婚姻の有無などで受給資格のなかった人に光りをあて、町独自の条例をつくり、全国的にニュースでも取り上げられた。その福祉三法（条例）にかけた思いを、年頭の挨拶で次のように語っている。「暗い谷間を明るくする社会福祉。底辺の支えになればという思いである」と。

① 母子福祉年金条例

目的：夫との生別により母子家庭の生活が損なわれることを防止する。

対象者：

①離婚により母子家庭になったとき

②戸籍上は同じでも、事実上別居し離婚の状態にあるとき

③内縁関係にあったが事実上別居し離婚の状態にあるとき

最近、婚姻の有無による保育料などの差別をなくす動きが多くの自治体で始まっているが、國久は五〇年以上も前に実現していたのである。

②身体障害児童年金条例

小児麻痺など国の援助からもれている障害児の保護者に年金を支給した。当時、流行していた小児麻痺は国の施策では援助の対象でなかった。

③戦没者年金条例

目的：軍属などで公務上戦死、戦傷死し、国の恩給などを受けていない遺族を援護すること。

対象者：軍属（軍の業務に従事した雇員など）、準軍属（学徒動員に参加したもの）の遺族（父母）。

国籍要件もない。

（一九八〇年、「難民の地位に関する条約」の批准にあたって社会保障各法の国籍条項の撤廃が必要であったが、厚生省と橋本龍太郎厚生大臣は撤廃に反対し、条約批准が危ぶまれた。鈴木善幸内閣で橋本氏にかわって厚生大臣になった園田直氏は、社会保障各法の国籍条項を撤廃し、外国人でも年金と児童扶養手当を受給できるようにした。國久から遅れること二〇年、盟友の園田直によって国の政策が追いついてきたのである。）

総合病院設立（現、上天草総合病院）の計画着工へ

昭和三七（一九六二）年三月二日の「みくに新聞」によると、

「天草郡龍ヶ岳町では最近ますます入院患者が増える傾向にあるので医療機関の設立を要望して

岳の10年計画

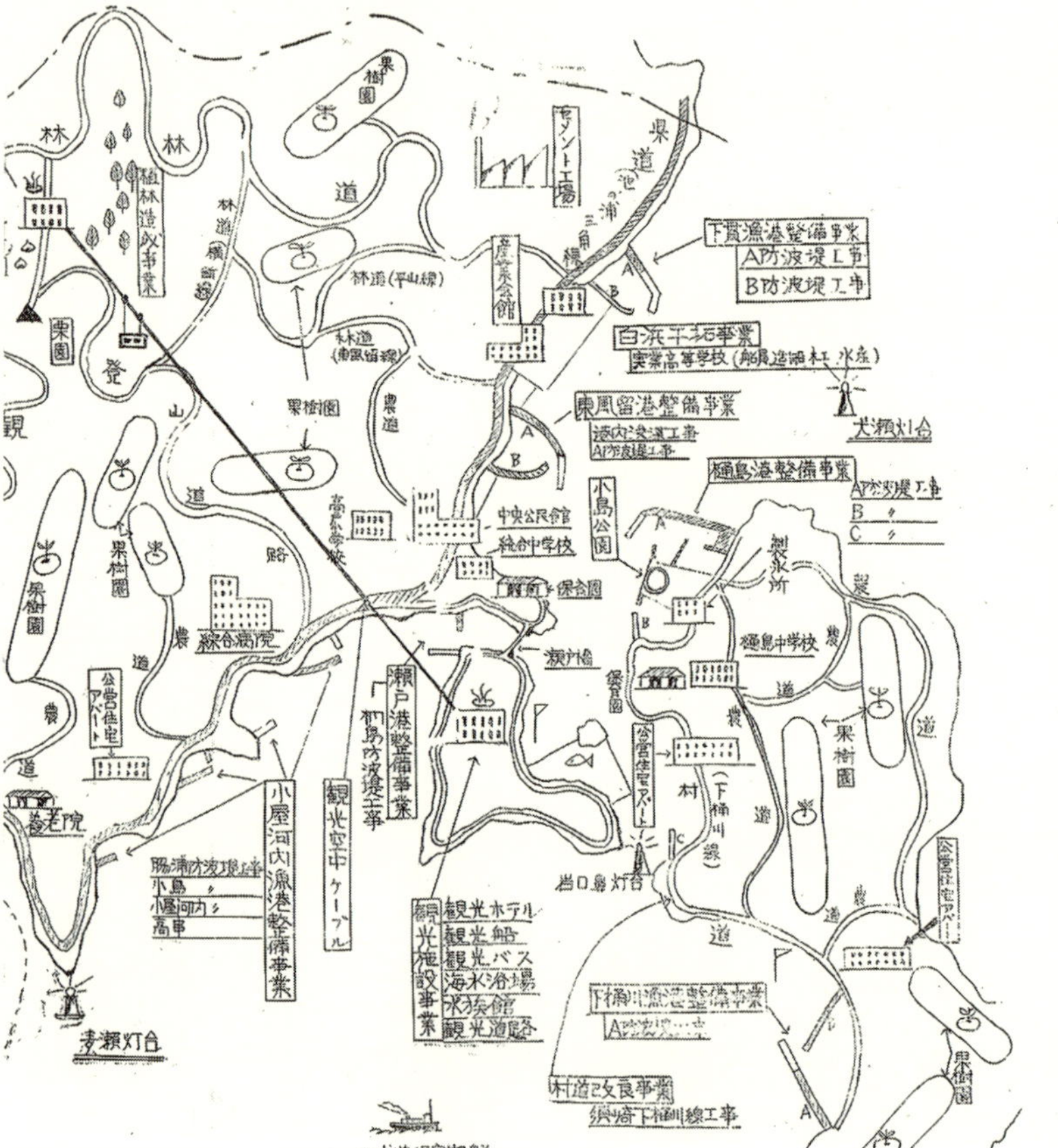

33年村内十大ニュース

▼**新正月實施**（一月）

新生活運動の一環として公民館が多年にわたり提唱して来た新正月一本化がめでたく実現して幸多き三十三年のスタートをきつた。

▼**大道小学校落成**（三月）

大道校区民の多年の願望であつた小学校新築工事が工期三ケ年にわたり総額一千七百万円の工費と地元民多数の積極的な労力奉仕によつて計画通り大島郡一を誇る校舎が落成した。

▼**村敬老年金支給の制度化**（四月）

県下に先がけて本年四月から、八十五才以上の老人に年額二千四百円の敬老年金を支給して各方面の注目を浴びた。

▼**新農山漁村地域に指定さる**（五月）

五月十二日農林大臣から新農山漁村建設地域に指定され、農業、漁業を主体とした新しい村造りが、国、県の財政的援助を得て実施することになつた。

▼**村長、村議選挙**（七月）

合併後第二回目の村長（七月十五日）および村会議員（七月二十五日）の選挙が行われた。

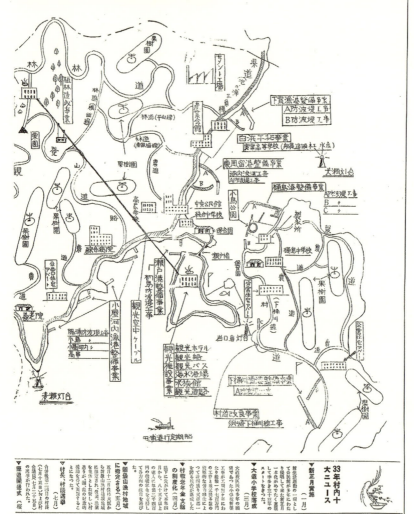

▼**縣道開通式**（桜

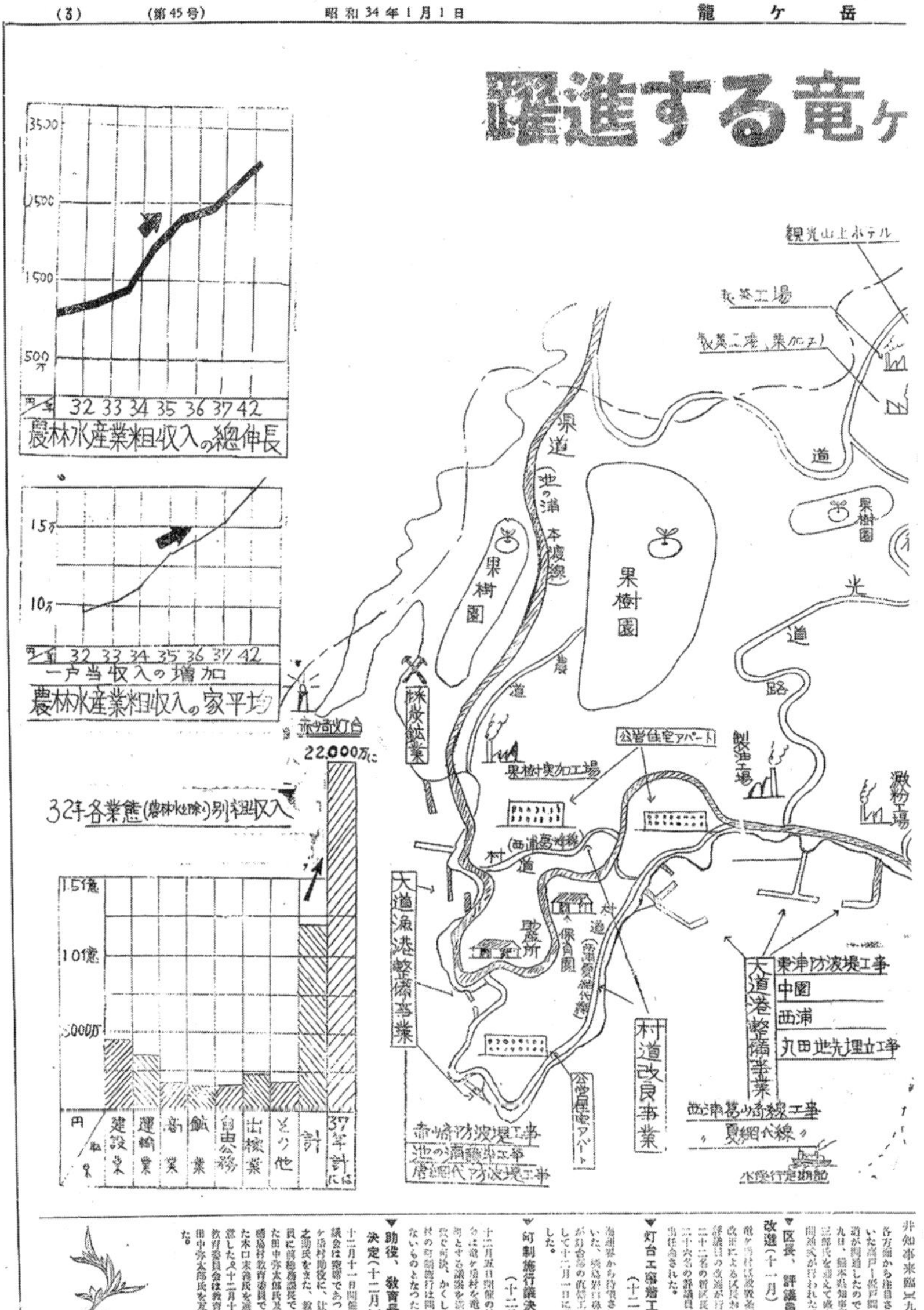

「躍進する竜ヶ岳の10年計画」(『龍ヶ岳公民館報』昭和34年1月1日)

いたが、このほど総工費五〇〇〇万円の町立総合病院を建てることになった」という記事がある。

「龍ヶ岳公民館報」（広報）昭和三四（一九五九）年新年号には、「龍ヶ岳の一〇年後の計画」で、同地に総合病院のイラストがある（七六 - 七七頁参照）。国民健康保険が昭和三四年に開始されるのをみこして計画は着々と実行され、國久没後半年に病院は着工され、一九六四年に龍ヶ岳町高戸に完成した。

○教育・文化の充実

文化、教育面には特に力を入れ、予算も格段に比重を置いた

当時、天草は、高校進学者が少なかった。青年学級として村内の女子を対象に、中学校の教室を借りて「家政学院」を開設した。昼間の通学が困難な者のため、夜間も開設した。

國久は家政学院生を家政（家庭を守る）だけでなく、一人の人間として、戦後の民主主義の実践者として期待し、それは学院生に向けた挨拶で次のように述べていることからもわかる。

「民主主義とは何かといえば、自分の信ずる主張と相手方が正しいとして主張する考え方をよく聞いて調和させて行くことだと思う。ここから正しい判断が生まれ、社会生活にノー、イエスを言える勇気が養われる。新時代の女子青年は、意見を問われてもはっきりいえるだけの気構えと勉強が格別大事だと思う」と。

昭和三四（一九五九）年正月の「龍ヶ岳の一〇年計画」には、実業高校（船員、造船、木工、水産）の構想があったが、國久没後、実現には至らなかった。

龍ヶ岳文化功労者表彰

第一回は、島一春（龍ヶ岳町出身、農民文学賞受賞者）氏を文化の日にあわせて龍ヶ岳文化功労者として表彰した。当時、病気と生活苦の島氏は國久への熱い思いを多くの著書で語っている。

文化、教育面にも力を入れ、当時、社会教育にかける予算は天草の中でもトップクラスだった。昭和二九（一九五四）年には保育園の開設、昭和三七（一九六二）年には県下で二番目の鉄筋コンクリートの小学校建築など、厚生・教育施設の充実には力を注いだ。

○簡易水道の敷設

当時は、天草はほとんどが井戸水の時代であった。離島にとって水問題は深刻であった。井戸水にたよる島は、伝染病の発生、火災の発生を恐れ、女性・子供たちの労働量は多大なものであった。

國久は、全国離島振興協議会においても、「離島の水問題」については特に熱心に取り組んだ。

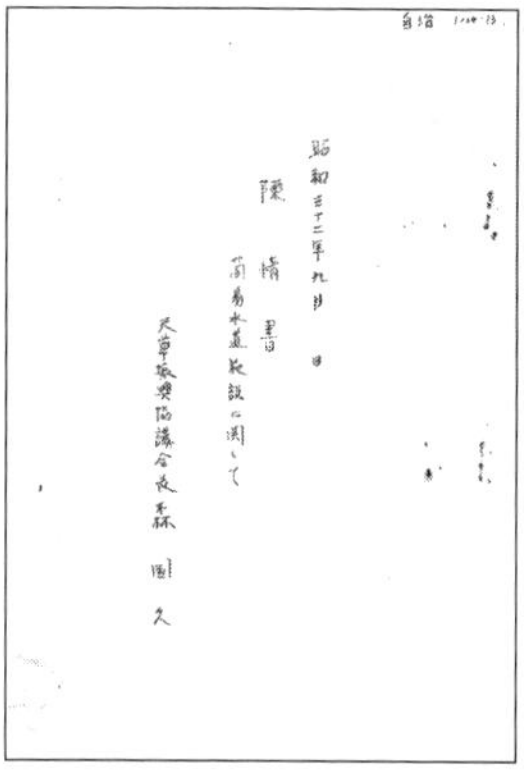
昭和三十二年九月　日
陳情書
簡易水道敷設に関して
天草振興協議会長　森　國久

簡易水道施設に関する陳情書
（昭和 32 年）

國久は、自ら水源地を探し出し、昭和二九年度から簡易水道を敷設した。簡易水道の敷設により水汲みから解放され、婦人層に大いに喜ばれた。昭和三三年、新年の挨拶で貞清美満子婦人会長は「ことに待望の水道設置は私ども婦人にとりましてこよなき福音でございました」と述べている。

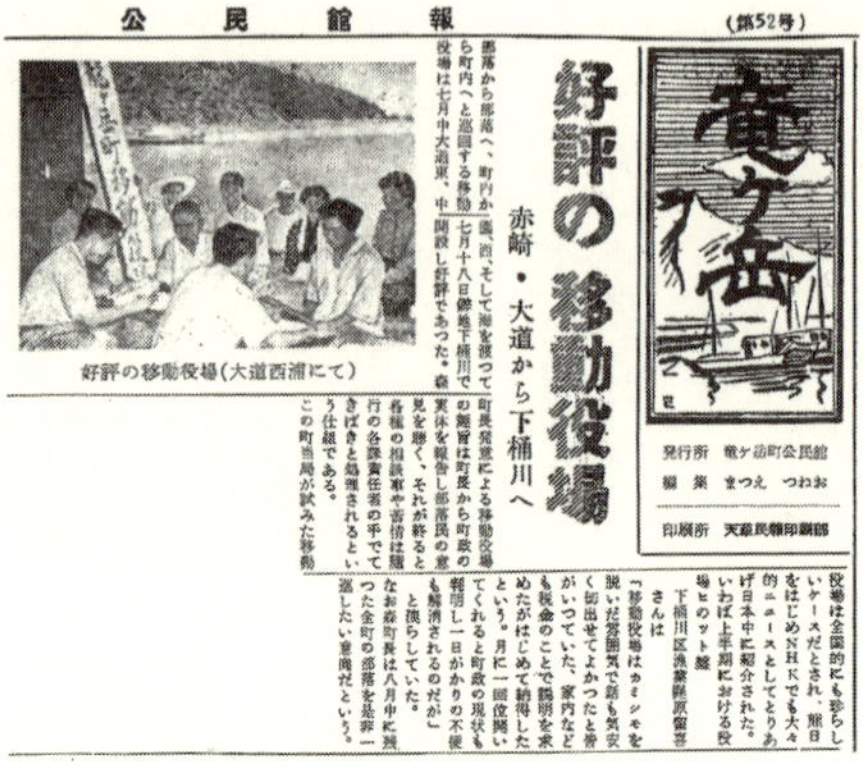

公民館報　（第52号）

竜ヶ岳

発行所　竜ヶ岳町公民館
編集　まつえ　つねお
印刷所　天草民報印刷部

好評の移動役場
赤崎・大道から下桶川へ

部落から部落へ、町内から町内へと巡回する移動役場は七月中大道東、中園、西、そして海を渡つて七月十八日[illegible]下桶川で開設し好評であつた。森町長発意による移動役場の趣旨は町民から町政の実体を報告し部落民の意見を聴く、それが終ると各種の相談事や苦情は随行の各課責任者の手でてきぱきと処理されるという仕組である。

この町当局が試みた移動役場は全国的にも珍らしいケースだとされ、熊日をはじめNHKでも大々的ニュースとしてとりあげ日本中に紹介された。いわば上半期における役場ヒット盤

下桶川区[illegible]さんは

「移動役場はカミシモを脱いだ雰囲気で話も気安く切出せてよかつたと皆がいつていた、家内なども税金のことで説明を求めたがはじめて納得したという。月に一回位開いてくれると町政の現状も判明し一日がかりの不便も解消されるのだが」

と洩らしていた。

なお森町長は八月中に残つた全町の部落を是非一巡したい意向だという。

好評の移動役場（大道西浦にて）

「龍ヶ岳公民館報」（昭和34年8月1日）

國久は、全国離島振興協議会においても、全国の離島と水問題には特に中心となり熱心だった。昭和二九（一九五四）年全国離島協議会「離島と水」座談会においても、国の補助率引き上げを離島振興法改正要求として提案している。

○村民の声を聴く政治

國久は、朝夕はもちろん町に所在する時は、町長の声を直接聴くことをもっとも大事にした。町長室のドアは、打ち合わせ会議以外は開け放たれていた。移動役場や広報にその姿勢が表れている。

移動役場の実施

役場が村民、特に交通の不便な集落へ行くという発想。出前役場とでも言えようか。この移動役場は全国的にも珍しいと熊本日日新聞をはじめＮＨＫでもニュースとしてとりあげられ、日本中に紹介された。「移動役場はカミシモを脱いだ雰囲気で、話も気安く切り出せてよかった」（利用者の声、昭和三四年八月「龍ヶ岳広報」）。

どんなに「偉く」なろうと、「村長さん」が國久の原点だった。

広報（公民館報）の創刊

「龍ヶ岳広報」は、昭和二九（一九五四）年九月創刊。創刊の翌年、昭和三〇（一九五五）年五月から発行所を公民館、編集は公民館職員、名称も「龍ヶ岳公民館報」として、新発足した。

前身は昭和二七（一九五二）年四月に創刊した樋島村の広報紙「樋島公民館報」（残念ながら「樋島公民館報」は残っていない）である。昭和二七年創刊の町村広報紙は全国的に見ても珍しく、その中身も画期的なもので注目された。

「公民館報」の趣旨は、役場の広報だと村長や役場の機関紙になりがちなので、「公民館報」として村役場は勿論、村民の意見、巷の声を積極的に取り入れて、村民の言論の機関紙にすること。

公民館報　（第1号）　（月刊）

竜ヶ岳

館報にのぞむ

村長　森　國久

「龍ヶ岳公民館報」（昭和30年5月1日）

第一に村民皆様の新聞

第二に村民に楽しい、親しい新聞

第三に難しいものでなく、誰でも読まれる新聞を目標

國久は、若い時、朝鮮に渡り「二六新報」という新聞社にいたこともあり、その経験からの発案だった。公民館長は、「記事は手で書くな、足で書け」と厳しく指導されたそうだ。

「龍ヶ岳公民館報」には「望郷」と銘打って、村出身の出稼ぎ者のコーナーもあり、出稼ぎ先でのことなどを投稿したり、郵送費を送ったりしている。出稼ぎ者は「龍ヶ岳公民館報」により、変貌する故郷の情報を知り、小学校が新しくなった、水道が出来た、道路が出来た、港に立派な防波堤ができたことなどを知り喜んだ。「喜び悲しみ」の欄は人気の紙面であった。誰が結婚した、誰の子どもが生まれたと、故郷の冠婚葬祭を、村を離れても、町の日々の身近な暮らしが手に取るように伝わった。小学校改築時には多くの卒業生が寄付を送っている。

勿論、天草架橋の記事も目にし、いつか、陸路で故郷に帰ることを夢見ていたであろう。文化面では、後に天草を代表する作家となる島一春氏の作品が掲載された。

広報に有料広告掲載（昭和三五年一月号より）

最近は多くの自治体が役所発行の印刷物に広告を載せているが、五〇年以上前から実施していた。

「町福祉協議会に協賛、助け合い運動にするため公民館の提唱した有料年賀広告にご協力下さいました皆様方に心からお礼申し上げます。広告料ことごとく町福祉協議会にお贈り申し上ぐるよう手配を進めています。」

○樋島村時代からの役場職員・戸山銀造氏が語る町村政治（インタビュー）

Q　村長として取り組まれたことはどんなことでしたか。

A　村民税の決め方の改革です。当時、税金は、門割りと言って村会議員と村長が協議して決めていた。あの家は一升、八合、五合、一升五合など、議員は自分に関係している者に力を入れ、各自競い合い、村税の調整に幾日も費やし、お互い感情的になることが多かった。この問題を何とかできないかと苦心された。戦後、門割り税法が廃止され、申告制度に変わった。いわゆるシャープ勧告である。はじめは、誰が自分の年収を正直に申告する者がいるかなどこの制度に対しての疑問、不安感を持つ者も多かった。当時の樋島の所得税高を調べてみたら全部で約一万円程度であった。村長はこんな小さな村から一万円の国税を納めるならその一〇倍（一〇万円）の補助金を貰うよう努力目標を設定され、議会ならびに役場職員を指導された。地区担当を決め、自ら動き村民の説得にあたられた。

そして事業への積極的な取り組みがはじまった。戦争が終わり海外からの引揚者がその日の生活はおろか住む家もなく困っていた。引揚者住宅の建設である。引揚者住宅って「何かい」と言葉さえ知らなかった。県との積極的な直接交渉が始まった。当時は本渡や熊本に行ったこともなく、海外にでも行くような心細さであった。次は樋島村に簡易水道が敷設された。当時、県下で町村に水道がある所など聞いたことはなかった。樋島は一躍文化の村と呼ばれた。また、文化的情操教育の遅れを心配され、樋島小学校に音楽の特別教室を設置された。保育園の建設がはじまった。幼稚園という言葉は聞いたことはあるが保育園という言葉さえなじみがなかった。仏崎に樋島保育園ができた。下桶川への海岸道路の建設、農協・漁協の設立、青年団・婦人会の育成など、まさに建設ラッシュであった。国民金融公庫の取り扱い指定を受ける（八代支店）ことにより、一五万円、五万円の政府資金を借りることが出来るようになった。このことさえ誰も思いつかなかった。

次の取り組みは、町村の合併問題である。当時の合併は県からの指示合併であった。県知事の線引きは、樋島、高戸、大道、姫戸であった。しかし、姫戸は八代との合併を望み、森國久村長からの合併要請の親書も受け取り拒否で離脱した。樋島の森國久、高戸の辻本市造、大道の福岡猪一郎の三村長により協議が進み、昭和二九年七月一日合併した。早速、役場庁舎の建設へと進んだ。合併問題も他町村に先駆けてやられた。何事にも行動的、積極性が感じられた。

龍ヶ岳町の将来の青写真造りも奇抜な発想によって打ち立てられた。樋島大橋の建設、樋島、田ノ浦フェリー、大作山道路の建設、柳瀬戸（岩口）の灯台建設、棚底、大道、高戸、姫戸間の道路建設及び国道266号線編入。小島埋め立て、外波戸一〇〇メートル延長、樋島小学校鉄筋コンクリート建て校舎建設、大道助産所建築など、建設ラッシュにより赤字団体の指定に追い込まれた。そして、予算編成については自治省の承認が必要となり、財源が不足する時代が五年間続いた。その後、離島振興法が設立され、全国離島振興審議委員並びに熊本県離島振興副委員長（委員長は県知事）、天草五橋建設促進副委員長に就任され、天草五橋建設に懸命に尽力された。

昭和一一年、大矢野の森慈秀氏の天草架橋（注：三角と大矢野島）への県議会での発言がとんでもないことだと一笑された話であるが、架橋への情熱として今に伝えられ、森慈秀氏の功績を後世に伝え残すため、二号橋の袂に銅像が建立されている。同姓の森なので全てが森慈秀氏の功績として伝えられているようであるが、森國久全国離島振興協議会副会長・審議委員会委員の、なみなみならぬ活躍によって完成し、五橋渡り初めの時、道路公団総裁と共に奥様が先頭で森國久氏の遺影を抱いて歩かれたことからも、伺い知ることが出来る。

また、森國久氏は天草郡町村会会長、熊本県町村会副会長など、多くの要職に就かれた。また、船舶産業に熱心だった。九州海運局海上保安庁の相談役として三角支局の船員事務指定局船舶講習責任官としても活躍された。その他、架橋開通後の船舶業も心配され、対策も考えられた。樋島船舶産業育成のため、羽田空港建設に伴う砂利などの運搬作業を千葉の館山鉱山に配船するなど地域産業育成にも貢献された。

（※架橋開通後の船舶業の衰退を見越して、雇用確保も見据えていた。）

突然の死

桑原勝記議長と二人、離島振興のことで県と打ち合わせの上、上京するため熊本の自治会館で夕食を食べながら急に腹痛を起こされた。病名は胃潰瘍とのことで緊急手術が二回行なわれ、厳重面会謝絶となった。医師団の懸命な治療も及ばず四九歳の若さで、やりたい仕事をいっぱい抱えこんだまま、道半ばにして亡くなられた。昏睡中も鞄はどこだ、書類を出せなど事業についてのうわごとを繰り返されたほどであった。本人の無念さはもとより、町民にとって偉大な町長を失ったことが悔やまれてならない。一〇年間の英雄町長・森國久氏の功績に感謝の誠を捧げるとともに郷土の誇りとして後世に伝えたいとの願いを込め庁舎玄関に銅像が建立されている。（昭

和三六年六月二六日没、四九歳)
(樋島まちづくり委員会文化伝承部『変わりゆくふるさと樋島の昔と今』と、戸山氏への著者インタビュー)

第二章　離島振興法の成り立ちと森國久の闘い

離島振興協議会全国大会　玉造温泉（昭和 36 年 4 月、國久最後の全国離島振興協議会全国大会）

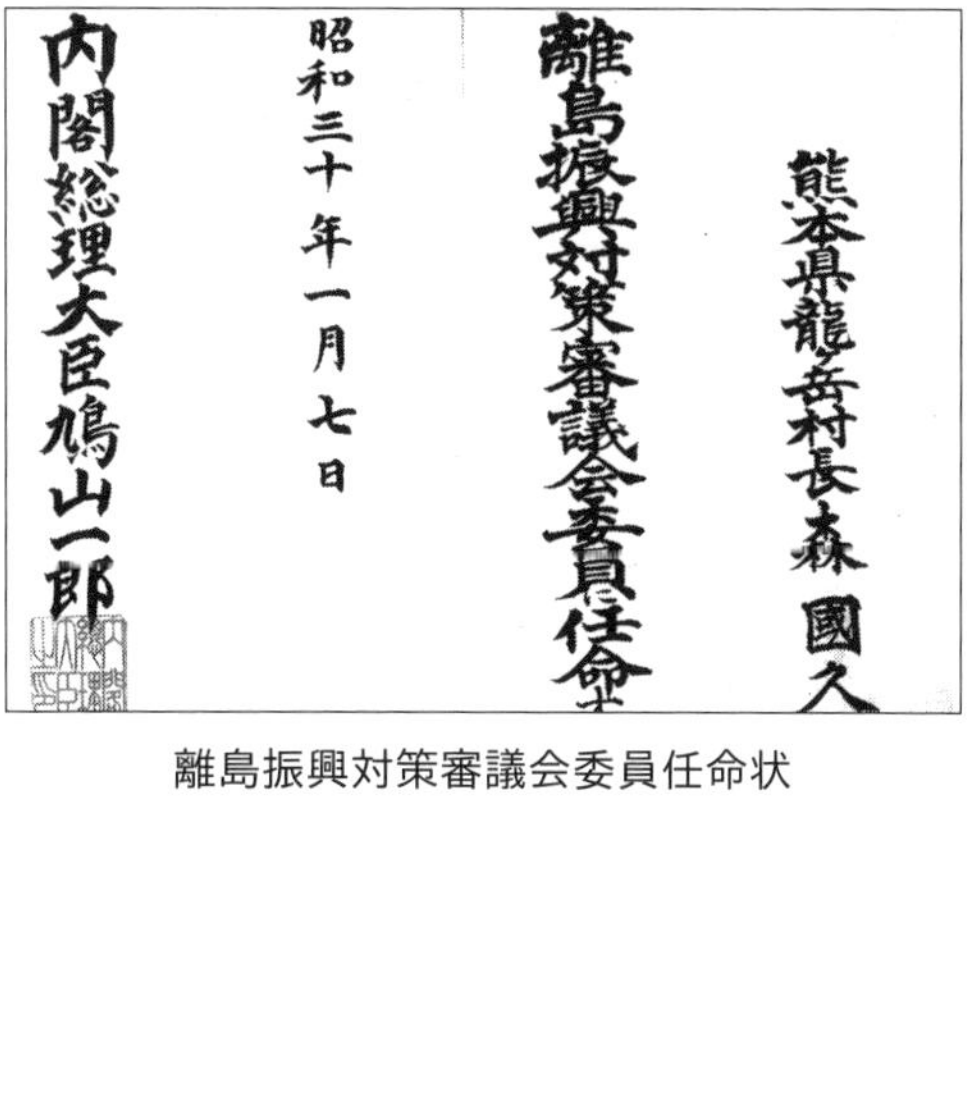

熊本県龍岳村長森　國久

離島振興対策審議会委員に任命す

昭和三十年一月七日

内閣総理大臣鳩山一郎

離島振興対策審議会委員任命状

昭和三十年六月十三日
於 経審長官公邸

第六回離島振興対策審議会議事録

経済企画庁開発部

離島振興有望
森国久氏談

全国離島振興協会総裁や小団地なども政令化することであろう、なお牛会は去る十三日午後一時東京都内の経審長官深ほか七カ所の漁港局部官邸で行われたが、同改良工事も継続事業とし会に出席した森国久副てその国庫負担が続けら会長は同会の模様を次れることとなったし、電のように語っていた気導入や小団地補助につ従来離島関係予算は独立いても農林省次官から直したものでなく、そのた接善処するむね確約を得め離島に関係のない事業たとくに電気導入は当初に流用される向も少くな予算の千二百八十万円がかった、そこでわれわれ約二倍の二千四百八十万

離島振興協会
櫻井知事會長に再選
森副会長重要發言

離島振興協会理事会は二月十六日教育会館で森副会長議長となって開会、二月二十日書…

…催予定の天草郡米作懸賞競作大会、同甘藷増産競技会並に審査…表彰

森会長等縣に抗議
縣費の押付けは困る
無燈火部落の電氣導入問題

やはりママ兒扱い
削られた離島予算
"改正法で押す"と森會長

（水曜日）　（２）

全國離島審議会に出席して
森委員の歸來談

離島補助率引上は有望
森国久協会理事の帰任談

全国離島振興協議会副理事、天草郡町村会長森国久氏は三月二十三日上京全国離島振興協議会理事会に出席、三十一日帰島し次のように語った

離島振興法の一部改正…過の見込である、同改正は補助率の引上げ要望で、すなわち漁港局港の現行三分の一を五分の四に、簡易水道百分の三十五を百分の五…二を四分の三に改訂しようというものであるまた天草架橋の第二回世話人会を四月八日東京都日比谷の松本楼…

400戸が
これで無灯火部落解消
37年度迄の各年度計画成る

離島振興法に基く三十三年度農山漁村電気導入事業は、さきに補助も決まり、それぞれ着工の段階に入っているが、県事務所は、本年度着工分も含めて離島振興法の期限切れとなる三十七年度までに電気導入を計画している地区をまとめた。

それによると島内二十九地区で、約四百戸の無燈火が解消され、これで全島の無燈火部落が解消する事になっている。

実施計画地区は次の通り

▼牛深市魚貫＝事業費六七六八千円

この他坂瀬川地区が今年度補助が認められる予定

三十四年度

協議済

（カッコ内は事業費）

▼馬南町四方田＝一九戸（七七二千円）

▼有北町坂瀬川＝二六戸（一、〇二五千円）

▼本渡市本町＝二四戸（一、四九二千円）

▼佐伊津＝一五戸（六〇五千円）

▼志柿＝一五戸（六二〇

三十六年度計画

▼天草町高浜＝一〇戸（八〇〇千円）

▼有北町志岐＝九戸（四四〇千円）

▼五和町二江＝緒米原動力（三、〇〇〇千円）

▼本渡市楠浦＝一六戸（一、四五〇千円）

▼牛深市須口＝六戸（六〇〇千円）

三十七年度計画

▼牛深市鳥の巣＝五戸（

▼天草町福連木＝七〇戸（四五〇千円）

▼五和町城河原＝緒米動力（三、〇〇〇千円）

▼倉岳村浦大野＝五戸（六〇〇千円）

▼倉岳村浦投石＝五戸（六〇〇千円）

▼倉岳村棚底當石＝五戸（六〇〇千円）

非協力的な両市

（1958年）1月24日（金

離島振興予算復活成る
森振興会長歸來談

…をもつ離島振興法の一部改正案がある。

天草架橋の実現を可能にしたのは、「離島振興法」の天草適用によるところが大きい。その離島振興法の成立、法の天草適用に國久は大きく貢献している。

昭和二八（一九五三）年に成立した離島振興法は、戦後の天草の振興、発展に大きく寄与した。天草島内の「河川の改良」「砂防」「治山」「土地改良」「開拓」「山林造林」「漁港修築」「道路改良、拡張、新設」「港湾整備、浚渫、防波堤整備」「住宅建設」「簡易水道敷設」「学校校舎建築」「保育園建設」「発送電施設設置」などに投入された。道路、港の改修、埋め立て、灯台、学校の改築、水道の敷設、それらのほとんどは、離島振興法の補助金により出来たと言っても過言ではない。この法律によって天草に投入された金額は、昭和二八年に法の指定を受けてから、昭和五五（一九八〇）年四月一日に大部分が解除になるまで、約　三〇〇億円になった。

国庫補助
三億八千万圓
道路整備事業に重点
離島事業費内定
県企画庁では三十五年度天草島の離島振興事業費を内定このほど県経由関係市町村当局へ通知したが、これによると国庫補助総額は三億八千六百十三万円で、とくに島の道路整備事業に力を注いでいるのがうかがわれる。主な工事名および補助額は次の通りで残りは近日中に内定する
天草振興

「天草民報」昭和35年6月5日

戦後、荒廃した日本の国土を復興させるために昭和二五（一九五〇）年に「国土総合開発法」が制定された。また、昭和二六、二七年に島根県の隠岐の島で二年連続して大干魃があった。離島を持つ県は本土に比べて遅れている離島の復興、振興を考えていたが、国土総合開発法という日本全体を対象にした法律では、本土から遠く離れた島々にとっては十分な施策を実行するのは困難だった。

そこで、離島に適用される特別法が出来ないかと、長崎県と島根県が、佐渡島がある新潟県、伊豆七島、小笠原のある東京都、屋久島、種子島などがある鹿児島県に働きかけ、協同して、離島振興のための法律を作成し、昭和二八（一九五三）年三月、第一五国会に法案を上程しようとしていた。当初、熊本県はこの活動に参加していなかった。天草は隠岐島や壱岐、対馬や佐渡島、屋久島、種子島、伊豆七島などと比べれば本土から近いために、一都四県は天草を離島振興法の対象にしていなかったのである。

この法律は議員立法で提案され、国会の多数を確保するため、国会内で署名活動が行なわれた。熊本県選出の国会議員にも署名が回ってきた。そこで熊本県選出の国会議員たちは「天草島を離島振興法の対象実施区域に指定する」ことを条件に署名した。この時点では、熊本県や天草の町村は離島振興法成立に向けて活動をやっと開始したばかりだった。

この時「離島振興法」が成立していれば、天草は第一回目の審議会で指定されていなかっただろう。ところが、国会は三月一四日、当時の吉田茂首相により急遽解散となった。有名な「バカヤロウ」解散である。

せっかく上程された「離島振興法案」は、一度も審議することなく、廃案となった。

○草創期の熊本県の離島振興運動

熊本県桜井知事に「離島振興協会」設立を要請

昭和二八（一九五三）年三月一五日、國久はこれまで「国土総合開発法」に基づいて天草郡の町村で組織していた「郡総合開発協会」から、「離島振興法案」に基く「熊本県離島振興協会」に組織替えした。「熊本県離島振興協会」は県知事が会長となり、副会長には樋島村長の國久が選ばれ、離島振興法の成立のために活動を開始した。県協会発足にあたり、桜井知事の説得には國久があたった。

五月には県の離島振興協会理事会を開催し、「離島振興法案」の国会通過に全力を尽くすことを決定した。

熊本県離島振興初理事会を開催、「座り込みも辞さず」と全国離島民代表者決起大会に乗り込む

離島振興協会では、五月二五日、教育会館（本渡）に於いて創立後初の理事会を開き、離島振興法案の七月特別国会上程前に県振興局と協力、早急に資料を完備し、陳情など政治的折衝を開始することを申し合わせ、森國久樋島村長は五月二七日には、知事と離島振興法案について打ち合わせをし、翌日の二八日には陳情のため、上京した（「みくに新聞」昭和二八年六月三日）。

第一六国会での「離島振興法」の審議は六月二九、三〇、七月一日と決まった。「離島振興法案」の国会への上程は六月二五日に予定されていた。一都四県は「離島振興法案」上程日に合わせて、全国の離島の町長、村長が上京し、全国離島民代表者総決起大会を開くことにした。この情報を察知した熊本県離島振興協会は、この決起大会に参加するべく、六月一七日、熊本を発ち、天草を

「離島振興法案」に編入させるべく上京した。

この時の決意を、熊本県離島振興協会副会長の國久は「目的達成のためには座り込みも辞さず」と述べている。

○天草の実状を訴える

当時、「天草は離島と言っても本土との距離が極めて接近しており、全島を法案に編入するのは困難」と言われていた。いよいよ、全国離島民代表者総決起大会の当日を迎えることになるが、大会では自主参加の熊本県代表には「席」も「発言」の機会も用意されていなかった。この決起大会の運営は、「離島振興法案」成立のために努力を積み重ねてきた一都四県の主導で進められていた。自主参加の熊本県代表には「席」も「発言」の予定もない中、熊本県七名を代表して熊本県離島振興協会副会長の國久が、急遽発言を求めた。

当時の模様を、全国離島振興協議会が発行した『離島振興三〇年史』は次のように記している。

森國久樋島村長、熊本県離島振興協会副会長の発言要旨
「現在、熊本県の天草島は皆様方の島と同様の後進性を持つものとして離島振興法の適応地域に指定を受けるべく猛運動中であるが、この機会に一言挨拶をさせて頂きたい」と、特に発言を求め、「天草島は五七ヵ町村、人口二四万という島であるが、何の開発資源もなく、島民の生活情

況は皆様方の島と大して変わりはない。離島振興については先輩であられる皆様方の驥尾に付して天草の振興に邁進したい。よろしく御指導を乞う」と挨拶をした。

○全国離島振興協議会設置　國久、初代副会長に就く

この決起大会の後、全国離島振興協議会の設置が決議され、國久は、この発言が契機となり、副会長に選任され、この後、六月二七日から二九日にかけて、法案の修正動議提出資料（離島振興対策審議会設置）、及び修正法案などの作成に従事した。

「二五日に開かれた全国離島振興決起大会では、熊本県の席は勿論、発言の予定すらなかった。一都四県は今までに多額の経費と時間を費やし、運動を続けており、加えて法案が通過して予算が計上されると、後で割り込んだ天草のために分け前は少なくなるなど懸念し、歓迎しないとの予想は当たらずとも外れてはいない。しかし、県出身代議士が一都四県出身の代議士に了解を求め、先発の（先発上京組、副知事など）事前工作もあって、とにかく割り込みには成功、翌日の結成協議会（全国離島振興協議会）に副会長（國久）を天草から出すまでになった。これはとにかく大成功」

（松本佐伊津村長の報告、「みくに新聞」昭和二八年七月三日）

○熊本県割込みに成功!!　國久、法案委員会に出席し予算獲得のため居残る

「郡出身、園田、吉田代議士はもとより、県出身議員の超党派的協力には感激の他ない。法案提出の中心人物・長崎県選出の綱島代議士は提案理由説明の際、速記録に残るべく天草編入理由を説明することになった。熊本県の割込みは完全に成功、二五日の離島振興全国決起大会では離島振興協議会の副会長に熊本県離島振興協会副会長の樋島村長、森國久氏が決まった。同氏は二九日の経済審議庁における法案委員会に出席、予算獲得などのため居残った」

（林田地方事務所長の話「みくに新聞」昭和二八年七月三日）

離島振興法審議会設置、修正案提出　市町村長からも内閣審議委員を

次は、第一六回国会の衆議院経済安定委員会に舞台を移し「離島振興法案」の審議が始まった。昭和二八（一九五三）年六月二九日の初日の議論では、「離島とは何か、どこを指すのか」などの質問が出された。これまで、一部では、離島を定義するに際しては抽象的な表現の「大体を言えば外海にあって相当の距離を有している、そして非常な後進性をもっている地域」と定義されていた。

一都四県は、当初、本土から遠く離れた島をこの法律の対象実施地域に想定していた。これに比べて天草島は、特に大矢野島は本土に近く、一都四県からは想定外であった。国会の委員会では、具体的な「離島」の条件を決めることは困難であるとして、どの島が法の指定を受けるかをこの法律で決めることを回避し、法律の成立後設置する審議会で十分な議論をして決めて貰うと回答した。

委員会の審議が進むなかで、突如、修正案が出された。

そのポイントは二点。

一点目は、「国土総合開発審議会」に代え「離島振興対策審議会」を設置するということ。法律成立後に審議会を設け、具体的なこと、例えば、法の指定地域の決定は上程された原案では、その審議会は「国土総合開発法」に基づく既存の「国土総合開発審議会」で審議することになっていた。しかし、この審議会では、離島振興のために離島の特殊性が考慮されないとか、迅速な対応ができないのではという懸念から「国土総合開発審議会」に代え、「離島振興対策審議会」を設置するということ。

二点目は、この「離島振興対策審議会」に都道府県知事三名と市町村長三名を審議委員に加える、ということ。全体では三〇名で、衆議院議員七名、参議院議員四名、中央官庁の次長、次官クラス一〇名、学識経験者三名、それに知事三名、市町村長三名。特に市町村長の参加は画期的だった。

法案は衆議院、参議院とも全会一致で可決し、昭和二八年七月一五日午後一時四五分に可決された。法律の公布日は、同月二二日。

國久の発言で熊本県は部外者から一転、離島振興協議会の主導権を握り離島指定に動く

第一回目の離島振興対策審議会で、法律の指定を受ける「離島」はどこかというのが焦点となった。天草が第一回の離島振興対策審議会で指定を受けるかどうか、が課題となった。國久は「離島振興法の施行細則決定の企画室庁会議にむけて、天草指定に不利がないよう」上京した。

「衆議院に引き続き通過成立した離島振興法の施行細則決定に関する一都六県の企画室長会議は七月一六日開かれるが、天草から大塚離島振興協会副会長・新合村長、森國久離島振興協会副会長・樋島村長、松尾（湯島）、鬼塚（島子）理事が出席。「指定基準、計画様式など天草指定にいささかの不利が無く決定されるよう」強力な折衝を行なうべく、一五日上京した。」

（「みくに新聞」昭和二八年七月一七日）

委員に園田氏、國久を推薦

「第一回離島振興対策審議会は八月二〇日頃東京で開かれる予定であるが、内閣総理大臣の諮問に応じ地域指定その他に重要な役割を果す委員に本県（熊本県）離島振興協会では同副会長並びに全国離島振興協議会副会長である樋島村長・森國久氏を推薦した。政党代表からは二八日、衆議院本会議で園田代議士が議長より指名された。これにより本郡はその指定、予算獲得に関し非常に有利な立場に置かれたものとして期待されている。」

（「みくに新聞」昭和二八年七月三一日）

○國久、強力発言で支持され、全国離島振興協議会副会長に推薦される

「遅れて割り込んだ本郡がここに至るまでには地元の熱意と郡出身・園田、吉田代議士の渾然一体となった努力、並びに県出身衆参議員の超党派的な全面協力の賜で、去る六月、法案提出前の全国離島民決起大会では席もなく発言の機会さえ予定されてなく、全国離島振興協議会結成に際しても、会長・長崎、副会長・鹿児島、島根に内定していた模様であるが、座り込み覚悟で上京した、森國久樋島村長、松本佐伊津村長ら郡代表は強力に発言を求め、森氏は「会長に長崎を推薦し、副会長には大きな離島を有する熊本を含めた鹿児島、島根、東京、新潟から出すべき点を」強調して内定外の都県から支持を得て決定した。

この会議では長崎の会長は高齢のため熊本が主導権を握るほどの優位にたつに至ったものとされている。この間、園田、吉田代議士は夫々の特徴を発揮して寝食を忘れ、関係者は郡民にぜひ知らせねばならぬことだと感激している。」

（「みくに新聞」昭和二八年七月三一日）

園田直代議士などが樋島経由で天草視察　園田代議士談

「離島振興法案通過には深水政務次官（芦北出身）始め県出身議員や郡の吉田代議士らが超党派的に努力した。秘密裡に進めていた一都四県は、法案は通過させても指定は別という腹のようだったが、幸い自分が審議委員に任命されたので形勢は逆になった。天草島指定については深水政務次官や吉田代議士もおられるし、大いに頑張る。」

（「みくに新聞」昭和二八年九月一一日）

このように、天草島の法指定に向けて天草出身の国会議員、町村長などは邁進していった。

離島対策審議委員会に大塚新合村長任命

「東京、新潟、島根、鹿児島、長崎の一都四県が早くから多額の運動費を投じて努力した離島振興法案通過直前、急遽、桜井知事を会長に結成した本県離島振興協会の副会長森國久樋島村長が全国離島振興協議会副会長に推され、その割込みに成功したことは本郡（天草）のため幸先良しとして期待されている。

今後の指定如何に重大な鍵を握る離島振興対策審議会委員に大塚新合村長が内閣総理大臣から任命された。衆議院からは園田直代議士が選ばれている。」

（「みくに新聞」昭和二八年一〇月九日）

初めての離島振興対策審議会開催

離島振興対策審議委員会並びに全国離島振興協議会理事会出席のため大塚新合村長、森樋島村長は一〇月五日上京した。

全国離島振興協議会は九月一七日、第一回幹事会を開催し、離島振興対策審議会委員の推薦をした。担当事務局の経済審議庁計画部は昭和二八年一〇月一日付けで各委員に対し「第一回離島振興対策審議会開催について」を送付し、関係都県知事で構成する「離島振興対策協議会」から九月二六日付けで審議会委員内定の通知を送った。それによると、熊本県関係では、森國久樋島村長と大塚新合村長の二名を記し、うち一名を審議委員するとなっていた。そして、大塚新合村長が審議会委員に任命された。

このことは、のちに問題となる。

園田直氏、國久らの尽力により、天草諸島の離島振興法一号指定となる

離島振興対策審議会の第一回は昭和二八（一九五三）年一〇月八、九日に開催され、審議会の結果、昭和二八年一〇月二二日、天草島を含む一二地域が指定された。

園田直氏の報告

「特に心配された、上島、特に大矢野島を含めた天草全域が指定されたことは感激にたえぬ。郡民の協力、郡出身吉田代議士、深水経審政務次官その他先輩各位の協力の成果だ。離島適格三三島のうち今回は一二島が指定された。修正案通過に際し、「天草を必ず指定すること」「審議委員町村長三名のうち一名は天草から園田の推薦する者」をとの約束であったが、十月二日の発表に天草がもれていた。

綱島会長、深水経済審議政務次官が違約陳謝の意を表された。自分は森國久樋島村長が今日まで努力した経緯上、推薦したのであるから一切を超越して、今後の予算獲得など大塚委員と一体

となって尽力する。

違約の条件として大矢野を含めること、他島より二〇〇〇万円の予算増が実現した。昭和二八年度に二億二〇〇〇万円を予算措置として計上、天草には実にその四分の一がふりむけられたことになる。二九年度からは最低五億円が支出されるので如何にして天草が多く獲得するかにつき今後の協力を願う。」

要約すると、当初、本土に近い大矢野島を離島振興法の指定地域としない予定であったが、森國久樋島村長を離島振興対策審議委員に選任しなかったために、違約の見返りとして大矢野島も指定され、予算額も他島より二〇〇〇万円増額された、と『みくに』紙で述べているわけだ。翌年からの本予算もこれがベースになるため、きわめて功績大といえる。

天草離島振興大会の観　全国協議会から帰った國久の談

昭和二八年一二月一日、衆議院第一議員会館で開かれた全国離島振興促進協議会から帰った熊本県離島振興協会副会長・森國久氏（樋島村長）は次のように語った。

「郡から鶴田土木協会長、川辺土木事務所長、松本漁港会長、寺中、西村上下島海岸道路期成会長、浜崎高浜村長、二神、田代県議に大塚副会長などに綱島審議委員会長、園田副会長、吉田代議士らが出席しておのおの発言、まるで天草離島振興協会のようなものだった。」

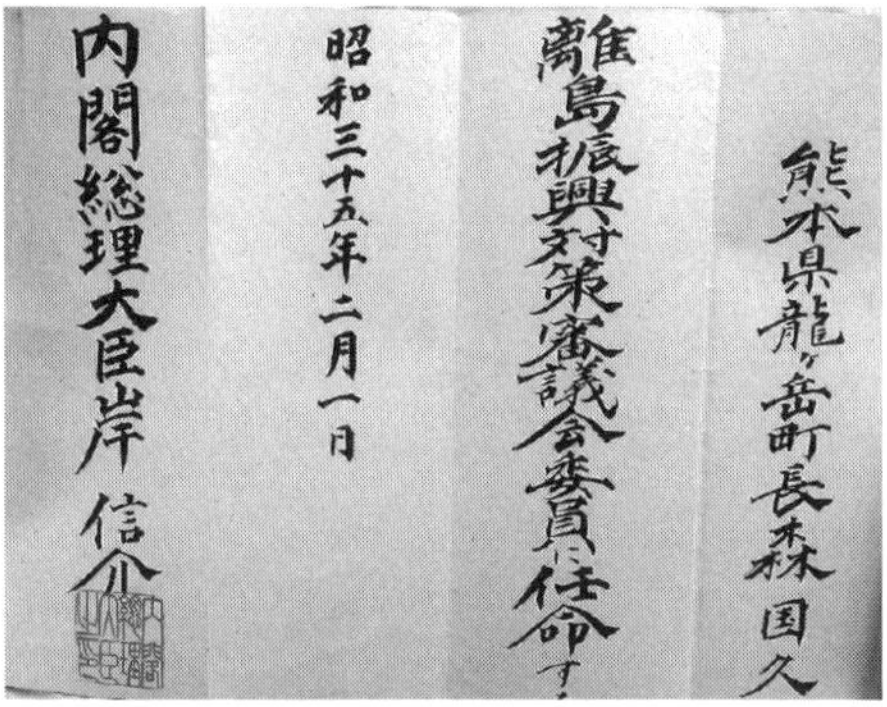

離島振興対策審議会委員任命状

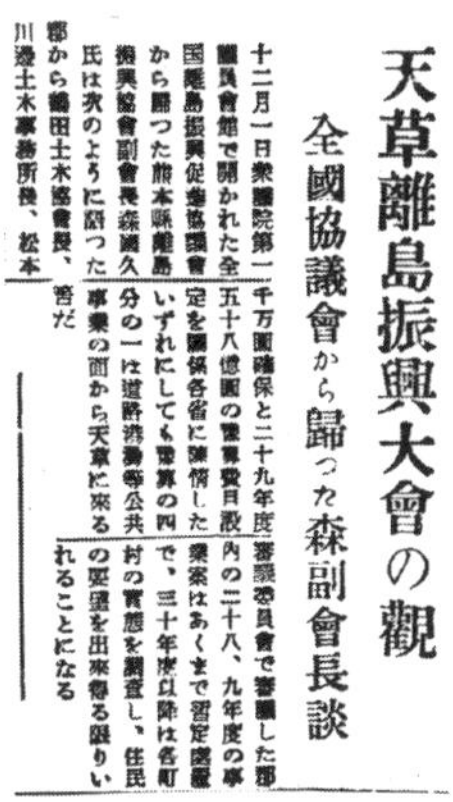

天草離島振興大會の觀
全國協議會から歸つた森副會長談

十二月一日衆議院第一
議員會館で開かれた全
國離島振興促進協議會
から歸つた熊本縣離島
振興協會副會長森國久
氏は次のように語つた
郡から鶴田土木協會長、
川邊土木事務所長、松本

千万圓確保と二十九年度審議委員會で審議した都
五十八億圓の事業費目截內の二十八、九年度の事
定を關係各省に陳情した業案はあくまで暫定處置
いずれにしても事業の四で、三十年度以降は各町
分の一は道路港湾等公共村の實態を調査し、住民
事業の面から天草に來るの要望を出來得る限りい
啓だ
れることになる

「みくに新聞」昭和28年12月11日

離島振興対策審議委員の闘い

國久は、昭和三〇（一九五五）年一月に内閣総理大臣の諮問機関「離島振興対策審議会」の委員に任命され、亡くなるまで努めた。出来たばかりの「離島振興法」を天草のみならず、全国離島民のために修正していった。

審議会議事録を見ると、常に委員の中心となり活発に発言し、法案修正発議への決定を牽引している。なかでも、離島指定基準緩和などに力を注いでいる。

山下元一郎全国離島振興協議会会長は、「内閣総理大臣の諮問機関である離島振興対策審議会の委員として常に公正にして力強い意見を活発に発言されて、離島振興法実施地域の指定を始め数次に亘る離島振興法の改正、離島振興予算一本化の達成、経済企画庁内に離島振興課創設の実現、年々の離島予算の大幅な獲得、特に去る五月二九日（第八回玉造温泉総会）、足掛け四年間の涙ぐましい努力の賜物として離島振興法の一部を改正する法律の公布を見るなど、これら画期的業績に対しては、すべてあなたの渾身の御努力が払われたのでありまして、その御功績は、真に称賛に値するものばかり

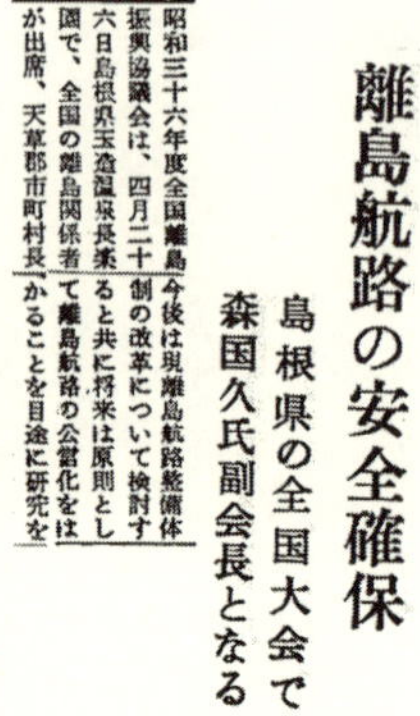

離島航路の安全確保

島根県の全国大会で 森国久氏副会長となる

6年5月12日

昭和三十六年度全国離島
振興協議会は、四月二十
六日島根県玉造温泉長楽
園で、全国の離島関係者
が出席、天草郡市町村長

今後は現離島航路整備体
制の改革について検討す
ると共に将来は原則とし
て離島航路の公営化をは
かることを目途に研究を

「みくに新聞」昭和36年5月12日

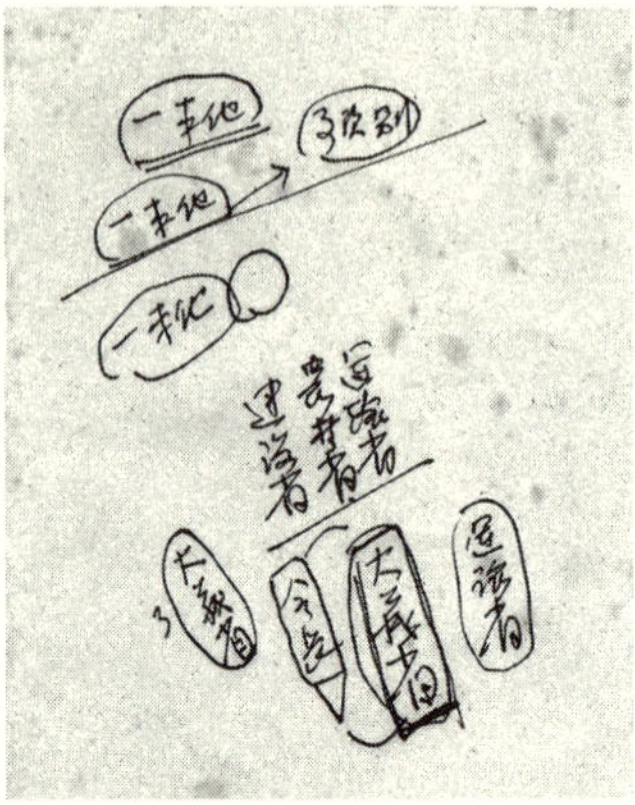

國久のメモ
「一本化」と記されている

でございます」と、その活躍ぶりは「離島の星」と称された。「故郷天草の港湾、道路、埋立てなど各所に見る事業は、これすべては君が血と魂の塊」（園田直代議士）、「郷土天草、郷土熊本の一穀一草、道路の石垣、舗装の一辺にも災害復旧の一石にもあなたの血の通わぬものはない」（岩尾豊熊本県会議長、のち八代市長）、「今は亡き本副会長として活躍された森國久氏の『離島振興法こそ我が天草・村勢伸長の基本である。離島振興法なかりせば』と口癖のように言われていたことを追憶して、感慨深いものがある」（全国離島振興協議会・山下会長）と口々に國久の働きに賞賛の言葉を送っている。

〔内閣離島振興対策審議会〕
衆議院議員七名　参議院議員四名　各省の事務次官一〇名
県知事三名　町村長三名　学識経験者三名　合計三〇名

國久は町村長代表として昭和三〇（一九五五）年から亡くなる三六（一九六一）年まで一六回出席し、離島指定、離島予算の一括計上、離島振興課の設置運動に尽力している。

審議委員には自民党から桜内義雄、山中貞則、二階堂進、社会

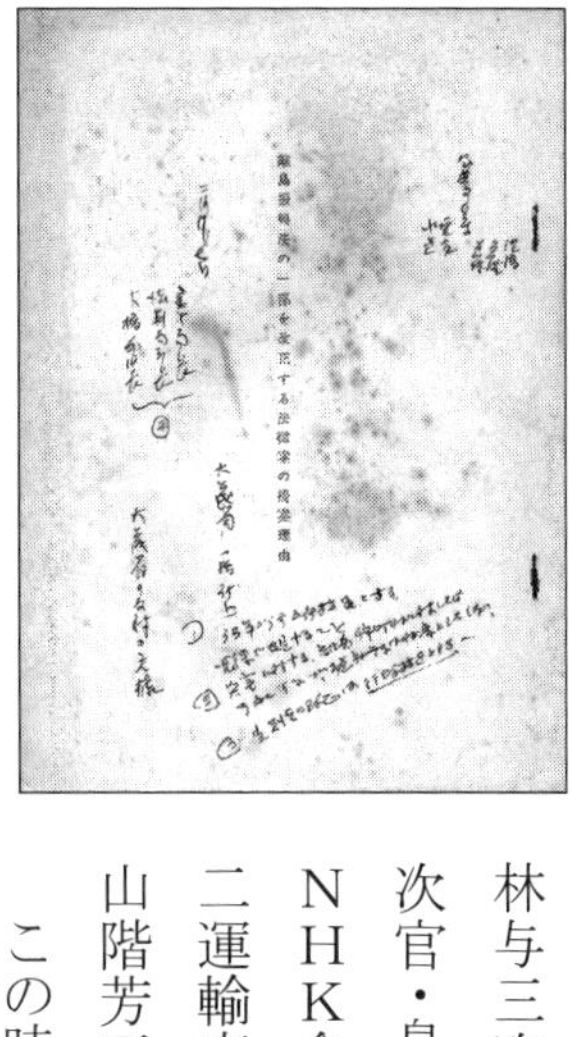

「離島振興法の一部を改正する法律案の提案理由」表紙

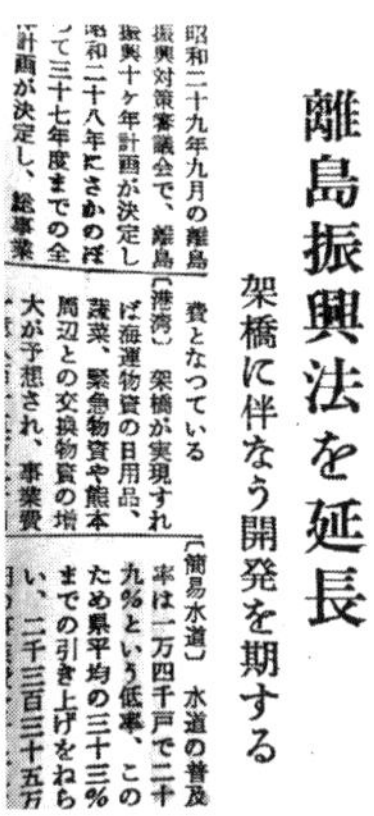

離島振興法を延長
架橋に伴なう開発を期する

昭和二十九年九月の離島振興対策審議会で、離島振興十ケ年計画が決定し昭和二十八年にさかのぼって三十七年度までの全計画が決定し、総事業費となっている

〔港湾〕架橋が実現すれば海運物資の日用品、蔬菜、緊急物資や熊本周辺との交換物資の増大が予想され、事業費

〔簡易水道〕水道の普及率は一万四千戸で二十九%という低率、このため県平均の三十三%までの引き上げをねらい、二千三百三十五万

「みくに新聞」昭和36年8月4日

党から加藤勘十など。

事務次官にのちの東京都知事・鈴木俊一、日本テレビ社長・小林与三次、平井富三郎通産次官・新日鉄社長、石破二朗建設事務次官・鳥取県知事（自民党・石破茂の父）、小野吉郎郵政事務次官・ＮＨＫ会長、森永貞一郎大蔵事務次官・日本銀行総裁、荒木茂久二運輸事務次官・帝都高速度交通営団総裁など。学識経験者には山階芳正氏らがいた。

この時の中央官僚との人脈は、天草架橋実現に多大な力となった。

最後に國久が、離島振興法天草指定を直後提起した「離島天草振興の諸問題」の一部を紹介する。

「港を、どの道路をどうするということも重大ですが、ここでは根本的問題といいますか、計画振興を運営してゆく上における理念といったものを取り上げてみたいものです。まず第一に、振興法の適用を受けたのだから―座して手をこまねいて「振興待つものあり」とする考え方がもし郡市民の間にあるとするならば法の指定で郷土発展一〇〇年の計を毒すること夥しいといわねばなりません。自らの郷土を自ら振興させる逞しい意欲の基礎の上に立って手を引き腰を押し上げてこそ、やがて道は拓け花は咲き、実も結ぶでありましょう。」

（「天草民報」昭和二八年一一月一五日）

○全国離島振興協議会　座談会「離島と水」

出席者

為藤隆弘　厚生省水道課　厚生事務官

山下元一郎（もといちろう）　全国離島振興協議会会長　五島有川（ごとうありかわ）町長

森口吉五郎　全国離島振興協議会副会長　伊豆大島泉津（せんづ）村長

森　國久　全国離島振興協議会副会長　天草龍ヶ岳（あまくさりゅうがたけ）村長

福崎俊多　長崎県高島町長

宮本常一　全国離島振興協議会事務局長

大村　肇　全国離島振興協議会幹事

園池大樹（そのいけもとき）　全国離島振興協議会幹事

竹田　旦（あきら）　全国離島振興協議会幹事

山階芳正（やましなよしまさ）　全国離島振興協議会幹事

（左から福崎、森口、為藤、森國久、山下各氏）

（左から宮本、山階、園池、大村、竹田各氏）

座談会「離島と水」（『しま』第４号、昭和 29 年）

昭和二九年（一九五四）九月九日夜　於、全国離島振興協議会事務所

山下　これから「離島と水」の問題について座談会を開きたいと思います。飲料水については、島の特殊性により非常に苦痛をなめつつあることは御存知の通りです。事務局でもその資料を集めて対策を講じつつあります。各省もだんだん力を入れて来ているようで、喜びに耐えないところであります。幸いに本夕は、厚生省水道課の為藤さんをお迎えしての会であります。どうぞざっくばらんに御意見をお聞かせ下さい。最初に、為藤さん、昨年（昭和二八年）一二月に出ました簡易水道布設助成規則の趣旨やら経過やらを簡単にお話していただけませんか。

簡易水道とは？

為藤　厚生省としましては、昭和二七（一九五二）年から農山漁村の衛生不良地区、すなわち消化器系伝染病患者が一箇年一万人当り一四人以上出る所を一〇箇年計画で簡易水道を普及させていくことを始めました。そして昨年一二月に厚生省令第六八号で簡易水道布設助成規則が制定され、これを本格的に推進することになったのです。三年目の昭和二九年度には八億円の補助費、事業費にして三二億というようにだんだん予算は増大して参っています。この八億の補助費は、始め四億でしたが、各党の協力で倍額に増加修正してくれましてね、厚生省としては人気のある施策です。今後もますます強力に推進してゆこうということになっています。施工箇所は、本年度は一〇〇〇箇所以上になります。道路、港湾などの土木事業と違って、ほんの僅かな金で多くの人に喜ばれています。伝染病がなくなり、文化向上・生活改善にも役立ち、いろいろの効果が現れています。一つの村に水道が引かれると近隣の村々も希望し、なかなか盛況です。主婦の水汲みの労力と時間の節約は大したものですからね。コック一つひねって水が出るということになれば、余暇利用ができるようになるわけですから、嫁に行くなら簡易水道のある村へというので、よい嫁を貰うためには水道を引かねばならなくなったという話まであるくらいです（笑声）。地元選出の代議士さんや県会議員の方々も簡易水道の布設には、なかなか尽力していますよ。

簡易水道の補助箇所の選定ですが、消化器系伝染病多発地区を優先的に採用しています。今年（昭和二九年）からはその基準を下げました。昭和二八年度は一箇年発病三五人以上であったのを、今年度からは一四人以上というようにゆとりを持たせたわけです。簡易水道の希望箇所は非常に多いので、厚生省としては一つ一つ見に行くこともできませんので、その選定は都道府県に通知した枠の範囲内で知事に委せています。各都道府県ごとに人口などの一定の基準によって枠を定めるんですが、離島として特に優先的には扱っていません。しかし都道府県の枠の中には、離島をもつ都道府県にはそれを加味しているのです。

今後ともどんどん簡易水道を普及させなければならないのですが、たとい一〇箇年計画が完成しても、全国八〇〇〇の町村の人口の二割か三割ぐらいに普及したことにしかなりません。その後は衛生的の条件のほか、飲料水改善、生活改善をも加味して新しい構想を推進しなければならないでしょう。

離島と水

森　農山村よりも、飲料水については離島の方が条件が悪いですね。

宮本　水が悪いのは埋立てをやった平坦地と離島で、山村は水はいい。かりにそれが極端にない所でも農村には買う力があるが、離島にはないですよ。

大村　地図で見ると木もあって水もありそうで、島には水はない。

山階　島に水のない理由は二つあると思います。一つは面積が狭く、大きな川がないということ、もう一つは火山礫・火山灰は水の浸透性が強いのと日本の島は断層が多くて、そのわれめに水が逃げてしまうということです。

森　その日の雨が、その日に海に流れてしまう、これが災害の原因にもなっています。

為藤　貯水池を作っても溜りませんか。

山階　火山島が多いので望みうすですね。

福崎　長崎県の端島（はしま）のように一キロメートル平方に一三万人という人口密度の所では他から水を持ってくるよりほかないですよ。

山階　端島ではビールより水を飲む方が気をひけますね。

為藤　離島振興法ができたのに、道路や港などに重きを置かれ、保健衛生について特別の規定がないのはなんだか物足らぬ感じがしますね。せっかくの振興法ですから、島民が日常もっとも困っておられる飲料水の問題を解決するため、簡易水道についての規定が一項ほしかったですね。それも現在やっている伝染病多発地区ということでなしに、離島の飲料水問題の解決のためにということで、今の助成規則より多少よい補助率で規定されていたら、離島の人々はどんなに喜んだことだろうと思いますね。

山下　簡易水道について、長崎県の衛生部長から、全国の衛生部長会議で、離島振興法に取り入れてもらいたいという話が出されて、本会との両方で働きかけたいということでした。

山階　厚生省関係のものも、振興法の案には入れてあったのですが削られてしまったのです。しかし、九条四項の政令によって補助率をかえることはできると思うのですが……。

補助率と事業量

森　次の臨時国会でも、離島振興法の一部改正の要求をしてはどうですか。補助率を上げてくれなければ、事業量を広げるとか、または離島をもつ都道府県には枠を増したということを、立法化できないものだろうか。

為藤　振興法で別表にあるもの以外は政令で改めることができるようになっているようですが、これも政令で補助率がすでに定められているものだけに限られ、補助規則は省令だし、これについて政令で補助率を改めることはできないのではないですか。その辺はよく研究してみる必要があると思いますね。また先ほど申しましたように、補助金を出す趣旨も違っていますから、ただ補助率を変えるというだけの問題ではないようですね。

竹田　補助率の問題ですが、鹿児島県あたりの場合、簡易水道を作ろうとしても、国費の四分の一以外、県で四分の一の補助がなかなか出せないらしいのです。結局四分の三は地元の起債やら負担やらになってしまうのですが、それではとうてい負担しきれない。その上、消火栓の費用などは、起債の枠にも入らないというし、水源の遠い甑島（こしきじま）などは、起債以外に五〇〇万円、六〇〇万円もかかるありさまです。地元の声としては、せめて四分の二の補助がほしいといっていますが、無理もない要求だと思っています。

為藤　鹿児島、宮崎県などは、他県にくらべて簡易水道熱が幾らか低いようですね。熊本県はどうですか。

森　熊本県は、知事公選の最大の武器が簡易水道です。猛烈な熱の入れかたで、今どこの町村も水道騒ぎというところです。

福崎　補助率を上げると、それだけ事業量が減ると思います。鹿児島県のような場合は、町村民からの一時借入という形をとるのがよくはないですか。

森　私のところでは、四〇〇〇万円計画で、国が一〇〇〇万、県が一〇〇〇万、地元は二〇〇〇万負担ですが、七割は起債が認められるので、結局地元は六〇〇万円出せばよい。それから水道事業は、収入が確実ですから、起債も五箇年ぐらいで償還されます。道路や漁港など高額補助のものは、事業量はしめられているし、もらった町村はいいが、そうでないところからは不満が起こりますよ。

福崎　簡易水道も一〇〇〇箇所やってもらうというよりは、補助率は低くても一五〇〇箇所やってもらう方がいいですね。

為藤　予算が削られ、窮屈になれば、そのために事業費もやむなく削られるのですが、昨年（昭和二八年）はあまり削られていません。しかし、たくさんの人が簡易水道を要望しているのですから、補助率を高くするより、事業量を多くしてもらった方がよいですね。

森口　補助率はあまり大きな問題ではなく、むしろ融資の枠がどれだけつくかが大きな問題です。融資の枠を広げてほしいですね。

強力なる要望

竹田　私としては、県補助の有無などが原因して、簡易水道がどんどんできるところとそうでないところがあるのは、どうもあまり感心できないのです。だから今の助成規則とは別に、離島関係だけ補助率を上げ、事業量の減らないように手を打つことができると思うのですが……。

園池　八億の補助が一〇億になるというふうになればいいのですが……。やはり離島振興法の一部改正によって、それに簡易水道補助の予算がつくということが一番望ましいですね。

山下　それでは振興法の一部改正をして、補助率は二分の一、もし今の助成規則の事業量よりも減りそうな気配が見えれば、これは別に考えるということになりますかね。

為藤　現在の助成規則にしても、離島としては微々たるもので離島は別の意味で補助を得るのが法の目的にかなうものではないでしょうか。ところで、昭和二八年の風水害の時の議員立法では、災害対策新設簡易水道は二分の一補助でしたが、後になって地元がよすぎるという感じがしましたから、この際はちょっとよくするという程度の三分の一ぐらいを狙った方がよいのではないですか。

森　五分の二というのもありますね。でも、結論を急ぎましょう。結局補助率引上げは二分の一を目標とするが、事業量を減らされぬように、審議委員にも考慮してもらって、臨時国会に離島振興法一部改正の要求を出すということにしてはいかがですか。

全員　賛成！　賛成！（拍手）

山階　ところで離島振興法には、国に融資の義務があるようになっていますが、これについてはいかがですか。

為藤　私見ですが、制度として融資の枠をとらねば実際は

全国離島振興協議会
機関誌『しま』

だめですね。補助金を貰えば融資は当然ついてきます。
山階　また審議会には、意見の具申権がありますが、さきほどの八億を九億にというように厚生大臣に具申すれば、それは通りますか。
為藤　厚生省としては衛生上の基準によって、都道府県に枠を示すだけですから、それからは知事が枠内できめるのですし、現状では補助額を増したとしても、その増加分が必ずしも離島に行くとは限りませんよ。
森　熊本県は知事の考えで、天草は率がよいようです。
山階　現段階では、離島としては知事にもって行く必要があるわけですね。
為藤　そうですね。
山下　知事に離島の特殊性を考慮してもらうことも、法律一部改正とともにやらなければならんのですね。

簡易水道が布設されると

竹田　簡易水道布設について、何か美談がありませんか。
為藤　水道貯金といって鶏の卵を毎日一個ずつ積立てるとか、父親がたばこや酒を節約して貯金するとかして、水道の布設費の一部にあてているような話をたくさん聞いています。
山下　水道には婦人の力が非常に大きいですね。私の所のある部落で水道を引くことになったのですが、都合で一部見合わせなければならなくなってしまったのです。ところが、婦人会がそれを承知せず、とうとう婦人の世論で作り上げてしまいました。

森　水道には実に婦人層の熱烈な支持がありますね。ある家で個人引込線二五〇〇円の負担ができないので、家へは引かないという父親に、娘から焼酎をやめて引けという抗議が出たそうですよ。（笑声）

山階　水道のことで、一つだけぜひ注意していただきたいことがあるのですが……。島では川の上流で食器を洗う風景をよく見かけますが、今年特に気づいたのは農薬のホリドールのことなのです。

為藤　これが水源地などに入ってはたいへんですから、全国的に注意するように通達しました。今のところ水道には被害の実例はないようです。

森　私の村では、村条令で、川の流域では約三丁ほどホリドールの使用を禁止しました。水源地のある所には植林して水源涵養をし、田圃はない方がよいですね。

山下　それでは夜も更けますので、この辺で……。為藤さんにはお忙しいところをどうも有難うございました。

幹事　理事の方には、理事会やら陳情やらでお疲れのところどうも御苦労様でした。

（全国離島振興協議会機関誌『しま』第四号より）

○座談会「離島振興一〇年の歩み」より（一部抜粋）

出席者

寺中哲男（全国離島振興対策審議会委員、姫戸町長）
鶴田又雄（離島振興協議会事務局長）
緒方信雄（県工業試験場長）
〈司会〉大塚由成（県企画第二課長補佐）

昭和三八（一九六三）年九月六日　本渡市天草会館

ちょうど六・二六大水害の頃

大塚　離島振興法ができたいきさつについてみてみますと、終戦によって国土の半分を失ない、国としても資源、国土の開発をしなければならないということになって、昭和二五年、国土開発法ができ資源の調査が行なわれました。

そして、かつてはおきざりにされてきた離島も、何とかして開発しなければならない、島の人たちに文化の恩恵をと、離島開発の問題が取り上げられました。

離島振興法成立の社会的背景にはこのようなものがあったようですが、当時、直接の担当であった緒方さんに、法制定の経過なり、状況なりを話して頂きましょうか。

緒方　確かに離島は本土と比べて、差別されていたようです。特に港湾は全く見はなされていたでしょう。

まず、この問題を出されたのは長崎県の西岡知事で、壱岐、対馬、五島を抱えていたことから島の開発には積極的だったのでしょう。昭和二七年に長崎、鹿児島、島根、新潟、東京の五県が働きかけ、二七年の通常国会にとりあげてもらい法制化しようとしたのです。この時、熊本県は入っていなかったのです。

大塚　天草が指定に入るまでには、かなりの問題があったわけですね。

緒方　天草は、他の五県の実態に比べて、本土から距離的に遠くないという理由で、さきの五県は共同歩調にあまり賛成でなかったのです。

しかし、天草の離島性といいますか、経済力が弱いこと、島の貧しさに変りはない点に理解が高まり、結局島の民度を考慮すべきだということで指定基準から、本土との距離五〇キロメートルから八〇キロメートルという距離の規制がはずされて法制化の運びとなりました。

私などこの間六〇日あまり東京に詰めきりでしたが、ちょうど二八年の大水害にぶっつかりまして、下通りのわが家はやられました。しかし、重要な時期にかかっており、帰るわけにもいかず、結局最後まで頑張ったのですが、当時の関係者の皆さんも同じような苦労があったものです。

道路と漁港がまず恩恵を

鶴田　私たちも、最初は地域指定が困難だと聞きました。しかし、西海岸は、外洋に接しているという点、島内の経済力が弱く、自給自足も困難であるという点などから問題を取り入れていったのですね。

〝ひょうたんから駒がでた〟といって

寺中　亡くなられた前龍ヶ岳町長の森さんが、離島振興対策委員になられた時、一番熱意のある方ではあったのですが、周囲の事情などからして、ご本人は予想されていなかったので、〝ひょうたんから駒がでた〟といって笑っておられました。委員に就任されてからも本当に努力された功績は立派だと思います。

大塚　こうして離島振興法が二八年七月に制定され、一〇月二六日に天草郡が第一次指定になったときは、ちょうど今の新産都市指定のような気持だったのではないかと思います。

続いて一二月二一日に戸馳村が第二次指定になり、現在の天草島が地域指定となりました。何といっても、法の適用をうけることは地元にとって有利であり港湾、漁港の改修は全額国庫補助、道路については補助率を引上げ、その他電気導入などの各事業は、強力に島の施設の玄関を推し進めたわけですね。

寺中　一番恩恵を受けたのは、やはり道路と漁港を含む港湾でしょう。

地元負担が少なくなった

緒方　事業費をみても、昭和二八年の一億一〇〇〇万円が、三二年に二億二〇〇〇万円と倍に伸びています。これは、額の面だけでなく、地元負担が少なくて仕事ができるということで、地元は相当利益をうけたといえる。

鶴田　港湾、航路の関係で、一番目だっているのは、瀬戸運河が開発されたことですが、それでも、できてみると三〇メートルでは幅が狭く一〇〇トン位の船が通れるものにしたいですね。それから名物の開閉橋ですが、交通量が当時の計算からすると相当違ってきており、架け替えの要望があります。（以下略）

（「特集　伸びゆく天草島」『広報くまもと』第一六七号、一九六三年より）

○妻・政子のインタビュー（新聞記事より）

天草架橋開通式直前の昭和四一年九月、政子は架橋開通の喜びとは裏腹に天草の行く末を案じ、取材でこう語っている。

「とうちゃん。橋ができたとよ。夢にまでみたあの橋が……。この二四日にゃ、わたしが案内したげるけん、よう見なっせ」。晴れの天草五橋の開通式のまえに毎朝、仏前にぬかずく前竜ヶ岳町長、故森國久さんの未亡人・政子さんは感無量の思いである。この森（國久）さんこそ、いま

〝架橋男〟の異名をとる森慈秀大矢野町長とは別に、天草半島誕生のカゲの功労者として、あらためて見直されている人である。そのまたカゲの人、政子さんにとって、たったひとつ気になることがある。それは天草が架橋によって半島化されるという喜びとうらはらに、もはや〝離島にして離島にあらず〟という中途半ぱな天草の存在が、末亡人の不安をかきたてるのだ。

森さんは生前、天草をこよなく愛し島に生き、島に死ぬことを信条とした。その天草も終戦直後、あまりにも荒れ果てたので、たまりかねた森さんは天草諸島はじめ全国の島々に呼びかけて、離島救済の政治運動を起こした。じみではあったが、その働きかけは同じうきめをみる貧しい島の人たちの共感を呼び、政府や国会をも揺り動かした。

(昭和)二八年、森(國久)さんの努力は、ついに離島振興法の実施という形で実を結んだ。島の多くの町村が年間に使える予算のうち自由になる自己財源がたった一五%か一〇%にすぎない貧弱な財政の中で、その援助はまさにアラジンのランプのような魅力をもった法律だった。

ここに九六億円という金がある。これは離振法によって第二次一〇か年計画で決まった四一年度の全国離島予算である。このうち天草分が、なんと一二億円にものぼっているのだ。離島としては全国最大だけに、当然のことといえばそれまでだが、道路ひとつ直すにも、港をひろげるにも〝高率補助〟という恩典がこたえられない。しかし、その〝魅力〟も本土と陸続きになったいま、無残にもぎとられようとしているのだから、政子さんならずとも頭の痛い現実ではある。

島の夜明けともいうべき喜びのあとにくる〝適用除外〟の〝お返し〟をどう受けとめればいい

天草半島
その夢と現実
<6>
夜明けだ立ちあがれ
夢をマサ夢に
急ぐな工場誘致

のか。それは人々が花見気分に浮かれていた、ことし四月のことである。一〇年越しの〝夢のかけ橋〟が実現にもう一歩のとき、冷や水をぶっかけるように中央から舞い込んだ〝非情な情報〟だった。「そんなバカな」「さっそく島ぐるみの陳情団を送り出そう」一時はハチの巣をつついたような騒ぎとなったが〝政治的配慮〟で、どうやら、きょう、あすという悲劇は避けられた。

しかし、それはいつまで待ってくれるか、はっきりしない。とかく「おかしいではないか」と横ヤリを入れる向きが、こうした場合には往々にしてある。さいきん天草にかぎらず、干拓や架橋ブームで、島が陸続きになったり、辺地がいっぺんに都市に衣がえするケースは多い。身近なところでも、福島（長崎）、長島（鹿児島）、大根島（島根）が、やがて同じケースをたどりかねない運命にある。

そこで、森（政子）さんはなき夫にかわり、こう訴える。

「離島の条件には、内海では本土から航海距離で一〇キロ、外海では五キロ以上とある。この条件でみるかぎり、橋がかかりゃ、天草は離島ではないか。じゃけんど、法の精神は貧しい島をほんとうに立ち直らせることにある。そう思うとります。それが条文だけにしばられて適用除外になるとなら、あん人もきっと心外にちがいなか」

その裏づけともいえる数字を熊本県企画部では並べてくれた。天草島民の一人当たりの年間所得は三五年が七万二〇〇〇円。それが一〇年後の四五年で、やっと二〇万円（二、七倍）。同じ一〇年後の県民所得にくらべると七七％にしかすぎない。全国対比ともなると五四％。つまり倍近くも差をつけられる勘定だから、泣きたくもなろうというもの。それに、橋がかかっても天草は決して、すぐに離島から脱却することはできないと、プランメーカーの柿原参事は強調する。「パールラインの通行料金は乗用車で片道八〇〇円、子どもでも一二歳以上は二〇円とられる。それに橋がかかったがために、都会のムードにあおられて消費的傾向も強まる。後進性は、すぐにぬぐい切れるものではない」

いま中央では離島対策審議会が、小委員会までおいて「橋がかかれば島は離島か半島か」とのヤボったい論議をしているともいわれる。離島か半島かの取り扱いがどうであれ、また悪材料や暗い現実が多く横たわっているにせよ、本土と地続きとなったこんにち、産業、文化、教育、あらゆる面での〝前向きの姿勢〟が島民二〇万人に課せられた命題だ。三〇年の宿願実るこの日、あらためて天草島民の立ちあがりを期待してやまない。

志半ばに倒れた森さん、その遺影はえある開通式に未亡人の胸に抱かれて本土への道をたどるという。おそらく、この天草の夜明けを、しっかと見届けてくれることだろう。

（「天草半島　その夢と現実　夢をマサ夢に」、掲載誌不明、昭和四一年開通式直前頃の記事）

○妻・政子の全国離島振興一〇周年記念寄稿予定下書き原稿

◉隣村の遠縁の御法事に二人で詣り、久し振りの寛ぎに時を過ごし、夕陽の沈むころ、船で送ると言って下さる親切に「二人で久し振りに仲良く歩いてみます」と、加勢に来ていたおばさん達を笑わせ上手にかわし、二人で海岸道路を歩きました。夫は一歩一歩帰り道を踏みしめながら、道なき海岸に道路ができた喜びと、当時の苦労話をしてくれました。「この道を作るために何度陳情に行ったか。陳情を重ねるたびに道は延び、自転車を肩にかついで工事現場へ行った」こと。「よくも出来たね」と嬉しく楽しく話してくれました。

途中、松が鼻の所で一休みと、しゃがんでタバコ一服。途中で気になる家に老人を見舞い、九〇歳になるおじいさん夫妻に健康を喜び肩叩く主人。それが嬉しかったか、おばちゃんが折角とったグリーンピースをくださった。主人は、お土産にもらった風呂敷一杯の豆を剥きながら歩きました。皮が道端にこぼれ落ちると「道を汚しては」と思わず私が拾うと笑っていました。

やっと船着場に着くころには、既に真紅の夕陽は西の海に沈まんとし、小さい小人島・樋島の灯台の灯は、引き潮を照らし、船を引く船頭さんを照らしていました。遠くに続くこの道がいつかは「夢のかけ橋」とされた橋に繋がる日を、あの道は文化も産業も幸福の車が列を組んで我が村に来る日早かれと手を合わせ祈りました。

昨年の五月だったでしょうか、婦人会長だけの研修旅行に車を延ばして西海橋を見学したことを思い出して、夕飯の時に「お父さん、西海橋より天草架橋は大きいの、長いの」と尋ねると、

離島振興 10 周年記念式典に出席した政子（後ろは長男）

詳しく説明してくれました。そんなに立派な橋が私たちの天草にも出来るようになるのだと喜び、「でもね、私それまで生きとるだろうか」と言った時、夫は「あんたはそんなに早う死ぬとかい、もうすぐばい」と言いました。そんな夫は、天草架橋完成前、私より先に逝ってしまいました。天草架橋期成会副会長の主人は、間近に喜びを待ちながら起工式も待たず、一〇日もせずして手術台に上る運命とは。

「離島振興、離島振興」と口ぐせのように毎日を明け暮れして、郷土の発展のためと言っていた島の町長・森は今はなく、その声さえ聞くこともない。若くして逝って仕舞った主人。儚く淋しい。

亡くなる前の日も高熱のため、意識もなく、苦しい病床で熱にうなされながら意識もうろうとして、口に出す言葉は唯「二六日には東京の会議だ。切符は買ったろう、早く車を呼んでくれ。二六日には離島振興の会議だけん上京する」と。永眠した日は会議の当日、六月二六日でした。きっと魂は東京の審議会の席の上にあったことと信じる次第です。

ある船長が「樋島の灯台の近くを通ると森さんが見える」と言っていました。夫は、離島振興法が「島をともす灯り」と信じ、離島振興にまるで乗り移っているかのようにいつも私に法律のことを熱心に話していました。隣村にさえも山を越え連絡することが困難な村。車はおろか、自転車さえ碌に行けない。主人の「守り神・離島振興法」によって天草の島々は着々と改善され、道無き所に道を作り、電灯さえ無い所、山に電灯がともりました。建設工事は勿論のこと、産業の開発、農山漁村の改善は着実に進み、段々畑の芋や麦は秋を彩る美しいミカン畑と化し、木造船で働く船舶も鉄鋼に、漁業は遠洋漁業と、意気を高くして出航して行くことも嬉しいことです。

離島振興法という有難いお守り本尊を戴いて仕事に取り組んだお陰で、島にも道路の整備とともに文化の流れ、恩恵に浴し、島に働く人々の喜びにして毎日生活と取り組んできました。早一〇年になる離島振興法によって、たゆまず年月を意義深く活用され、それぞれの島々の環境に即応してとり組まれた島々の町村の先覚者に頭の下がる思いです。『橋』から幸福を運んで戴けるよう、私たちの離島振興法として一〇年延長に着々と進み、本土と同じくなる日を楽しみながら、法案の返上する日を待つこととします。

（全国離島振興協議会機関誌『しま』第三六号「離島振興一〇周年」特集号の寄稿予定原稿。ただし、寄稿されなかった。）

離島振興10周年記念表彰式
國久の遺影と政子

第三章　天草架橋実現の歴史とリーダー森國久

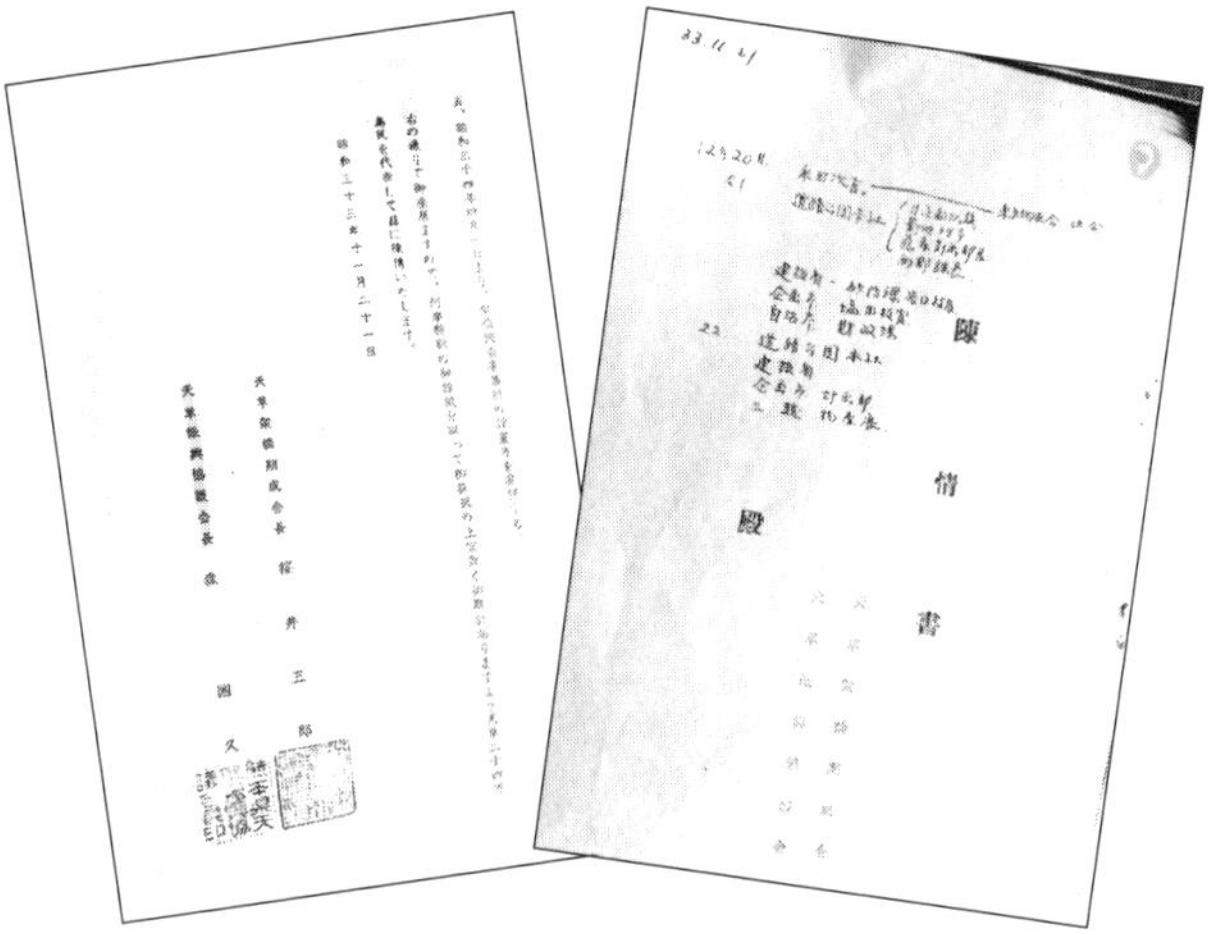
陳情書

桜井知事と連名の陳情書（昭和 33 年）

天草五橋
（天草学研究会『天草五十人衆』より）

大矢野架橋調査

三角町と大矢野町を結ぶ架橋の調査に関し九月十日建設省の伊藤地方建設局長が来島、現地を視察十二日に離島する予定である

竹山建設大臣來島

竹山建設大臣は全国視察旅行の途次、天草へ来島することゝなつた、コースは島原の口の津から鬼池に九日午後七時着、そのまゝ本渡市に直行し、園田代議士と共に民主党結党式に臨む後、茶碗屋旅館に一泊、十日朝天草架橋の視察を行つた後、球磨川ダムの視察を行う予定である

島民一人一圓献金

架橋準備會で申合せ

天草架橋期成準備会は十五日教育会館で各界の代表者に報道陣を加えた約三十名が集つて開催、川辺土木事務所長の経過報告があつたのち規約案、

本渡の瀬戸 國營開さく決定

前途の見通し明るくなる

本渡瀬戸運河開さく事業について同開さく期成会では政府当局に対し国営直轄工事の陳情を行つて来たが、三十年度より国営直轄となり本年度工事費一千六百万円が決定した旨、運輸省第四港湾建設局より八月十二日、八代港工事々務所本渡工場に入電があつた、瀬戸開さく工事は昨年度より国庫補助工事として沿工土砂浚渫一万立米、岩盤爆破一万四千立米、同除去二千三百立米の工事を成し、補助外工事として本渡市の依託により一…五十米の石畳を…

営直轄事業となつた為、工事費の地元負担金も要らなくなり、いろいろな接渉も県当局を経由せず直接運輸、大蔵両省と連絡が出来、予算計上も確実となる等工事は円滑に進められることとなつた、工事作業に於て全国的に珍らしい方法は水中の岩盤爆破でボーリングを使用後、潜水夫が火薬を装填、電気スイッチで厚さ五種の岩盤を一気に爆破する事である、瀬戸開さくの竣工予定年度は三十五十度で、の間三十二…

地元の熱意次第

天草架橋を陳情

櫻井知事と一行15名 建設省、道路公團に

國立公園指定、天草架橋

と共に道路擴張にかかる

昭和30年12月16日発行　（第三種郵便物認可）

天草観光協会臨時総会は十二日午前十一時から本渡土木事務所会議室で開催、川辺会長から三十年度事業経過報告があつて議事に入り、三十年度収支決算を可決、天草産業観光博覧会開催中に設置した三角駅前の観光案内所は存置、所長を置くことに決め、これに附帯する追加更正予算案を決定午後一時半散会した、席上平岡県土木委員長から天草の国立公園編入問題につき上京陳情報告が行われたが

多少の時間的ずれがあつても国立公園指定は確実とみられる段階に達していることが明かにされた、ま…

幹線道路の建設が急務となるが、現在の各町村の実態では道路拡張は困難な状態にあり、これが実現を期するため天草幹線道路期成会（仮称）を結成する意向を明かにした

国立公園指定、天草架橋幹線道路が実現すれば離島天草の名を返上、名実共に観光天草がクローズアップされるわけで、各方面から大きな期待がかけられている

瀬戸運河遂に開通

六カ年の歳月を経て

昭和二十九年夏から運輸省第四港湾建設局八代港工事々務所本渡工場（工場長中村公選氏）の手で着工された本渡瀬戸開さく工事は来月中には完成の予定で、いよいよ世紀の開通式を挙行する運び

当初同工事は三ヵ年計画で政府直轄事業として計画、途中で地方港湾修築の継続事業（埋め立てに伴なう本渡港修築）に変更されたので猛運動の末ようやく三十年八月に国の直轄に復帰、現在に至つたが予算の獲得は困難

本年度中には島の海岸道路が貫通

多年の懸案解決する

熊本県道路課の計画によると、天草島民多年の念願である下島海岸線の環状道路が本年度中に貫通する見通しとなつた、来年三月までに完成を予定されているのは天草町大江の軍ヶ浦—崎津間をはじめ、牛深市久玉—深海間、新和町舟津—宮地浦間の三ヶ所でいずれも距離は五キロ程度だが、…

崎津天主堂は有名であつたが、交通不便のため観光客が殆んど訪れず地元民の悩みでもあつた、またこれまで大江、崎津間の交通は三トン程度の小型船によるほかなく、風雨の際は交通が杜絶し、地元民は不便をかこつていた、一方上島の龍ヶ岳—大道線も既に開通し、

後はバス運行待ちの形となり、また龍ヶ岳—松島線の新設工事も着々進んでいるが、これが完成すれば合津—姫戸—龍ヶ岳—倉岳—栖本—下浦の上島環状線も出来上り産業民生面ばかりでなく観光面に大きなプラスになると同時に天草全島環状線の夢も実現する事となる

天草架橋

今年度着工 四十年度完成

予算は公団二六五、五〇〇万円 熊本県一五、五〇〇万円で大詰

かねて天草郡市民の熱望していた天草架橋が、再発足した池田内閣で本決りとなりそうで、天草の文化、産業に新紀元を画する事となつた

天草架橋は昭和三七（一九六二）年七月、起工式があり、昭和四一（一九六六）年九月に開通した。平成二八（二〇一六）年で五〇年を迎える。天草架橋実現により天草は離島から半島へと変わり、天草に夜明けをもたらした。壮大な架橋実現は、天草島民はもとより多くの先人の闘いの結晶である。

その闘いの政治的中心となり、離島天草振興を牽引した森國久は、架橋実現運動の最先頭に立ち、命を捧げ、実現を確実なものとしながらも起工式一年前に亡くなった。しかし、開通後の情報が先行し、充分な歴史検証がなされているとは言い難い。天草架橋実現の歴史を辿りながら、國久の闘いの軌跡を追ってみる。

架橋架設前の天草

天草架橋（五橋）架設以前の天草は近代文明の恩恵に浴すること薄く、不便、窮乏、格差に苦しみつづけた。島民は結構あっけらかんと暮らしてきたが、生まれを天草だと言うことにためらう場面も少なくはなかった。

明治以来、わが国が急激に躍進し、文化や産業は世界の各国に比して先進国と称せられるまでに至ったのに、戦後一〇年になっても一人天草のみは電気も港も道路もなく、ただ人力による段々畑が一つ、後進性の見本として残されていた。当時、天草では約一万五〇〇〇人が電気のない生活を強いられていた。天草が電気のない生活から解放されたのは昭和三七年以降である。

水道はごく一部の地域を除きほとんど整備されていなかった。一人当たりの所得は国の四割強、県の六割程度という低さ。産業が乏しく、出稼ぎの島とも言われた。離島ゆえ、台風が来れば船は通わず、交通は遮断され新聞も届かない。電気通信は途絶え、復旧作業にも時間を要した。

天草と三角(みすみ)とがわずかの海をもって離れているために、文化、産業、教育、風俗に至るまで島の特長の後進性を示していた。また、島民としてもこの地形的問題を解決することに積極的でなく、ただあきらめて、天草島を離れて海外に、あるいは県外へ逃げて行った。終戦後、海外や国内から帰村して、狭隘な土地で苦しい生活を営むようになって初めて、つくづく天草の後進性を今一度検討するようになった。

戦前の架橋構想

これまで、天草と九州本土に橋を架けるという構想は何度も持ち上がっていた。井上重利『略史天草の歴史五十年』(みくに社)によると、「最初に架橋問題が持ち上がったのは大正年間で、瀬戸橋の完成に気をよくした当時の郡会議員諸公は寄ると触るとこの問題に熱中した。後の衆議院議員池田泰親氏(御領)などは鉄道の延長まで唱えたほどだったが、これは全くの夢に終わった」とある。

昭和一一(一九三六)年、熊本県議会で三角と大矢野島に橋を架けようと森慈秀氏(昭和一〇〜一四年県議一期、昭和三三年に六八歳で大矢野町長就任)が演説したこととその熱意が、今日多くのところで「天草に橋を作った男」と評され、「天草架橋」の初の提言として語り継がれている。公の場で熱意を持って橋について初めて発言したことは大いに評価されるべきだが、氏の発言は、日中戦争勃発直前の時代状況にあり、しかも、財政的・技術的裏付けの弱いものであった。氏の提言は、天草と本土をつなぐ「天草架橋」ではなく、三角と大矢野に橋を架けることの発議であった。橋を大矢野島まで架けたところで、それから先は船。その先には車が通れる道路はほとんどなかった。当時の天草は隣の村に歩いて行くのさえ困難なところが多かった。そして上島から下島へは大正時代の橋があるだけであり、現実性はなかった。

それから約二〇年間、具体的な天草架橋実現の運動はみてとれず、天草が「離島振興法」の指定地域となり、天草島内で種々の開発が実施されるようになった昭和二九（一九五四）年になって初めて天草架橋の運動として開始された。

全国離島振興協議会で事務局長などを永く務められた山階芳正氏も「天草に本土から橋をかけようとする最初の構想は、昭和初期にたてられたというが、当時は単なる夢物語としてかえりみる人も少なかった。天草架橋が現実的な問題として取り上げられたのは、一九五四（昭和二九）年以来である」と述べている（「天草の架橋問題」、山階 芳正『日本地誌ゼミナール九州地方』一五七～一六二頁、大明堂、昭和三六年）。

昭和二九年より天草架橋実現運動始まる

天草架橋の現実的運動とその契機は、離島振興法の天草指定、離島運動による天草島内循環道路の実現など、國久の闘いに触れずして語れないわけであるが、今日残念ながら地域史や、マスメディア、観光資料などで充分伝えられてきていない。

戦後の天草架橋実現運動は、昭和二八、九年頃、長崎の西海橋建設に触発された蓮田県議などの調査により天草架橋の可能性を確信し、中央に訴えたことに始まる。そして、同時に國久を始めとする天草郡内の町村長などの努力で、天草が離島振興法の指定地域となり、現実的な運動の出発点についたのである。

國久は全国離島振興協議会副会長、離島振興対策審議会委員、架橋期成会副会長、天草郡町村会長などに就き、天草の各団体の一本化を提言し、架橋期成会、町村長会などの六団体を統合し「天草振興協議会」を結成し、振興協議会初代会長となった。強固な組織連携により、会が架橋運動などの天草の代表機関となり、運動も加速した。天草架橋着工決定直前まで、各陳情の代表者として中央折衝にあたった。

宮本常一氏とは全国離島振興協議会で宮本氏が事務局長、國久が副会長で、共に離島運動を論じ合った仲である。その宮本氏は「私は天草架橋には大きな関心を持っている。昭和二九年の（全国離島振興協議会）理事会で天草の森（國久）副会長さんが、天草は貧しいから特に多くの国の補助を仰がねばならないといった。私はそのいい方が納得できなかったので天草架橋について二人で大論戦したことがある。森（國久）さんはそれから一円献金運動をおこし、天草架橋を計画した。その金が起工式の時に一二〇〇万円集まったと聞いた。献金するとき、島民はこの金は橋を架けるための金だというはっきりした目的を持って出す。一人一人頭の中に橋をかけなければならぬという意識を植え付けることになる。この熱意が政府を動かした原動力であったと思う。天草は貧乏で資本がないからできないのではない。やろうという熱意と協力があればできる。これは政治的な力ではない。これがほんとうの島の自主性だ」と評している（第八回全国離島青年会議講演（昭和三八年）。宮本氏は全国の離島をくまなく調査し、草創期の離島運動に貢献した著名な民俗学者。「離島振興法」の成立にも尽力した）。

國久は「天草架橋運動は政治家のためにあってはならない、島民のものとして運動を推進すべきである」と島民を鼓舞し、一体的な運動の必要性を訴えながら、架橋開通の現実化およびその後の天草の設計図を視野に入れ、運動に着手した。

ここでは時系列に運動の歴史と國久の足跡を検証する。

●昭和二九（一九五四）年

天草架橋実現運動の突破口が切り開かれる

○九月一一日　建設省地方建設局長、来天草

わずか数行の「大矢野架橋調査」とあるのが、戦後初めての架橋に関する記事である。

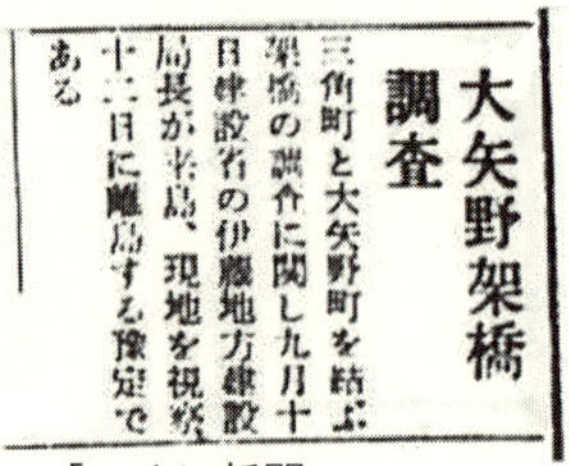
大矢野架橋
調査
三角町と大矢野町を結ぶ架橋の調査に関し九月十日建設省の伊藤地方建設局長が来島、現地を視察十二日に離島する予定である

「みくに新聞」
昭和29年9月10日

「三角町と大矢野町を結ぶ架橋の調査に関し、九月一〇日、建設省の伊藤地方建設局長が来島、現地を視察、一二日に離島する予定である」。

（「みくに新聞」九月一〇日）

この時の伊藤局長の「天草へ橋を架けるのは案外楽ですね」との回答を得て、天草架橋実現に向けて天草の首長たちが動き出した。

○一〇月一八日　天草架橋期成会設立へ

國久のメモによると、一〇月一八日、本渡保健所会議室に関係者一同が集まり、二四万郡民の強力な「天草架橋期成会」を設立することを申し合わせた。天草架橋実現のため、天草島民が具体的な現実的な運動を開始した日である。離島振興法の天草指定が契機となり、その可能性が切り開かれた。

天草土木協会役員会は一〇月一八日、本渡保健所会議室に、蓮田、西本、田代県議も出席して開かれた。天草に於ける世紀的事業計画である大矢野架橋について、蓮田県議は「建設省に陳情したところ、昭和三一年度から本事業を考えたいから、県土木部で調査されたいという主旨の答えを得ているので、郡民の熱意如何では実現可能だ」と述べた。種々協議の結果、二四万郡民の強力な架橋期成会を設立することとした（「みくに新聞」一〇月二二日）。

大矢野架橋期成會
十一月中設立の豫定
稲作検見

「みくに新聞」昭和 29 年 10 月 22 日発行

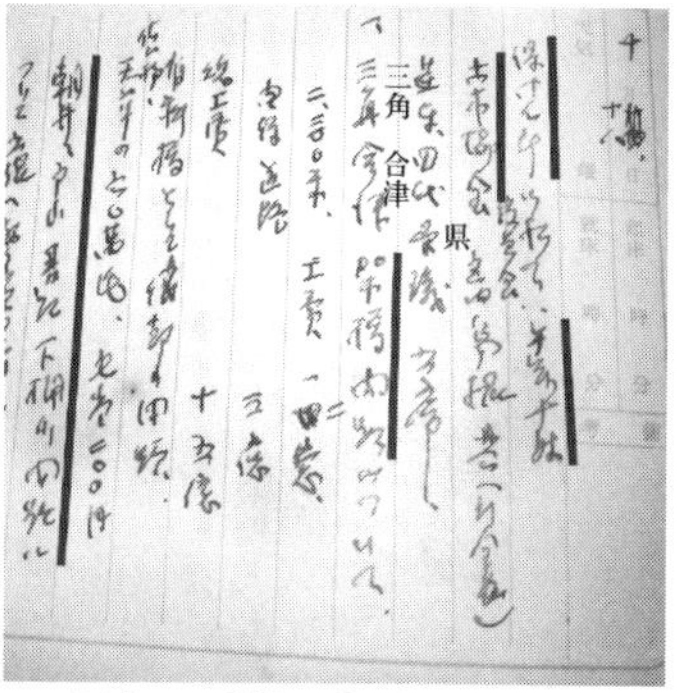

國久の手帳に記されたメモ

○一一月二日　上島東海岸道路期成会会長に推される（「龍ヶ岳広報」）。

○一一月二四、二五日　**本渡瀬戸開削、大矢野架橋を陳情**
瀬戸開削及び大矢野架橋問題などの予算獲得運動のために上京した。大矢野架橋問題は有料道路としてやっていけるかどうか詳細な償還計画を立てた上、具体案を提出してもらいたいと当局から要望があった。
陳情団の構成は次の通り。
原田瀬戸開削期成会長、荒木県港湾会長、森國久龍ヶ岳村長・離島振興協会副会長
金子本渡市長、西本、田代県議、川辺観光協会会長、松野鶴平、松野頼三、深水六郎
吉田重延、園田直
（「みくに新聞」一二月三日）

○一二月一五日　**島民一人一円献金、架橋準備会で申合せ**
天草架橋期成準備会は一五日教育会館で各界の代表者に報道陣を加えて約三〇人が集まって開催、会長に推戴された桜井知事を迎え

て二四日初大会を挙行、同期成会を来年一月一日付で発足させることを申し合せた。

初年度予算は会費と寄附金、二〇余万島民による一人一円献金と在京成功者による多額の寄附金をあてこんでいる（「天草民報」一二月一九日）。

○一二月二四日

天草架橋期成会設立総会は一二月二四日、本渡教育会館に二〇〇名の関係者が出席し、夢の架橋実現に向けて走りだした。

ここに、天草架橋期成会設立趣意書を掲げる。

天草架橋期成会設立趣意書

吾が郷土天草は、四面海を繞らし、面積八八四、九平方粁、人口二四万人を有する全国有数の一大島嶼群であります。島内は天與の資源に恵まれ、年間五八五万貫の水産物を誇る東支那海の宝庫を控え、林産、農産物を始めとして、二億トンの無煙炭、陶石など豊富な地下資源を産することは余りにも有名であり、一方、気候温和にして風光明媚、キリシタン殉教の地として、その遺跡は数多く、阿蘇、霧島、雲仙国立公園の中心に位し、国際観光ルートとしてもその使命は重大であります。

然る(しか)にかかる物的資源を有しながら船便による輸送の制約をもつ離島であるために産業、経済、

川辺土木事務所長ほか、町村会長、婦人会長などと架橋打ち合わせを終えて（前列左端が國久）

文化、教育等あらゆる面に於いて退歩を余儀なくされ、天与の資源も美観、景観も広く天下に利用されないことは独り島民の不幸ばかりでなく、国家的損失であると申さねばなりません。

この離島の後進性を除去し、進んで島内資源を開発し、文化の向上を計るには地勢的に本土との架橋を実現せしめることが最も喫緊の捷路であります。このことは先覚者によって凡に二十数年前から唱えられ、将に「夢の架橋」としてこれが実現を期した所以も実にここにあります。

この架橋の実現の上には、資源の開発は勿論、人員、物資輸送のスピードアップ等その寄与する経済効果は大なるものがあり、天下の絶景、天草松島を眼下に雄大な雲仙を望見してのドライブは将に世紀の一大偉観であり、観光客の増加及びその消費する金額も現在に数十倍することは必定であります。

特に本架橋は県の有料橋として架設し三〇年の償還により初めて天下の公道となるものであります。

かかる大事業を完遂するには長年の月日と巨額の経費を要し、然も巧緻なる設計と綿密なる計画と更にたゆまざる努力とを必要とするものでありますが、吾々二四万島民、広く総力を結集して天草架橋期成会を成立せんとするものであります。

期成会の役員は次の通り。
会長　櫻井三郎知事
副会長　金子本渡市長　荒木県土木委員長　森競町村会長（富岡町長）　森慈秀元県公安委員
市町村代表　金子本渡市長　高橋牛深市長　森國久龍ヶ岳村長　池田新和村長　矢住大矢野町長
　前田赤崎村長　石本御領村長
県議会代表　二神勇雄　西本初記
市町村議長代表　長淵本渡市議長　宮崎志岐村議長　堀川宮田村議長
※副会長役員人選については、園田直氏と森國久で、民間人も入れることとした（妻・政子談）。

●昭和三〇（一九五五）年

天草の上島・下島の間は、牛深ハイヤ節に「戻りゃ本渡ん瀬戸徒歩（かち）渡り」と歌われたように干潮時には歩いて渡れるほど遠浅だった。このまま上下の島を橋で繋ぐと、長崎、天草、鹿児島の最短航路を断つことになり、海上輸送の大幅な改善のため、是非とも開削工事で水路を確保することが必要だった。しかし、その経費は莫大なため、国の直営事業化が不可欠となっていた。離島振興法の対象事業とすると、他の事業への影響が大きいため、離島振興法とは切り離して国の直営事業化を目指していた。この事業が進捗しないと天草架橋が実現しても、下島への道路は確保できない。本渡瀬戸開削工事は天草架橋と一体だった。今でも天草架橋の姿は人々を魅了し、大きく取り上げられるが、天草架橋は天草全域の道路網と本渡瀬戸の橋梁なしには、先の詰まった上げ底の入れ物に過ぎなかった。そして、この年の夏、ようやく本渡瀬戸開削工事が国営事業として認められた。天草架橋実現に一歩前進した。

また、国立公園の指定は、安定した観光客を呼び込み、早期に有料道路となる天草架橋の借入金を返済するための重点事項のひとつだった。

前年末、天草架橋期成会を設立し、昭和三〇年は「夢の浮橋」から現実の「天草架橋」にするべく、運動が活発になった。

國久はこの年の正月、地域紙などに三つの文を寄せている。

『天草民報』には「島民のものとして」と題し、「瀬戸開鑿（さく）と天草架橋の問題は離島天草が始まって以来の最大且（かつ）根本的な課題として二四万郡市民の心を揺り動かしている。離島振興は天草が離島でなくなることが最終目的であるとすれば、天草架橋の解決はその最終目的を一挙に解決せんとすることになる。従来、天草の諸問題はややともすれば、いわゆる政治家達が或いは行政官庁など一部の者の問題として、郡市民の関知せざるところであったが、こんどこそ二十四万郡市民のものとして解決しなくてはならない」と。また『天草新聞』には「出船、入船の龍ヶ岳」という題で「今年の夢はなんと云ってもその最たるものは〝夢の架橋〟であり、天草架橋から、阿村、姫戸と上島東海岸道路を車で駆ければ、そこはかつて「バスはおろか自転車の通らない村」といわれた名山龍ヶ岳のある、夢多きわが龍ヶ岳村がある」と語っている。

前年七月誕生した龍ヶ岳村については、「苦難の時代に一家を興し、村を発展させ、国を興すことは大変なことに違いありません。然し一家の和楽のもと、健康な体に健全な心を土台として、希望ある処、必ずや家も村も、県も国も、この苦難な道に勝ち得ることが出来ると信ずるものでありま す」と述べている。終戦後一〇年、時代は「もはや戦後ではない」と、困難ではあるが希望に燃える年の幕開けでもあった。

まずは、現役の建設大臣の天草来島、架橋予定地視察から始まった。國久は離島振興法の離島振興対策審議会委員に市町村長代表として任命された。全国離島振興協議会副会長としての活動とともに全国の離島のために活動することになった。

○一月一〇日　竹山建設大臣来島時に天草架橋を陳情

全国視察旅行の途中、天草の民主党結党式出席のため来島した竹山建設大臣は九月一〇日、天草架橋現地を視察する予定である（「みくに新聞」一月七日）。

＊竹山建設大臣…静岡県出身の政治家。建設大臣として「日本道路公団」の構想発案者。

※國久の手帖によれば、國久は前年末、全国離島振興協議会で上京した折、園田直氏、民主党三役を訪問している。

佐藤道路課長樋島来島
（昭和30年2月）

循環線豫算確保
佐藤企画課長視察談

天草架橋及び下島東海岸道路改修視察のため……たが、現在の上島東海岸……下島の松崎トンネル、久

「みくに新聞」
昭和30年2月25日

竹山建設大臣来島

竹山建設大臣は全国視察旅行の途次、天草へ来島することゝなつた、コースは島原の口の津から鬼池に九日午後七時着、そのまゝ本渡市に直行し、園田代議士と共に民主党結党式に臨む後、茶碗屋旅館に一泊、十日朝天草架橋の視察を行つた後、球磨川ダムの視察を行う予定である

「みくに新聞」
昭和30年1月7日

○実務者に天草架橋現地視察要請し、来島相次ぐ

竹山建設大臣への「天草架橋」陳情のあと、実務者の視察が盛んになった。

○二月一七日

建設省道路局佐藤企画課長、天草来島。三角から本渡土木事務所の有明丸で現地を案内し、視察後、佐藤課長は喜久屋旅館において記者団と会見し、次のように語った。

「これは有料道路橋であるから、まず経済効果が問題になるが、その意味での調査がまだ十分でないようだ。もう少し詳細に資料を整え、具体的なところまで突っ込んでもらいたい」（「みくに新聞」二月二五日）。

佐藤課長は翌日、龍ヶ岳村に森國久村長を訪問し、海上から天草上島東海岸を視察した（「龍ヶ岳広報」三月一日）。

この龍ヶ岳訪問から、佐藤課長の天草視察は森國久の離島対策審議会出席時に要請したものと推測される。

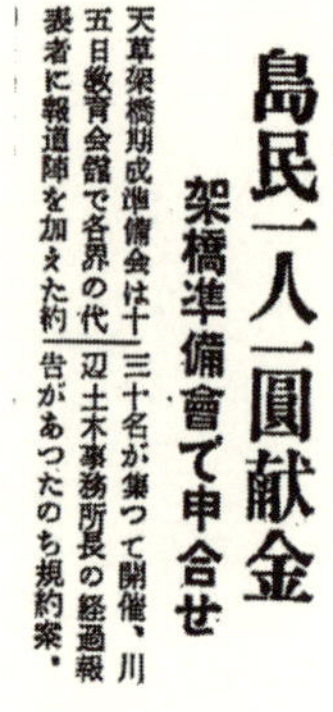
島民一人一圓献金
架橋準備會で申合せ
天草架橋期成準備会は十五日教育会館で各界の代表者に報道陣を加えた約三十名が集つて開催、川辺土木事務所長の経過報告があつたのち規約案・

「みくに新聞」
昭和29年12月19日

○全島民による一人一円献金の実施

「天草架橋期成会」は設立させたものの、島民への周知が不足していた。期成会役員は、島民への「啓蒙」活動の必要性を痛感し、婦人会や青年団等を通じて天草架橋実現の趣旨説明会を開催した。

川辺期成会事務局長は、「東京では大蔵省資金運用部から金を借りてビルディングをどしどし建てている。地方民の郵便貯金は大都会の事業に使われているということだ。それで一五億円の金を天草へ向けてもらい架橋工事を実現」しようと説明した。島民のエネルギーが無いと県も天草架橋実現に懐疑的になる。期成会役員は天草島民の奮起が必要と鼓舞した。

何であれ、運動を始め、継続して行くには、金の問題を避けては通れない。「天草架橋期成会」も天草架橋現地調査、国への陳情経費、国への視察要請、接待、島民への啓蒙活動費等々、必要な額は二〇〇〇万円以上と言われていた。全島民による一人一円献金運動は島民への天草架橋実現の啓蒙と調査費などの資金調達を目指した。

○三月二三日
天草架橋、瀬戸橋開削等の陳情のために上京

天草架橋の早期実現と本渡瀬戸開削工事の国営への切りかえなどで陳情のため上京した。

建設省では竹山建設大臣、稲浦次官、冨樫局長に会い、架橋問題について本省で綿密な現地測量を行ない、架橋の位置などを決定するため技術員を派遣してもらいたいと、陳情書を提出した。幸い竹山建設大臣は前に天草へ来ているし、たいへん話はスムースに運んだ。天草架橋について建設省では、橋が出来ても道路が悪くてはいけないので、天草全郡の道路改良が必要になり、公共事業が天草に集中すると莫大な事業費が要るが、借款の償還方法をもう一度精密に検討してくれとのことであった（「みくに新聞」四月一日）。

○六月一三日　國久、本渡瀬戸開削の工事国営化は可能と報告

全国離島振興協議会理事会が六月一三日、経審長官官邸で行なわれ、出席した國久は次のように語った。

瀬戸開削工事は運輸省がすべての書類を完了、国営移管を推している。大蔵省主計局長も極力努力すると言っているので、今後国家直営工事となる可能性（「みくに新聞」六月二四日）。

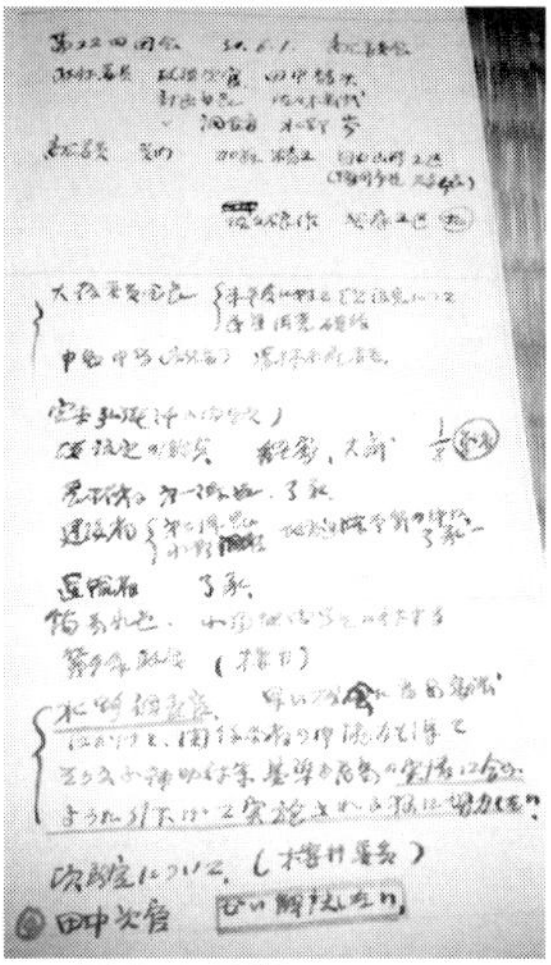

國久の日記
各省庁への架橋陳情

○八月七日　天草架橋正式申請手続きのため上京

八月になって、「天草架橋」の国への正式な申請書を提出した。

福岡県の若松、戸畑間の若戸有料通路橋（約三八億

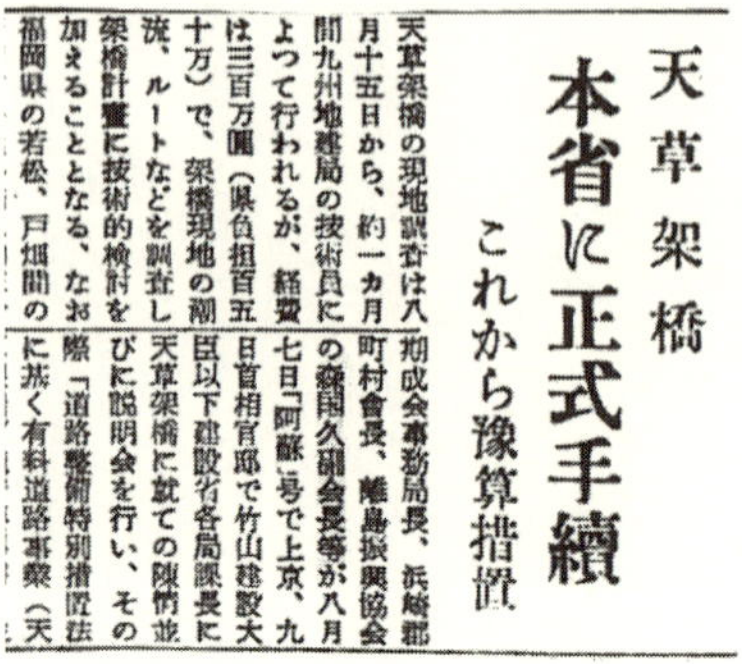
天草架橋
本省に正式手續
これから豫算措置
天草架橋の現地調査は八月十五日から、約一カ月間九州地建局の技術員によつて行われるが、経費は三百万圓（県負担百五十万）で、架橋現地の潮流、ルートなどを調査し架橋計畫に技術的検討を加えることとなる、なお福岡県の若松、戸畑間の
期成会事務局長、浜崎郡町村會長、離島振興協会の森國久副会長等が八月七日「阿蘇」号で上京、九日首相官邸で竹山建設大臣以下建設省各局課長に天草架橋に就ての陳情並びに説明会を行い、その際「道路整備特別措置法に基く有料道路事業（天

「みくに新聞」昭和 30 年 8 月 12 日

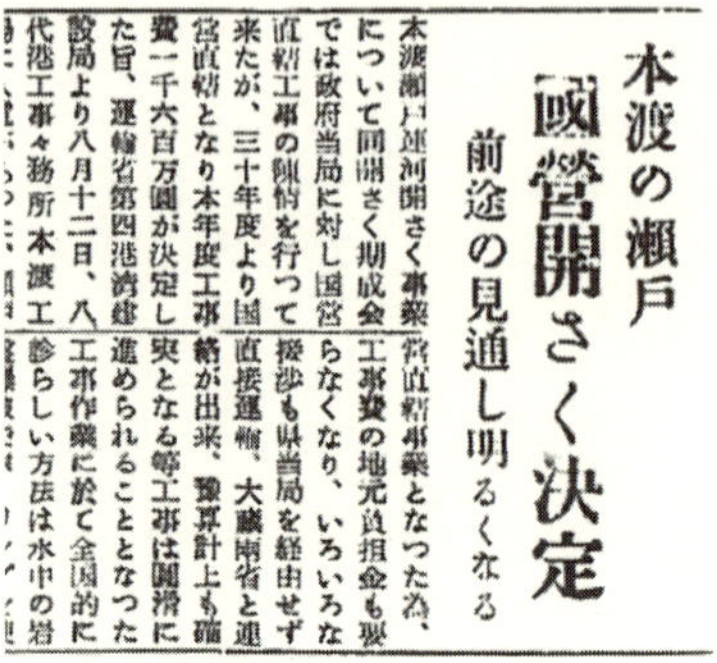
本渡の瀬戸
國営開さく決定
前途の見通し明るくなる
本渡瀬戸運河開さく事業について同開さく期成会では政府当局に対し國営直轄工事の陳情を行つて来たが、三十年度より國営直轄となり本年度工事費一千六百万圓が決定した旨、運輸省第四港湾建設局より八月十二日、八代港工事々務所本渡工
営直轄事業となつた為、工事費の地元負担金も要らなくなり、いろいろな接渉も県当局を経由せず直接運輸、大蔵両省と連絡が出来、豫算計上も確実となる等工事は圓滑に進められることとなつた工事作業に於て全國的に珍らしい方法は水中の岩

「みくに新聞」昭和30年8月19日

円）は先に申請書を提出している。これが工事許可になれば天草架橋の実現も望み薄となるおそれがある。天草架橋期成会では正式申請書の提出を急ぎ、八月七日、蓮田敬介県議、田代由紀男県議、佐分利県土木部長、奥村道路課長、川辺期成会事務局長、浜崎郡町村会長、森國久離島振興協会副会長・龍ヶ岳村長などが「阿蘇」号で上京。九日、首相官邸で竹山建設大臣以下建設省各局課長に天草架橋についての陳情並びに説明会を行ない、「道路整備特別措置法に基づく有料通路事業（天草架橋）施行要望書」並びに天草の産業資源資料を総理大臣ほか関係各方面に提出した（「みくに新聞」八月一二日）。

○八月一二日

本渡瀬戸運河開削事業、昭和三〇年度より国営直轄決定

瀬戸開削工事は昨年度より国庫補助金工事として着工。土砂浚渫一万立米、岩盤爆破一万四〇〇〇立米、同除去二三〇〇立米の工事を成し、補助外工事として本渡市の委託により二五〇メーターの石積護岸並びに一万二三〇〇立米の埋め立てを行なった。本年度からは、国営直轄事業となったため、工事費の地元負担も要らなくなり、いろいろな折衝も県当局を経由せず直接運輸、大蔵両省と連絡ができ、予算計上も確実となるなど、工事は円滑に進められることとなった。竣工した暁には全長三〇〇〇メートルの運河を三〇〇〇トン級の大型船舶が航行することができる（「みくに新聞」八月一九日）。

●昭和三一（一九五六）年

昭和三一年は長崎陳情から始まる。天草架橋は有料道路として建設されるため、一定の期間で建設費を償還する必要があった。天草架橋開通後、風光明媚な天草へ多くの観光客を呼び込む必要があり、天草の国立公園化は重要な要素だった。前年、天草は国定公園に指定されたが、更に国立公園を目指していた。具体的には、天草を既に指定されている長崎の雲仙国立公園への編入による国立公園化が有望であった。そこで、天草架橋期成会から國久などが長崎滞在中であった馬場建設大臣に陳情し、併せて長崎県知事へ協力を要請するため長崎へ渡った。

四月、道路公団が発足し、有料道路は道路公団が管轄することになった。有料道路の天草架橋は道路公団、無料の取り付け道路は建設省の所管となった。特に、松島から有明、本渡をつなぐ道路の国道化は急務となっていた。

架橋問題も次第に本格的な調査に向って進んで、道路公団の実務者の来島が盛んになる。そんな

統合して天草振興協議会
七月一日に発足

各種団体統合のための第一回準備委員会は五月十六日午前十一時から本渡市内教育会館で各団体長及び城戸土木事務所長、県天草事務所山部総務課長等十三名が出席して開かれた、その結果、町村財政窮乏の折柄各町村の負担を少くし、あわせて横の連絡を緊密にするた

「みくに新聞」
昭和31年5月18日

長崎で國立公園編入と架橋の運動

天草郡町村会長浜崎寿翁、議長会長宮崎義則、土木協会長平井正臥、離島振興協会副会長國久氏等は一月六日、天草の雲仙國立公園編入指定について西岡長崎県知事に協力を懇請した後、鍛冶屋町割烹浜寿司（天草出身山

に来ていた熊本県知事代理水上副知事佐分利土木部長、平岡、田代、二神の三県議天草架橋期成会長森慈秀氏等と合流して陳情したのに対し
馬場建設大臣は国土の開発が進んでいる今日

本的構想となつてい

横断道路と共に天草架橋を陳情
馬場建設大臣も賛成

九州横断道路促進陳情協議会は七日十時より長崎県庁で馬場建設大臣、伊藤局長和田部長、西岡長崎知事、大分県和田土木部長、熊本県水上副知事、佐分利土木部長、奥村土木課長、平島観光課

勝島を結ぶ海上の最短観光コースとして長崎と天草は密接不離の関係にあり長崎出身の大臣により特別の骨折りで一日も早く実現するよう御願申上ると同時に各県の関係者諸氏へ御協力をお願いす

することを申し合せた

民主党解党は遅れる

民主党支部の解党及び自由民主党支部結成準備は十三日の県自由民主党支部結成会の後新正月前と

「みくに新聞」昭和31年1月13日

中、六月二六日、道路公団福岡支社中尾支社長は風雨のなか現地視察し、「天草架橋は昭和三三年度着工」と記者団に発表した。

一方、國久は天草郡町村会長となり、郡内の町村会、架橋期成会など六団体を統合し、七月、「天草振興協議会」を結成、会長となった。今後の架橋実現運動はこの「天草振興協議会」が軸となった。

○一月六日

國久らは天草国立公園編入で長崎県知事に協力要請し、架橋を帰省中の馬場建設大臣に陳情した（「みくに新聞」一月一三日）。

○桜井知事を陣頭に架橋陳情団猛運動

毎日、建設省に座り込み陳情した。同行した桜井県知事は天草陳情団以上の熱意で、「道路公団発足の昭和三一年度から着工したい」と押しまくっていた。馬場建設大臣は多忙中にもかかわらず、よく会見してくれた（「みくに新聞」二月三日）。

森國久所蔵
「天草架橋実施計画書」
（昭和 31 年 2 月）

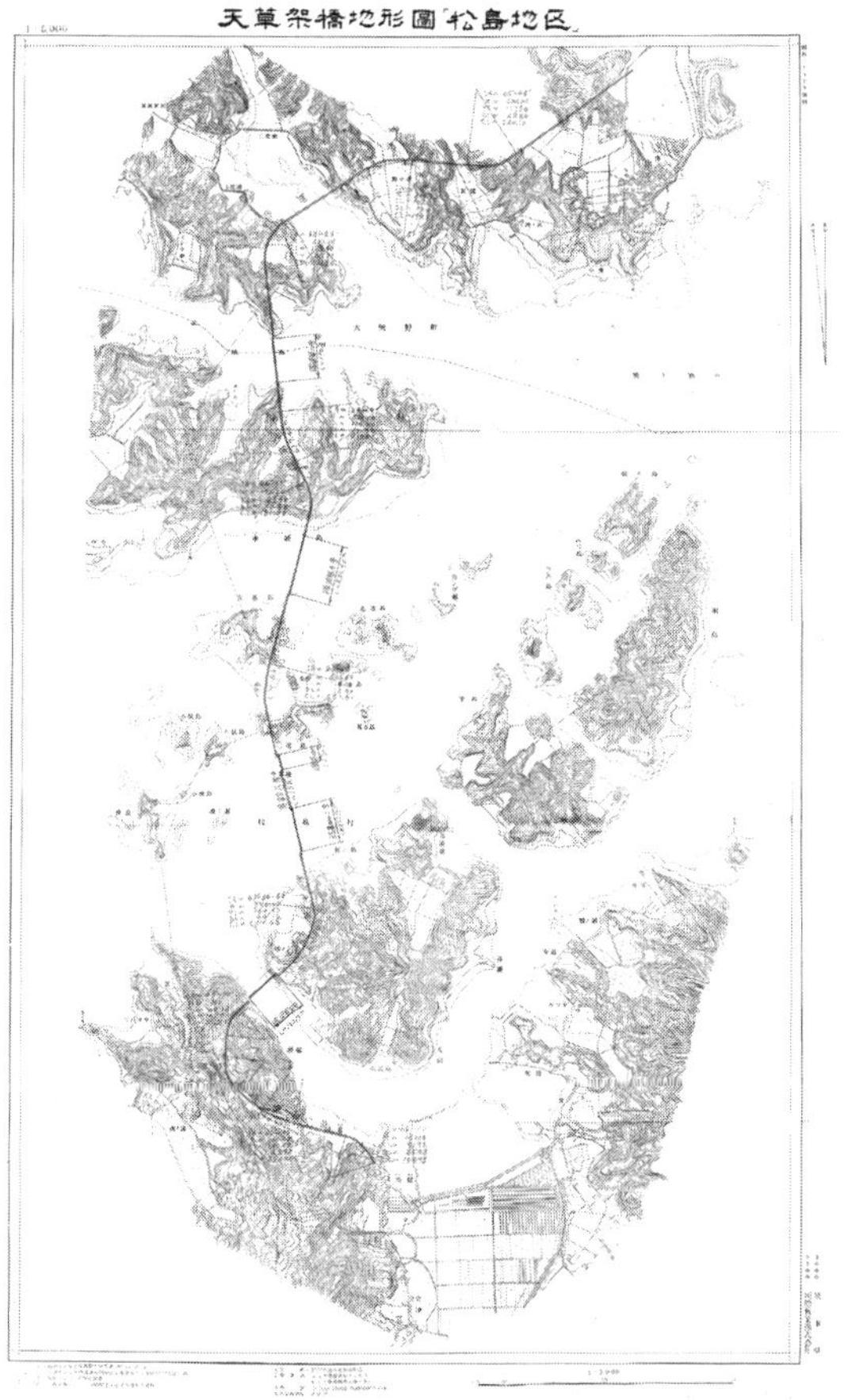

「天草架橋実施計画書」天草架橋地形図 松島地区
昭和 31 年 2 月　九州地方建設局、熊本県（森國久所蔵）

○二月二五日　菊地技監、「天草架橋は技術的に可能」

東京でこの計画を聞いていた時は、ああまた「夢の架橋か」と思っていたが、現地を視察してみて、夢ではない、近く実現できるものだと直感した。今日の架橋技術からみて天草架橋などいとたやすいことだ。天草二四万の郡民が一致団結して後押しする熱意があれば、その実現は間違いないことと思う（「みくに新聞」三月二日）。

○二月二六日　建設省本省で初めての架橋説明会に臨む

地元から川辺土木事務所長、森國久離島振興協会副会長、川上（松島）、矢住（大矢野）、平井（苓北）各町村長らが大挙上京した（「みくに新聞」三月二日）。

○天草架橋「昭和三一年度」着工と記事踊る

浜崎（町村会）、平井（土木協会）、森國久（離島振興協会）、有馬（町村会事務局）、池田（郡婦人会）、宮崎（本渡婦人会）、森慈秀（期成会）、川上（松島）、矢住（大矢野）の各代表及び天草選出県会議員七名に県佐分利土木部長一行で大挙上京した。二八、二九日は建設省の各課長、一日には馬場建設大臣に陳情し、二、三日は建設省で技術的な説明会を開いた。その結果、三一年度着工はまず大丈夫だというトコロまで行った。初年度の予算は一億円程度となる模様だ（「みくに新聞」三月九日）。

○四月一六日　日本道路公団設立

有料道路である天草架橋は道路公団、取り付け道路は建設省の管轄となった。

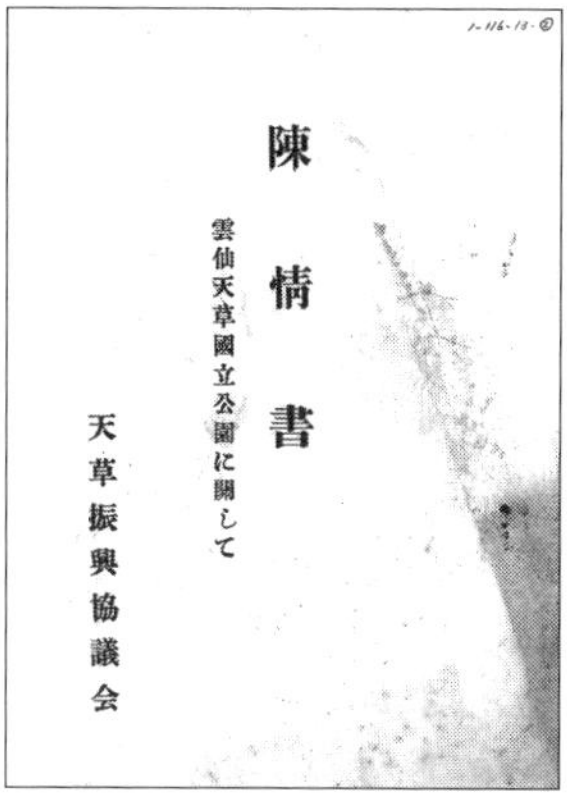
陳情書
雲仙天草國立公園に關して
天草振興協議会

天草振興協議会　陳情書
雲仙天草国立公園に関して

天草国立公園祝賀会（中央が國久）

○五月二一日

道路公団で初めての説明会。桜井知事、吉田県土木部長、森慈秀副会長、平井土木協会、森國久町村会長（渡辺常吉「夢の足跡」、「天草新聞」昭和三二年一月一日）。

○六月二六日

「道路公団福岡支社長が三三年度着工を発表」（『天草新聞』昭和三二年一月一日）

※国久の手帖に「中尾道路公団福岡支社長来島」と記されている。

○七月一日　天草振興協議会発足　会長 森國久

○七月二〇日　国立公園指定　雲仙天草国立公園

二十数年間にわたって実現運動が展開されてきた天草の国

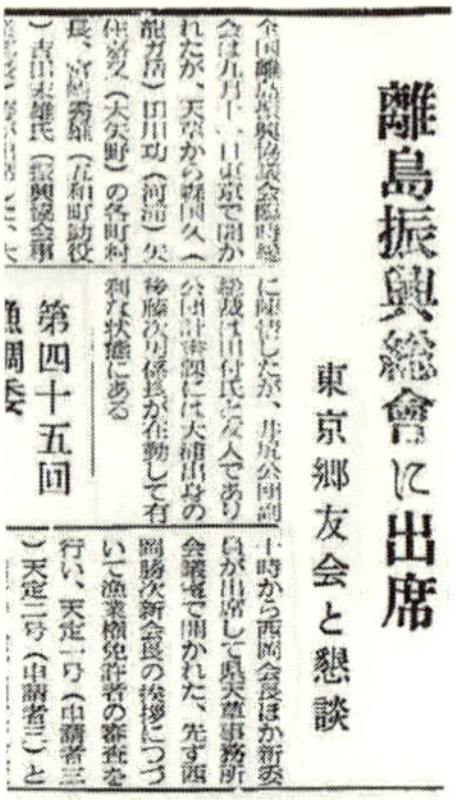

離島振興總會に出席

東京郷友会と懇談

「みくに新聞」
昭和31年9月21日

立公園編入が七月二〇日告示され、二二日は本渡の天劇で盛大な祝賀会が催された。國久は天草振興協議会会長として、国立公園審議会会長・下村宏（海南）氏を祝賀会に迎えた。

○八月一〇日　道路公団井尻副総裁来島

○九月一一日　全国離島振興協議会臨時総会

離島予算の独立、離島振興課の設置等を要求。夜、東京天草郷友会と懇談会。天草国立公園、天草架橋等について意見交換。

○一二月七日　架橋実現には産業の振興が大切

日本道路公団福岡支社の有田調査課長らは、県庁で天草連絡道路（架橋のこと）の経済効果、技術問題を検討した上、二八日三角、天草の現地を調査した。今後の経済効果調査は交通量ばかりでなく、架橋により公共的にどのような利益をもたらすかということが重要視された外、架橋の利用価値を高めるためにも天草の二級国道の指定を急ぐよう支社側から要望があった。

●昭和三二（一九五七）年

前年七月に発足した天草振興協議会を天草架橋実現の運動の軸として活動することになる。昨年「天草架橋工事着工は確実」と勇んで、建設省へ大勢で陳情活動したが、具体的な予算は決まらなかった。天草架橋実現の運動の幅を拡げるため、城南地区（球磨、芦北、八代、天草の各郡）の町村大会で天草架橋早期実現の決議をあげることになった。

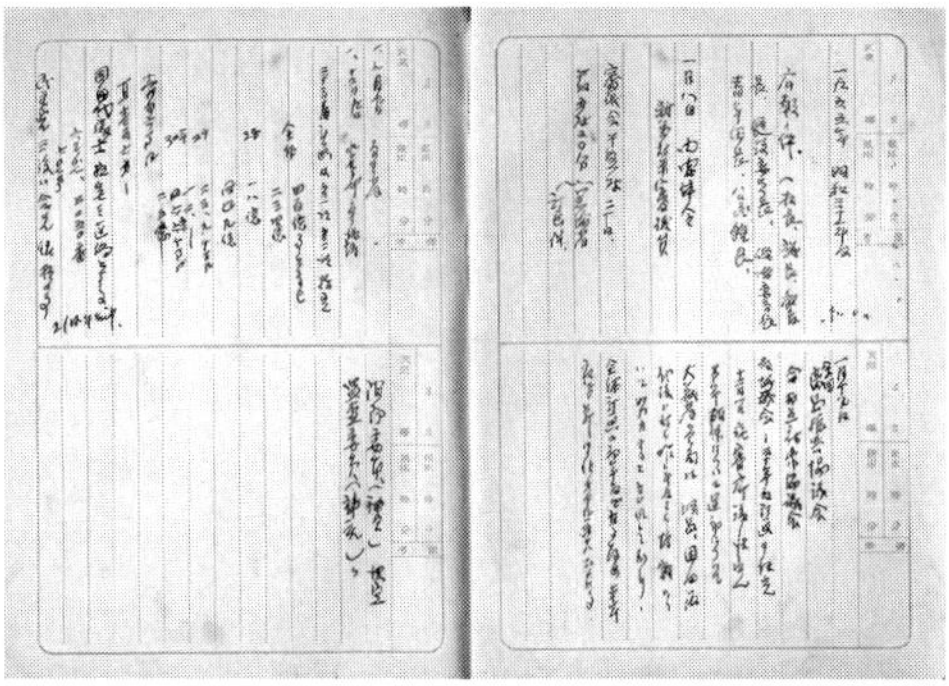

國久の日記に書かれたスケジュール

有料道路として建設される天草架橋は期限内に建設費を償還できるかが問題とされ、交通量の増大が課題であった。交通量は観光客数、産物の輸送量によって決まるので、天草の開発振興で採算が取れるようにすることが必要だった。

早期着工は足踏み状態であるが、道路公団総裁の天草来島によっていかに進展するか注目されていた。昭和二八（一九五三）年成立の「離島振興法」の指定地域となり、天草の市町村長は離島大会や全国の町村長大会に出席することがあった。特に、國久は全国離島振興協議会副会長、内閣離島振興対策審議会の審議委員であったので、たびたび上京した。天草架橋期成会の役員も離島振興の役員との兼任が多かったが、期成会の予算は限られ、経費節減のため、天草架橋期成会

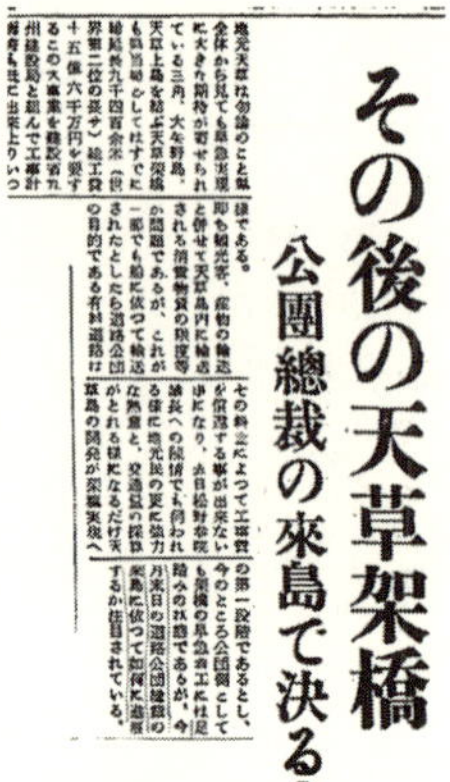
その後の天草架橋
公團總裁の來島で決る？

「天草新聞」
昭和32年1月25日

の中央への陳情は離島振興の大会の時期などに行なうことが多かった。昭和三二年、國久は少なくとも九回上京している。そのうち、四回は陳情団を組んで、時には県知事とともに建設省・建設大臣、道路公団への陳情をしている。いわば、天草架橋期成会の陳情は全国離島振興協議会副会長であり、離島振興対策審議会委員である國久のスケジュールに合わせて組まれていた。

天草架橋は総延長九四〇〇余メーター、総工費一五億六〇〇〇万円を要する。建設省九州建設局と組んで工事計画書も既に出来上がり、いつでも工事に着手する準備が整えられた。全国的に公団工事希望の多い今日、公団としても工事施工に踏み切るまでにはまだ相当な日時がかかりそうである。有料道路として建設される天草架橋が二〇年以内に返済可能かが問題。交通量は観光客数、産物の輸送量によって決まるので、天草の開発振興で採算が取れるようにすることが大事。天草架橋が完成してからの交通量。これから得られる料金の合計が速やかに工事費をオーバーするか否かで工事の施工決心は決まる（「天草新聞」一月二五日）。

○**天草架橋経済調査報告書（昭和三二年二月　第三号）（熊本県作成）**

県において、昭和二九年度から具体的な調査を進めることになり、土木部においては技術的検討を進め、現地調査を行ない、架橋計画の概算設計を完成した。

○二月二〇日

城南四郡（八代、球磨、芦北、天草）連合町村長会総会が人吉市で行なわれた。天草から森國久龍ヶ岳村長らが参加した。〃天草架橋の早期着工〃方要望が議題として取り上げられ、満場一致で可決され、城南四郡町村会の名で関係方面へ陳情要望を行なって、その実現を強く働きかけることになった（「天草新聞」二月二四日）。

○三月一九日

熊本県議会で議員提案により天草架橋事業費償還の補償協議成立（架橋工事費の返済ができなくなった場合、県が補償）。

地元の熱意次第
天草架橋を陳情
櫻井知事と一行15名
建設省、道路公團に

「天草新聞」
昭和32年4月26日

○四月二四日　國久、桜井知事と建設省、道路公団に架橋調査費予算計上を陳情

離島大会出席のため上京した國久ら天草郡代表一五名は、二四日、建設省や道路公団本社を訪れ、天草架橋調査費を今年度予算に計上するよう陳情を行なった。さらに桜井知事を加え、南条建設大臣と会見して天草架橋の早期実現を要請した。岸総裁と会見陳情した際、調査希望箇所は非常に全国に

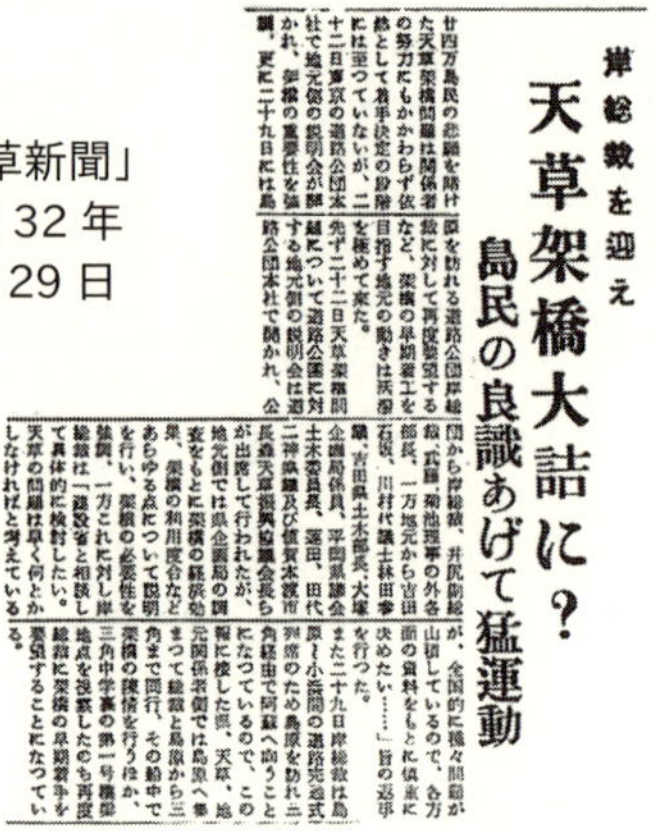

岸総裁を迎え
天草架橋大詰に？
島民の良識あげて猛運動

「天草新聞」
昭和 32 年
5 月 29 日

多いが、出来るだけ趣旨に添うよう考慮したいという回答を得た（「天草新聞」四月二六日）。

○五月一三日　**天草架橋期成会正副会長会議　熊本で開催**

天草架橋期成会正副会長会議が五月一三日、熊本において開かれた。二〇億円もの巨額な大工事であり、今日明日出来る問題ではないが、お互いの熱意と協力によりなるべく早く実現させたいものである。なお、桜井県知事が会長で副会長は森國久村長であり、とくに村民皆様の今後ともご支援を願うものである（「龍ヶ岳広報」）。

○五月二二日　**道路公団本社で説明会開催　國久出席**

天草架橋問題について道路公団に対する地元側の説明会を道路公団本社で開催。公団から岸総裁、井尻副総裁ほか、地元から吉田代議士ほか、森國久天草振興協議会長らが出席。地元側では県企画局の調査を元に架橋の経済効果、架橋の利用度合など説明、架橋の必要性を強調した。これに対し、岸道路公団総裁は「建設省と相談して具体的に検討したい。天草の問題は早く何とかしなければと考えている」と返事した（「天草新聞」昭和三二年五月二九日）。

○六月四日　國久、天草振興協議会長として二級国道指定を要望

天草はもともと平地が少なく、海岸線に道路も少なく陸路は発達していなかった。天草架橋で三角から上島まで繋いでも、そのあとの本渡への道路が貧弱だった。天草架橋の工事費を償還するためには、交通量を増やすため架橋の到達地点から本渡までの道路を国道にする必要があった。六月四日、天草振興協議会常任理事会の席上、二級国道指定についての要望書を県及び地元県議に提出して、早急な指定を促進することに決定し、以下の要望書を森國久天草振興協議会会長名で各方面に送付した。

成否の關ヶ原か
関係者あげラストヘビー

島民待望の天草架橋問題は関係者必死の運動に依り今日までも岸道路公団主木社総裁以下道路公団主脳陣の視察なども続けられているが、正式着手の決定までには今だ至らず島民をハラハラさせている折柄今度は南条建設大臣以下建設省幹部が架橋地点視察のため相次いで来熊することになった。先ず南条建設大臣は冨樫道路局長を帯同して二十五日午前四時八代港から〝かえで〟号々で架橋地点を視察したのち、三角経由で熊本へ向う予定になっており、このため天草架橋期成会等の関係者は八代港まで出迎えに行き架橋地点を案内して経済効果等を説明すると共に架橋実現促進方を要望することになった。次いで建設省米田技監は三十日午前九時半三角発の特別仕立船で島原へ向う途中架橋地点を視察するが、この米田技監に対しても建設大臣同様架橋実現促進要望を行うことになっている。現在まで道路公団が天草架橋に対し着手決定に態度を踏み切らないのは関総裁以下は賛成であるのに岸総裁が大蔵、建設両省への気がねから難渋していると伝えられており今回の建設省主脳視察によって暗夜にさまよう架橋問題に光明が点ぜられるものと関係筋では期待し張り切っている。

「天草新聞」昭和32年6月21日

要望書

二級国道指定方につきましては、島内諸般の向上発展はもちろん、天草架橋の建設促進につきましても最も急を要する事案であり、早急に御指定下され、指定方につき格別の御高配をお願い申し上げたく、島内市町村長を代表して要望します。

（「天草新聞」昭和三二年六月九日）

○六月二五日　南条建設大臣、架橋地点視察

南条建設大臣は冨樫道路局長を帯同して二五日、八代港か

宿願の天草架橋成就？
公団の新規事業となり
具体的調査段階に入る

「天草新聞」総和32年8月16日

ら架橋地点を視察したのち、三角経由で熊本へ向う予定になっており、このため天草架橋期成会の関係者は八代港まで出迎えに行き、架橋地点を案内して、経済効果などを説明するとともに架橋実現促進方を要望することになった（「天草新聞」六月二一日）。

○六月二五日

県土木事務所からの案内文より「かえで号乗船数多いため國久、森慈秀、平岡県議のみ」。同夕、会食「田吾作」、國久一名出席。（六月二〇日県土木事務所通知文）

○八月一六日

道路公団の新規事業一〇箇所の中に天草架橋（中央では天草連絡道路）が入り、調査費一〇五万円が決定した。この調査費に県から五〇万円を出して一五五万円の調査費を以て近く道路公団で着手、輸送調査と概略の設計をまとめるという具体的段階となってきた。しかも公団の新規事業一〇箇所、調査費一〇八〇万円の内、天草架橋の分が一〇五万円の大体十分の一に当たるから、これを見ても天草架橋が相当優位な立場になっていることが判る。こうしてやがて四、五年後には夢の架橋も現実の架橋となってお目見得する見込みがいよいよ強くなったので、工事まであと一息。従って島民の宿願成就の日も海の彼方から徐々に近まりつつあるので島民一丸の今一押しが欲しいものだ（「天草新聞」昭和三二年八月一六日）。

○八月二三日

瀬戸山三男農林政務次官への陳情（瀬戸山氏は有明町出身）

陳情書

瀬戸山先生にはかねてより、天草島開発振興のための諸懸案解決につき一方ならぬご指導とお力添えを戴き居りますことは、洵に有難く感謝に堪えません。ここに全市町村を代表し厚く御礼申し上げます。久方ぶりのお帰りの機会に甚だ恐縮でありますが、重ねて左記事項に関し、是非実現方賜りますよう特別のご配慮をお願い申し上げたく、二四万島民を代表し、伏して懇請申し上げます。

要望事項

一　関係法令の改正要望について（主に離島振興法に関連して）以下内容略

二　天草架橋の実現促進について

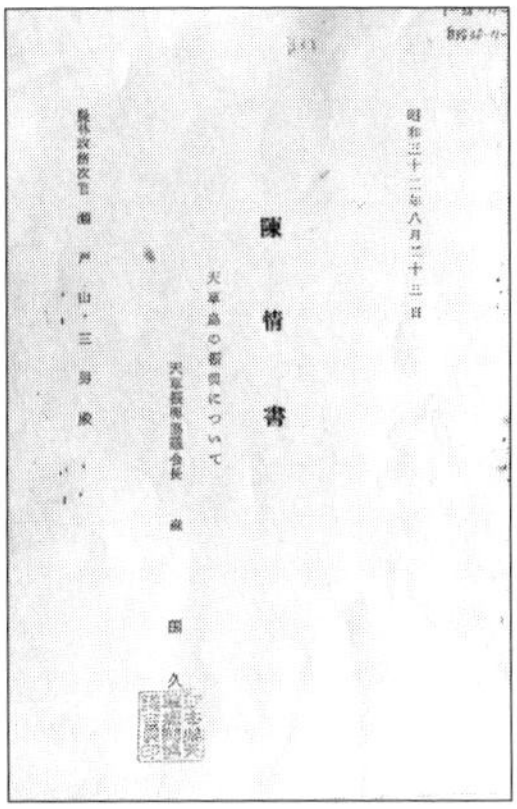

昭和三十二年八月二十三日

陳情書

天草島の振興について

天草振興協議会長　森國久

農林政務次官　瀬戸山三男殿

瀬戸山農林政務次官への陳情書（昭和32年8月）

三角と大浦は目と鼻の間にありながら一昨日の七号台風に於いても船は欠航の現状であります。延長一一〇六・三メーター、九州本土と天草を五つの橋によって結ぶ計画が天草架橋事業でありまます。架橋の実現は天草産業の革命を来し、国立公園としての天草島の資源を余す所なく発揚するものであります。島民は昭和三〇年以来、老若を問わず、一人一人が一円宛を献金し、その実現に努力して居ります。また、県議会では、架橋実現の暁、不足の償還実現不能の際は、県に於いて補償をなす旨の補償決議をなし、日本道路公団に於いては、昨日、予備調査費三〇万円、本年度一〇〇万円の調査費を計上され、現在、調査実施中でありますが何卒本事業が、一日も早く実現できますよう特別のお力添えを戴きますようお願い申し上げます。

之は今日生きる者が僅かに後生に残し得る偉大な遺産であり、現実只今の問題であります。

右実現方重ねて陳情申し上げます

昭和三二年八月二三日

天草振興協議会会長　森　國久

（天草自治会館資料　天草アーカイブズ所蔵　國久自筆のメモあり）

この陳情書を始めとして、陳情書代表者名は、当時は天草振興協議会会長森國久記名のもので占められており、天草の政治の中心にあり、精力的に陳情を重ねていたのが見て取れる。「今日生きる者が僅かに後生に残し得る偉大な遺産」という言葉は、平成の世に生きる者の心に染みる。我々は次の世代に何が残せるのだろうか。

○一一月二二日　根本建設大臣、「現地を視察し、架橋着工時期を伝える」と回答

東京で開かれた全国町村長大会及び全国議長大会に出席した町村長及び町村議長一行は、大会終了後、関係各省を廻って、離島予算、架橋早期実現、瀬戸開削事業促進、島内各港湾の整備方を陳情して大いなる成果を修めた。天草架橋関係では、来月一五日頃、架橋現地を訪れる旨、根本建設大臣からもらされ「架橋地点ではっきりとした着工日時を伝える」と朗報があった（「天草新聞」一一月二三日）。

※根本建設大臣の来島は三三年度予算編成の都合上、翌年四月に実現した。

天草架橋愈々實現？
根本建設大臣陳情に答う

「天草新聞」昭和32年11月23日

●昭和三三（一九五八）年

昭和二九年からの天草架橋実現運動の着実な積み重ねにより建設大臣、道路公団総裁も天草架橋の実現は確実なものとしていたが、具体的な着工の時期は明言しなかった。その時期について、國久は「天草と県、地方と中央との政治連結等、呼吸が合った時」と言っている。その着工の時期決定にはまだ幾つか課題が残されていた。昭和三三年の天草架橋実現運

動は天草振興協議会会長・全国離島振興協議会副会長の國久の上京から始まる。

市町村合併後、天草の各首長が指導力を発揮できない中、人口九〇〇〇人余の小さな龍ヶ岳町長・國久は天草でリーダーシップを発揮した。町村合併後の新市、新町、新村は旧町村からの勢力争いや旧自由党、旧民主党などが絡み合っていた。首長の交代もあり、旧町村の融合などに力を削がれ、なかなか首長のリーダーシップは発揮出来ずにいた。そのような政治状況の中、離島振興法の成立での活躍で一躍「全国離島の期待の星」となった國久は、いち早く大道、高戸、樋島の三村を合併させ、天草で一番の貧しさと言われていた龍ヶ岳村を、天草一の「第一種事業税（県税）」を納める村にまで育てた。その活躍はめざましく、全国的にも若手村長として注目され、トップランナーとしての位置を確立していた。

いよいよ、天草架橋実現のために、決定権を持つ道路公団総裁や建設大臣の天草来島が実現する。「根本建設大臣は昭和三六年度着工を明言」し、島民は「道路開発なくして、天草架橋なし」と各部落を挙げて着々と道路整備に協力していった。離島振興法の事業計画でも、道路整備費増額を実現した。

道路公団福岡支社から支社長始め、各担当者が来熊し、県担当者、天草架橋期成会と打合せ会を開催、天草架橋も予備調査から具体的にさまざまな事項を決定する事業計画段階へと進んでいった。天草島民の努力により、道路公団は橋を架けるという基本線を打ち出し、根本建設大臣も天草に来島し架橋実現を確約した。いつ着工するかは未定だったが、関係道路の着工を開始し、事実上の架橋着工は始まりつつあった。

「道路公団の首脳部は『橋は公団で』『道路は建設省で』との基本線を打ち出している。二者択一、天草と県、地方と中央との政治連結等呼吸が合った時、その時が着工の潮時である」（國久年頭のことば「天草民報」昭和三三年）。

○二月一七日　岸総裁への来島要請

天草架橋期成会役員会は熊本市内自治会館で開催、県土木部長、同課長、森國久副会長、鶴田天草振興協議会事務局長などが出席。関門国道開通式が三月に行なわれるが、この開通式に、岸道路公団総裁が出席するので、天草来島を要請し、現地視察してもらうと共に三三年度の調査費の増額を陳情することを申し合わせた（「天草新聞」二月一九日）。

岸總裁の來島陳情

天草架橋實現へ歩一歩

「天草新聞」
昭和 33 年 2 月 19 日

○三月六日

天草架橋期成会総会、自治会館にて開催。國久上京報告

天草架橋は必ず出来る、島民の熱意がカギ

道路公団福岡支社では本社に天草架橋調査予算を要求している。

本年度は二〇〇万から三〇〇万円の間だろう。東京本社では建設省の国土整備五ヵ年計画に天草架橋も入っているので橋を架けるということは間違いない。根本建設大臣は天草架橋の事はよく知っている。書類が回ってくれば予算を増額するよう努力する。架橋について今年度が一番大事な年である。それは道路公団も建設省も最近乗り気になっている。ここで郡市民の架橋意欲を盛り上げねばならない。町村長が率先して旧年度の架橋募金を完納し、併せて本年度分を募らねばならぬと思う。架橋後のことを思って島民も一円でも五〇銭でも募金してもらうようにせねばならぬ（「天草新聞」三月七日）。

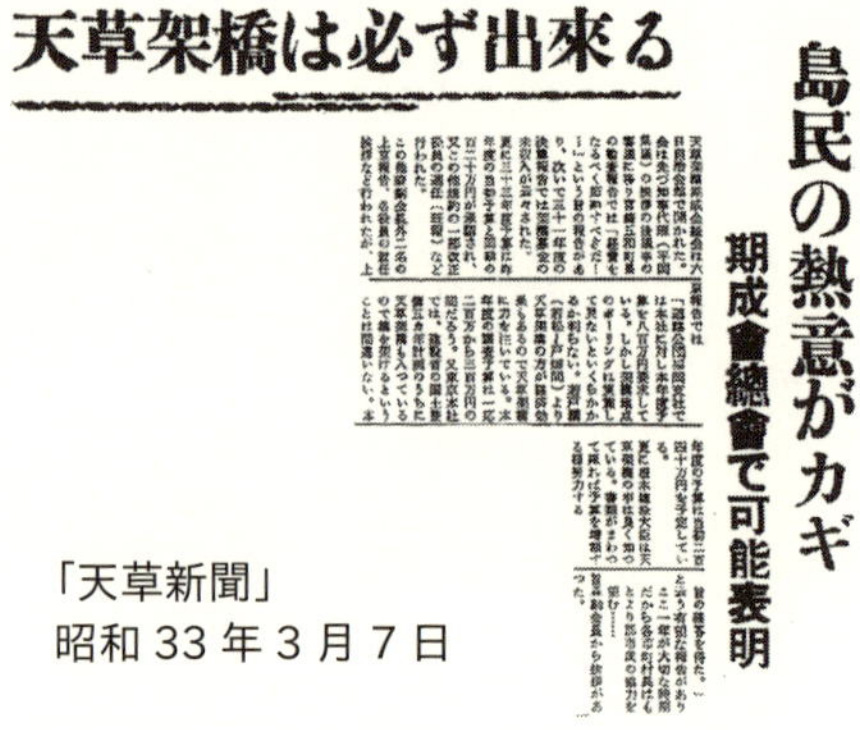
天草架橋は必ず出來る
島民の熱意がカギ
期成會總會で可能表明

「天草新聞」
昭和 33 年 3 月 7 日

○四月七日　岸総裁一行、天草入りを実現　架橋地点視察、下田一泊

岸道路公団総裁はかねて天草架橋期成会から強く要望されていた架橋地点の視察を行なうことになり、天草まで足を延ばすことになった。岸総裁の天草入りは初めてであるが、これによって架橋実現へ数歩前進したといえよう（「天草新聞」四月六日）。

○四月二四日　天草架橋実現本決まり、根本建設大臣現地で語る

根本建設大臣は天草架橋決定のため現地を視察し、次のように語った。

橋を架けることは間違いない。しかし、こんな大工事には調査期間を三ヵ年間くらい要するので、三六年度から着工することになろう。工事内容は、費用その他通行料の関係もあるので、取り付け道路と橋だけ道路公団で施工し、他の道路は建設省でやる。来年度から本格的な調査費が計上されるだろう（「天草新聞」四月二五日）。

○六月一〇日　道路公団と打ち合わせ会　大筋の計画が決定

熊本市内で道路公団、熊本県、天草架橋期成会の三者が集まり、天草架橋建設を前提に種々に亘り打ち合わせ会が開催された。実際の工事着手は昭和三七年七月であるが、大筋の計画はこの時決定したと言って過言ではない。ここに至るまで、國久は天草架橋期成会副会長として、運動の資金も乏しい中、離島振興法の協議会や審議会、また全国町村長大会での上京の機会を有効活用し、建設省はじめ中央省庁や道路公団に陳情を重ね、天草架橋建設を現実のものにした。天草架橋の実現は離島振興法からの適用除外をもたらすという「二律背反」の中で、架橋完成までに、天草島内の道路整備、産業基盤の整備も図って行かなければならなかった。

天草架橋着々進む
具体的調査に入る
道路公団　田中支社長一行來島

「天草新聞」昭和 33 年 6 月 13 日

○九月六日　建設省冨樫技監に天草架橋の早期実現を要望

國久らは「架橋の早期実現、調査費の増額、道路公団では三五年度着工に肚を決めているように思われるので、建設省でもその方向に踏み切ってほしい」などを要望した。冨樫技監は「地元の意向はよくわかった。今後その線で話を進めたい」と語った（「天草新聞」九月一〇日）。

○九月一九日　河野一郎氏来島

「自分が責任もって実現するから心配しないでよい」と発言した。

○一一月二〇日　國久上京し、知事と連名で天草架橋早期着工陳情書提出

東京で開かれた全国町村長大会に各町村長が出席し、天草架橋の陳情を行なった。建設省米田次官に天草架橋調査費二〇〇〇万円を陳情、次官から「現在、冨樫技監が調査中で、調査費がどれぐらい要るか検討中」と回答があった。夕刻、郡出身者の郷友会に呼ばれ、國久、平井（苓北）、丸岡（天草）町村長と鶴田天草振興協議会事務局長の四名が銀座で会食を共にして話し会った。

陳情した日の國久の過密な行動スケジュールが『陳情書』表紙写しに残されていた。

〈國久のメモ〉

11／20　米田次官　東京郷友会総会

11/21　道路公団本社　井尻副総裁、菊池理事、藤森計画部長、西郡課長、建設省　砂防課谷口技官、企画庁　田技官、自治庁　財政課

11/22　道路公団本社、建設省　企画庁計画部、三越物産展

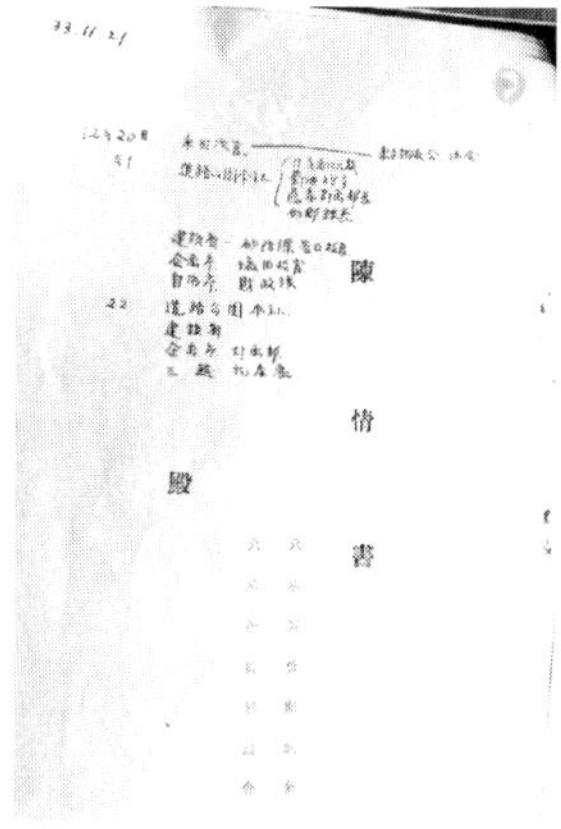

メモが記された陳情書の表紙

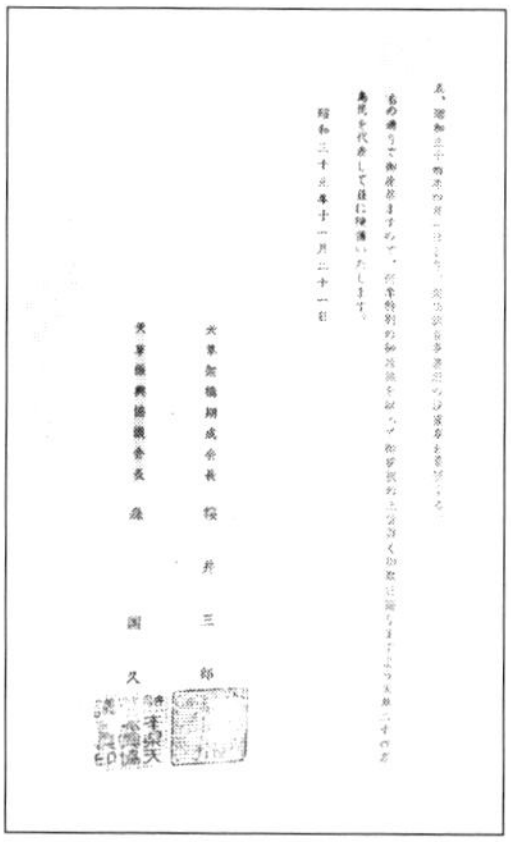
[illegible]
島民を代表して茲に陳情いたします。
昭和三十三年十一月二十一日
天草架橋期成会長　桜井三郎
天草振興協議会長　森國久

桜井知事と連名の陳情書

熊本県知事と連名での天草架橋に関する陳情書

天草架橋の計画は永年に亘る島民の念願でありましたが、幸にも関係各方面のご理解とご援助のもとに愈々本格的調査を実施していただく事になりましたことは、誠に感謝に耐えない所でありまして、茲に厚く御礼中上げる次第で御座います。この本格的調査は、やがて近々着工を約束されたものと確信し、今や二四万島民の架橋実現への熱意は極めて大きなものがありますので、この際更に左記に関し関係御当局に於いてご検討をいただき早急に御解決賜りますよう重ねて御願い申し上げます。

記

一、昭和三四年度調査費二〇〇〇万円計上方を要望する。

二、昭和三四年度調査を完了し、昭和三五年度着工を要望

する。
三、建設省の公共事業費は、離島振興事業費の枠外に於いて計上方を要望する。
四、連絡道路の一部を本年度救農土木事業として実施方を要望する。
五、昭和三四年四月一日より、架橋調査事務所の設置方を要望する。
右の通りで御座いますので、何卒特別の御詮議をもって御採択の上宜しくお取計賜りますよう天草二四万島民を代表して茲に陳情いたします。

昭和三三年一一月二一日

天草架橋期成会会長　桜井　三郎
天草振興協議会会長　森　國久

●昭和三四（一九五九）年

天草振興協議会会長となって三年目、新たに天草観光協会（再建）会長にも就任した。

ここに至っては「天草架橋」の完成は時間の問題であり、天草振興のため観光立国【天草】とするためにさまざまな観光施設の建設を提言している。その一つが、死蔵されているキリシタン関係の史跡、資料を整備し、資料館（現在の切支丹館）の建設を提言した。

さらに、鉄道のない天草では「道路網の整備によって、はじめて天草架橋が活かされる」と、全面舗装による天草循環道路網の確立や天草の産業（観光やミカンなどの果樹栽培、養鶏・養豚などのパイロットファーム計画の構想）を語り、「夢の架け橋」（天草架橋）が自己目的では無く、天草の将来の展望をしっかり見据えて、架橋建設運動を実現していこうとしていた。

○一月一日

天草島と本土とを直結して離島の根本的振興を図る画期的な天草架橋は昭和二九、三〇年の両年度において県段階の技術調査および経済調査を完了した。道路公団福岡支社で昭和三三年に作成した天草道路建設計画調査報告書によれば架橋計画は橋梁五ヶ所（一三二一メートル）道路七ヶ所（八二三三メートル）を総事業費二二億円で建設することになっている。県の経済調査によれば架橋完成直後半年に旅客八九万人、貨物一二万トンがこの架橋を利用するものと推定され、二〇年償還で収支採算がとれる。公団でも地元の熱意に動かされ、同年から架橋計画の調査を開始、昨年四月には同公団総裁および建設大臣が相次いで視察に来島、昭和三六年度着工と言明した（「天草民報」昭和三四年一月一日）。

○一月一二日　寺本知事誕生

○一月二九日

公団本社から藤森計画部長、公団福岡支社長、有田調査課長が架橋現地視察に来熊した。藤森計画部長に対しては森國久期成会副会長、蓮田県議、牧野本渡土木事務所長らが県庁で、期成会で決めた「建設省で三四年度二〇〇〇万円の調査費予算を計上すること、三五年度着工すること」の二項目の要望を陳情した。

これに対し計画部長は「国が道路公団に内示した調査費の枠が一億円しかないので、天草架橋の三四年度のみ、当初の数倍に当たる二〇〇〇万円にすることは無理だと思う。また、着工年度については、若戸大橋が三六年度に終わる予定なので、この点と関連して考えねばなるまい。というのは熟練した技術者の配置を考えるからで、その点から見ると、三五年度着工はいささか急すぎるのではなかろうか」と語った（「みくに新聞」二月六日）。

○三月三日　架橋関連道路早期着工を陳情

森國久天草振興協議会会長、牧野本渡土木事務所長、岡部本渡市助役らは天草架橋の関連道路の早期着工運動のため、三月三日上京、道路公団、建設省、経済企画庁などに陳情、九日帰島した。

今回の陳情は架橋着工の見通しがはっきりしてから道路工事にかかっては、橋梁と道路の完成時期の歩調があわないから一歩先に道路を着手してもらいたいということで、特に今月二〇〇〇万円で大矢野町に着工した道路は単年度事業であるためこれを三四年度から継続工事とするよう強く要望した（「みくに新聞」三月一三日）。

○五月七日

道路公団福岡支社の伊藤工事部長、有田調査課長一行は天草架橋設計書に基づく路線調査のため来島、架橋現地をくまなく調査、更に架橋の背後地や経済効果を再検討するため翌日は天草町高浜方面まで足を伸ばし、石炭・陶土など天草の産業資源を実地調査した。「現在工事施工中の若戸大橋の技術者を工事完了前に早目に天草架橋工事に廻し、一日も早く天草架橋の着工に乗り出して貰いたい」という地元代表からの陳情にたいして、「若戸大橋工事は昭和三九年度くらいまでかかるだろうが、勿論最後まで技術陣を残す必要はない。今後よく調整した上で出来るだけ地元の意向に沿うよう善処したい。これから、上京して道路公団本社と打ち合わせを行なうので、五月一九日の天草架橋期成会までには着工時期その他について本社の見通しを報告できると思う（「みくに新聞」五月一五日）。

○五月一九日　第一架橋地点は一万トン級の船も航行可能に

天草架橋期成会総会は熊本市内天草自治会館で会長の寺本知事、副会長の値賀本渡市長、國久など約四〇人が集まって開き、今年度の予算及び事業計画などについて協議した。なお、当日、道路公団福岡支社有田調査課長は天草架橋の見通しについて次のように語った。

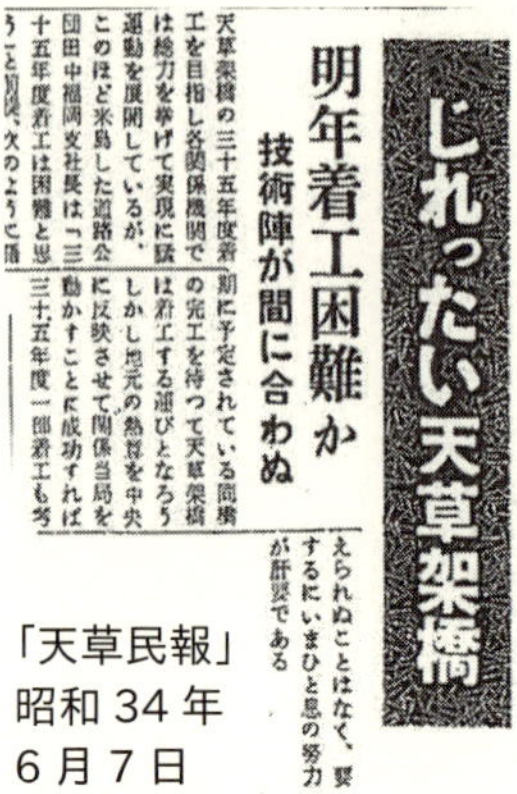

じれったい天草架橋
明年着工困難か
技術陣が間に合わぬ

天草架橋の三十五年度着工を目指し各関係機関では総力を挙げて実現に猛運動を展開しているが、このほど来島した道路公団田中福岡支社長は「三十五年度着工は困難と思う」と前提、次のように語

期に予定されている同橋の完工を待って天草架橋は着工する運びとなろう しかし地元の熱望を中央に反映させて関係当局を動かすことに成功すれば三十五年度一部着工も考えられぬことはなく、要するにいまひと息の努力が肝要である

「天草民報」昭和34年6月7日

「六月中頃から第一架橋地点の港湾調査に着手する。地質調査はもとより、一万トン級の船も通れるよう、マストの高さや航路幅に基づき橋脚の高さや幅を決めるためのもの。これらの調査は今年度内に終了予定であり、三五年度には建設、運輸両省の着工認可申請を行ない、年度途中から工事に着手できるよう準備万端ととのえていくつもりだ」（「みくに新聞」五月二九日）。

○六月七日　道路公団支社長「三五年度着工は困難」

天草架橋の三五年度着工を目指し各関係機関は総力を挙げて実現に猛運動しているが、このほど来島した道路公団田中福岡支社長は「三五年度着工は困難と思う」と前提、次のように語った。われわれの調査したところでは経済効果は十分に認められ、一日も早く着工したいと思って努力している。しかし地元で希望している三五年度着工ということになれば概要設計書の作成が終っていなければならず、いまのところ全体的な調査が八〇％くらいしか進んでいないのでおそらく希望通りにはゆかないだろう。それというのも同架橋が世界的にも比をみない余り大仕掛けなためで、普通の技術者では手に負えず、最高技術を必要とするが、その技術陣が現在若戸大橋（若松～戸畑）に取りかかっており、三六年後期に予定されている同橋の完工を待って天草架橋は着工する運びとなろう。

○六月二〇日　天草観光協会総会

天草架橋の早期実現、国立公園地域の拡張と整備など。國久、天草観光協会会長に就任。

○七月二三日　國久、「全島民火の玉となって」と鼓舞

天草架橋の実現の見通しについて國久は次のように語った。

「極めて不安な情勢下にあるので島民の奮起を促したい。私はたびたび上京するので、その都度関係当局を訪ね架橋問題について打診しているが、上の態度はヌルマ湯の感じでサッパリ乗り気になっていない。のみならず大蔵省などはむしろソッポを向いている始末で、これでは何年待っても文字通り夢の架け橋に終るだろう。県の保守合同が実現した今日、自民党の政策として架橋問題と真剣に取り組む必要があるのではなかろうか。いまのところただ道路公団福岡支社が来年度着工に技術面の自信を持っているだけで、それすら東京本社を動かしていない。このままでは一流技術陣の誘致さえ困難なありさまで、どうみても中央が熟しているとは思えない。全島民火の玉となっての促進運動を展開すべき時期にきたようだ」（「天草民報」七月二六日）。

○七月二九日　道路公団本社比留間技術課長、「天草架橋の昭和三六年度着工は絶対確実」と語る

建設省では天草架橋の大矢野町の公共道路予算九九〇〇万円を既に決定。これで昭和三四年度から三七年度までに町内の公共道路の建設を行なうことになった。六〇〇〇万円で松島町などの公共道路を完成する態度を決めている。本省が公共道路事業に取りかかることは無論天草架橋の着工を前提とした処置で、この点からみても架橋の早期着工は間違いない。鷲崎県土木部長は「天草架橋は、道路公団でも全国第四位にランクしている大工事で、三六年度着工は確実。早ければ、三五年度に一部工事に着工できるかもしれない」（「みくに新聞」八月七日）。

○八月三一日　参議院建設委員など、現地視察

参議院建設委員会の松野孝一、桜井三郎、内村清次氏ら一行は、天草架橋地点を視察した。「架橋の早期実現のため全面的な協力を惜しまない」と語った。

松野委員長「架橋は根本元建設大臣が三六年度の着工を言明しており、自分たちもこの確約通りおこなわれるものと信じている。地元民の要望に応えるよう着工促進したい」。

○一一月二五日　架橋現地アルバム作成

天草架橋期成会では天草架橋の現地写真数十枚を撮影、アルバム四冊を作成した。架橋全体計画書とともに携行して、森慈秀、森國久、値賀の三副会長、鶴田事務局次長が上京、道路公団本社で公団総裁など首脳部と架橋説明会を開催した。

天草架橋最後の追込み
公団本社に全体計画書を提出
東京で架橋世話人会を結成

「みくに新聞」
昭和34年12月11日

○一一月三〇日　東京日比谷で天草架橋説明会

東京日比谷の松本楼別館で道路公団本社、同福岡支社、熊本県庁、天草架橋期成会の四者代表が集まって架橋計画説明会を開いた。

森國久期成会副会長「地元では橋ができたら直ぐ間に合うよう架橋着工を前提とした離島事業、産業、観光事業などの実態調査をやっている」。

●昭和三五（一九六〇）年

正月、國久は「交通第一」と題する提言を『みくに新聞』に寄せた。五〇年以上前に、既に「天草市制」を目指し、着々とその現実化に向けて動き提言していた。「天草はひとつ、島内を道路網で結ぶ。どこからでも本渡に二時間以内で！」と。本土との連絡の手段も何種類も計画していた。天草架橋を動脈として、九州各地に静脈を張り巡らし、本土との直結を考えていた。まさに、天草は、「交通第一」であり、天草架橋は、「交通第一」だということである。

昭和三五年一月二六日、ＮＨＫのニュースで「日本道路公団は天草連絡道路を計画、四月から実施設計作成にかかる。五つの橋で結ぶ計画」と放送した。この年、着々と天草循環道路が各地で切り開かれていた。我が龍ヶ岳町でもやっと陸路での本渡行のバスが開通した。「道路は産業開発の動脈、バスの乗り入れは血液の注入である」と、國久は道路交通への思いを語っている。『龍ヶ岳広報』の「建設は進む」と題した三回シリーズの記事には、昭和三〇年代の天草は貧しかったけれど、明日への希望で満ち溢れている。少し見ないと町の様子が一変する、そんな勢いがあった時代だった。

國久らは在京の天草関係者、熊本県選出の国会議員やこれまでに陳情した建設大臣経験者などを結集し、「天草架橋実現世話人会」を発足させた。寺本知事の初めての架橋陳情に大蔵省が経済効果の面から早期の着工に難色を示し、架橋悲観論がおこると、國久は記者を集め「天草架橋悲観は無用」と天草島民を鼓舞した。

天草架橋計画の直前に北九州の若戸大橋が建設された。大蔵省の見立てでは、天草架橋は「経済効果」の面から着工に難色を示したが、実際には、天草架橋は予定の償還期間を大幅に短縮し、わずか九年で無料となったのに対し、若戸大橋は現在でも有料である(平成二八年九月現在)。

○一月二四日　天草架橋世話人会結成へ

上京陳情十数回、現地調査五〇回、打合わせなど三〇回の回数を重ね、これに要した経費は期成会の支出五二〇万円、県六八〇万円、それに道路公団の支出を合わせると実に二〇〇〇万円に上る。

近く
世話人会結成
おひざもとで総攻撃
架橋舞台東京へ

東京における〃架橋世話人会〃の発足で同期成運動も地元から中央に移されたかたち、建設省に対する正式認可申請を前にして、島民は不安な中にも一まつの光明を感じさせられその成功を祈っている

上京陳情十数回、現地調査五十回、協議会、打合わせなど三十回の回数を重ね、これに要した経費は期成会の支出五百二十万円、県六百八十万円、それに道路公団の支出を合わせると実に二千万円に上

中央に移されたかたちで近く県出身の代議士、参議を初め在京天草郷友会員が中心となって架橋世話人会を結成することになった、政府のおヒザもとで総力を結集して攻勢しようというもので本月末か来月初めごろには結成されるもよう

「天草民報」昭和35年1月24日

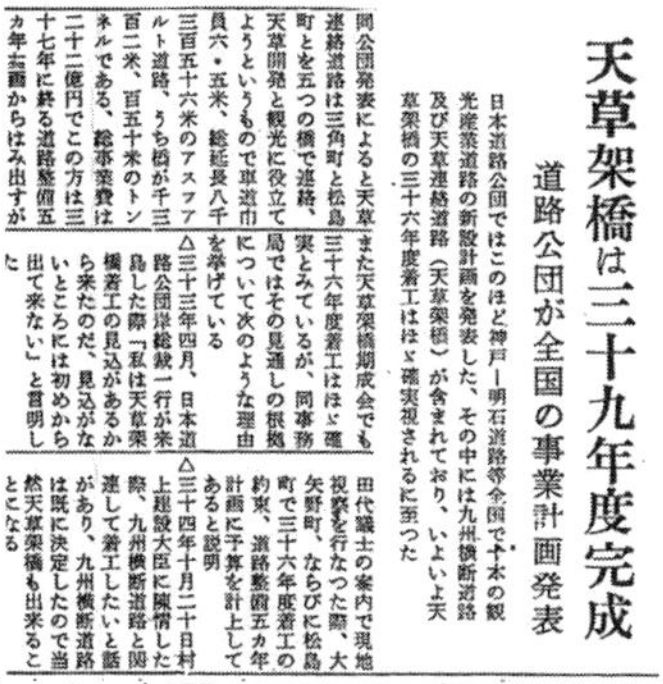
天草架橋は三十九年度完成
道路公団が全国の事業計画発表

日本道路公団ではこのほど神戸—明石道路等全国で十本の観光産業道路の新設計画を発表した、その中には九州横断道路及び天草連絡道路（天草架橋）が含まれており、いよいよ天草架橋の三十六年度着工はほゞ確実視されるに至った

同公団発表によると天草連絡道路は三角町と松島町とを五つの橋で連絡、天草開発と観光に役立てようというもので車道巾員六・五米、総延長八千三百五十六米のアスファルト道路、うち橋が千三百二米、百五十米のトンネルである、総事業費は二十二億円でこの方は三十七年に終る道路整備五カ年計画からはみ出すが

また天草架橋期成会でも三十六年度着工はほゞ確実とみているが、同事務局ではその見通しの根拠について次のような理由を挙げている

△三十三年四月、日本道路公団岸総裁一行が来島した際「私は天草架橋着工の見込があるから来たのだ、見込がないところには初めから出て来ない」と言明した

田代議士の案内で現地視察を行なった際、大矢野町、ならびに松島町で三十六年度着工の約束、道路整備五カ年計画に予算を計上してあると説明

△三十四年十月二十日村上建設大臣に陳情した際、九州横断道路と関連して着工したいと話があり、九州横断道路は既に決定したので当然天草架橋も出来ることとなる

「みくに新聞」昭和35年2月5日

天草架橋の実現促進運動は「明るい見通し」という帰来談に明けくれて六年目を迎えたが、本年夏ごろに予想される建設省に対する正式認可申請書提出のメドがつくに及んで、運動の舞台はようやく中央に移された。県出身の代議士、参議を初め在京天草郷友会員が中心となって架橋世話人会を結成することになった（「天草民報」一月二四日）。

○一月二五日　道路公団、天草架橋計画を発表

日本道路公団ではこのほど神戸～明石道路などで一〇本の観光産業道路の新設計画を発表した。その中には九州横断道路及び天草連絡道路（天草架橋）が含まれており、いよいよ天草架橋の昭和三六年着工はほぼ確実視されるに至った。架橋が完成しその効果が安定すると見られる年を昭和四〇年度と仮定し、その年の経済効果を推定すれば輸送費の節減などによる効果六億八〇〇〇万円、生産増による効果八億四〇〇〇万円、合計年間一五億二〇〇〇万に達する公共的効果ありと推定されており、天草架橋の実現こそは天草の歴史に一大エポックを画するものとして各方面の期待を集めている（「みくに新聞」二月五日）。

天草架橋実現世話人会発足
村上建設相も八月頃視察に来島

天草架橋実現世話人会が四月八日発足した、架橋期成会事務局次長鶴田又雄氏は四月四日森慈秀、森國久両副会長や蓮田県議、県当局の吉田土木部長等と共に上京したが八日東京都千代田区の都道府県会館で開かれた架橋実現世話人会設立総会に出席、十二日帰任した、鶴田次長の帰来談によると同会は八日午前十一時から開かれたが、当日は馬場前建設大臣、石坂、内村、谷口、桜井、村田各参議や園田、吉田代議士に松野労相、川村代議士、矢島参議の各秘書官及び秘書、鶴田天草郷友会長、道路公団今沢監理官、伊藤九州地建前局長公団比留間技術課長、同五島調参事、吉田県土木部長、吉海同道路課長、井出県東京事務所長、蓮田、西岡県議、森竜ガ岳

「みくに新聞」昭和35年4月22日

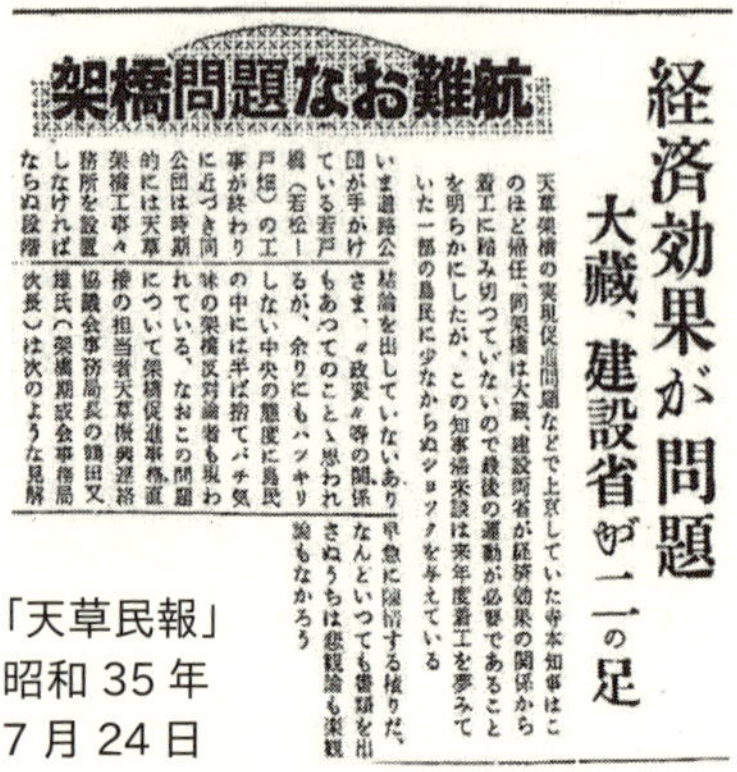
経済効果が問題
大蔵、建設省が二の足
架橋問題なお難航

天草架橋の実現促進問題などで上京していた寺本知事はこのほど帰任、同架橋は大蔵、建設両省が経済効果の関係から着工に踏み切っていないので最後の運動が必要であることを明らかにしたが、この知事帰来談は来年度着工を夢みていた一部の島民に少なからぬショックを与えている

いま道路公団が手がけている若戸橋（若松ー戸畑）の工事が終わりに近づき同公団は時期的には天草架橋工事々務所を設置しなければならぬ段階結論を出していないありさま、〃政変〃等の関係もあってのことゝ思われるが、余りにもハッキリしない中央の態度に島民の中には半ば捨てバチ気味の架橋反対論者も現われている、なおこの問題について架橋促進事務直接の担当者天草振興連絡協議会事務局長の鶴田又雄氏（架橋期成会事務局次長）は次のような見解早急に陳情する積りだ、なんといっても書類を出さぬうちは悲観論も楽観論もなかろう

「天草民報」
昭和35年
7月24日

○**四月八日　天草架橋実現世話人会発足　於東京**

天草架橋実現世話人会が発足した。同会は八日午前一一時から開かれた。馬場前建設大臣、石坂、内村、谷口、桜井、村田各参議や園田、吉田代議士に松野労相、鶴田郷友会長、道路公団今沢監理官、伊藤九州地建前局長、吉田県土木部長、井手県東京事務所長、蓮田、西岡県議、森國久龍ヶ岳町長、森大矢野町長、田付貞明氏、鶴田期成会事務局次長が出席（「みくに新聞」四月二二日）。

○**六月二四日　天草架橋期成会総会が熊本自治会館で開催**

天草架橋期成会総会は熊本自治会館で開かれた。寺本知事から「天草架橋問題も非常に進展しあと一息となった。若戸大橋が終るとその技術陣を移せるから一刻も早く工事事務所を設置するよう働きかけたい」、坂田県土木部長は「工事事務所設置について大蔵省が納得せず、行き悩みの状態であるとの話を聞いたので、大蔵省に早く働きかける必要がある」と説明（「みくに新聞」七月一日）。

○七月二四日　大蔵省が架橋の経済効果に疑問

天草架橋の実現促進問題などで上京していた寺本知事はこのほど帰任した。架橋問題は大蔵、建設両省が経済効果の関係から着工に踏み切っていないので最後の運動が必要であることを明らかにした。この知事の帰来談は来年度着工を夢みていた一部の島民に少なからぬショックを与えている。架橋による経済効果の点で大蔵、建設両省がまだ疑問を抱き、実現に踏み切っていないもようで、公団自身も最後的な結論を出していない。島民の中には半ば捨てばち気味の架橋反対論者も現われている（「みくに新聞」七月二四日）。

○八月三日　國久、天草架橋悲観は無用と語る

寺本知事の上京にも関わらず、大蔵省が経済的効果の関係から着工が決まらない中、國久は島民を鼓舞し天草架橋悲観は無用と語った。

「天草架橋について一部に悲観的な流説があるようだが、今度各方面を回ってみて決してそんなことはない。架橋実現への折衝は着々と進んでいることを確信した。天草島民がいま悲観して投げやりな気持になることは最も危険であり、同時にあまり安心し過ぎて打つべき手を打たないと実現途中で挫折しかねない。県と地元一体となって強力な実現促進に向うべきである。その促進に当たっては第一架橋の調査がまだ終っていない点が〃一つの壁〃だったが、これも六〇〇〇万円の調査費が決まり、今年中にボーリングや地質調査をやる段階にきたのでこの点大いに心強い。また、先

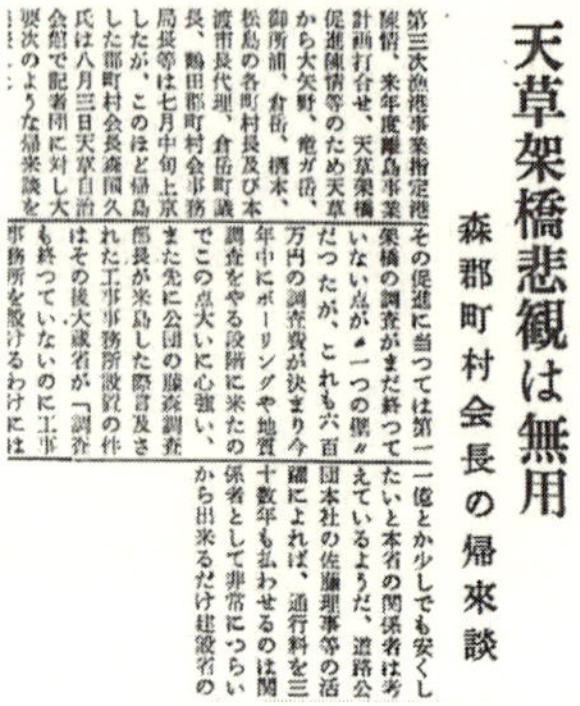

天草架橋悲観は無用
森郡町村会長の帰來談

第三次漁港事業指定港陳情、来年度離島事業計画打合せ、天草架橋促進陳情等のため天草から大矢野、竜ガ岳、御所浦、倉岳、栖本、松島の各町村長及び本渡市長代理、倉岳町議長、郡町村会事務局長等は七月中旬上京したが、このほど帰島した郡町村会長森岡久氏は八月三日天草自治会館で記者団に対し大要次のような帰来談を

その促進に当つては第二一億とか少しでも安くしたいと本省の関係者は考えているようだ、道路公団本社の佐藤理事等の活躍によれば、通行料を三十数年も払わせるのは関係者として非常につらいから出来るだけ建設省の

架橋の調査がまだ終っていない点が〝一つの難〟だつたが、これも六百万円の調査費が決まり今年中にボーリングや地質調査をやる段階に来たのでこの点大いに心強い、また先に公団の藤森調査部長が来島した際言及された工事事務所設置の件はその後大蔵省が「調査も終っていないのに工事事務所を設けるわけには

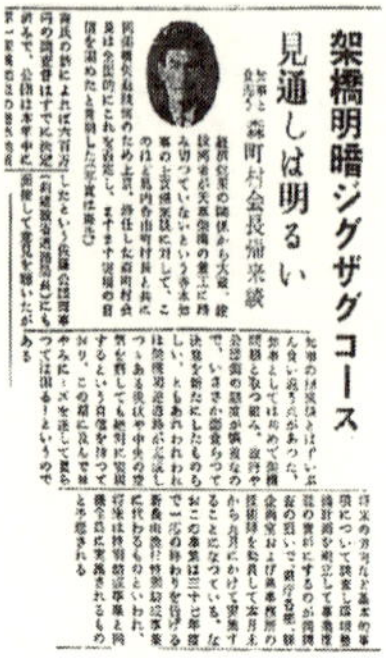

架橋明暗ジグザグコース
見通しは明るい
知事と会見した森町村会長帰来談

「天草民報」
昭和35年8月7日　「みくに新聞」昭和35年8月5日

に公団の藤森調査部長が来島した際、言及された工事事務所の件は、その後大蔵省が「調査も終わっていないのに工事事務所を設けるわけにはゆかない、時期尚早である。しかし、調査事務所なら設けてよい」という意向が示された。そこで公団としては「期成会や地元の方からどしどし調査事務所の陳情をしてほしい」という話だった。

東京世話人会では園田、吉田両代議士をはじめ戸山代議士や田付貞明氏も関係各方面に強力な折衝を続けておられる。また、架橋事業費は二四億円でなく二〇億円とか二一億円とか少しでも安くしたいと本省の関係者は考えているようだ。道路公団本社の佐藤理事らの活躍によれば、通行料を三〇数年払わせるのは関係者として非常に辛いから、出来るだけ建設省の公共道路事業分を増やして貰うようにしたらどうかという意向が強い。この建設省の公共事業範囲と公団の事業範囲のどの辺に線を引くのが妥当かということが問題である。

また、先に発表された県知事の帰来談で架橋実現に対して悲観説をとる人がいるようだが、知事としては就任以来一年一ヶ月、この間さまざまな問題が山積みしていて、実のところ今まで架橋問題に真剣に取り組む余裕がなかった。今度はじめて架橋問題で本省と折衝し「こりゃ油断できぬぞ」

とフンドシを締め直したというところであり、知事が今後懸命に架橋実現のため頑張ってくれることは間違いないものと信じている」（「みくに新聞」八月五日）。

○九月一九日　上村道路公団副総裁、架橋地点視察

天草架橋の現地を視察するため道路公団の上村副総裁と田中福岡支社長らは海上から架橋地点を視察。「三六年度着工に間に合わせるため、問題になっている第一架橋地点の地質調査と設計を急ぎたい。天草架橋が来年から始まる政府の道路整備五ヵ年計画に入ることは問違いない」と語り、地元側の関係当局者を喜ばせた（「みくに新聞」九月二三日）。

上村副総裁は昭和三七（一九六二）年七月の天草架橋の起工式には道路公団総裁として、高松宮殿下と共に出席した。起工式当日のエピソードが、「熊本日日新聞」（平成一八年一二月二八日）の記事に一部紹介されている。

起工式当日、特別控室に同席されておられた高松宮と上村健太郎日本道路公団総裁が國久の夫人と長女を招かれ、「架橋実現に一番一生懸命だったのに、この日に國久さんがおられないことが本当に残念で仕方がない」と感極まりながら語りかけられた。高松宮殿下は昭和三五年の熊本国体のため本渡を訪問された。その歓迎会で國久は、案内接待にあたり親交があった。

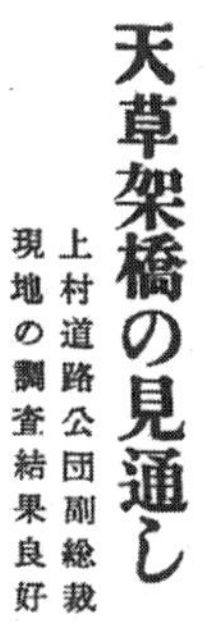
天草架橋の見通し
上村道路公団副総裁
現地の調査結果良好

「みくに新聞」
昭和35年9月23日

●昭和三六（一九六一）年

この年は國久最後の年となった。

「天草民報」の新年のあいさつで、「昭和三六年も忙しい年になりそうです。六日、七日と本年度の離島予算の最後の折衝のため五日に上京する。引き続き問題の『天草架橋』で滞在し、九日には寺本知事を始め地元県議、中央世話人と合同会議を開く。公団への二億円要求、本年度着工の旗の下に、その実現を期する〝勝負〟万潮時が来た、今年こそ天草架橋着工を実現する」と述べている。

一方、天草にあっては、島内道路網を完成させ、来るべき架橋開通時には島内道路舗装化を計画した。國久は天草架橋と道路網の整備が天草の観光にとって重要であり、観光すなわち道路であると言い切っている。すでに今日の天草観光立島を予言している。そのために、天草島内の道路舗装を急ぎ、「天草道路公社化」を提言した。

天草架橋実現に欠かせない海岸線の環状道路が、ようやく貫通することになった。架橋完成後の一日の交通量八〇〇台、二五年で償還を計画していた（「みくに新聞」昭和三六年二月三日の記事）が、現在（平成二七年）では夏のピーク時には通行量が一日平均二万五〇〇〇台にも上り混雑する。

昭和三六年全国離島振興協議会全国大会が四月二六日、島根県玉造温泉で開かれ、國久は引き続き副会長に選任された。

國久、寺本県知事などの上京・陳情により、道路公団から最終的な天草架橋実現への具体的な予算額が提示され、九州本土と陸続きになるという天草島民永年の夢がようやく叶うことになった。やっと「天草架橋実現の日」が目前に迫っていた。昭和二九（一九五四）年、國久が天草架橋実現のための最初の上京・陳情をしてから七年目だった。

○一月一日　県道の四五kmが運行不能　悪路解消を急ぐ

離島振興法は三七年度でいよいよ期限となるが、事業は遅々として捗らず天草島民の生産所得は依然として県平均の六二％という低位にある。県では残る二ヵ年間でこれを本土なみの水準に引き上げることを目標に、三六年度は一九億六〇〇〇万円の事業費を計上した。

事業の内容は道路、港湾、漁港、都市計画、簡易水道、電気導入文教施設など広範囲にわたっている。特に自動車の運行不能という名ばかりの県道が四五キロに及んでいるこの島の悪路解消には最も力を注いでいる。天草架橋計画と平行して島内の幹線道路、島内海岸環状線の貫通を急いでいる（「天草民報」一月一日）。

架橋について寺本知事に説明する國久
（昭和36年春ごろ）

○一月九日　全国離島振興協議会役員会　天草架橋世話人会

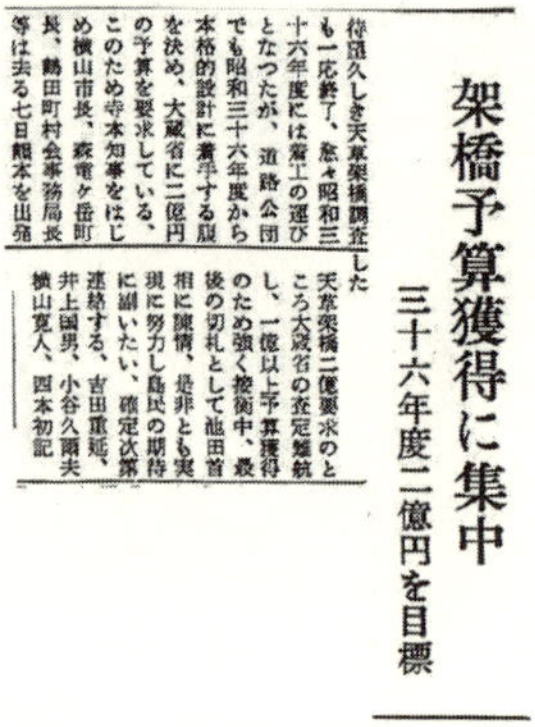

架橋予算獲得に集中
三十六年度二億円を目標

「天草民報」昭和 36 年 1 月 13 日

上島環状路完成近し
年度内に開通か
池の浦本渡線　最後の突貫工事
新春と共に店開き
上島四カ町村の国保

「天草民報」昭和 36 年 1 月 15 日

○一月九日　大蔵省に二億円の予算を要求

横山本渡市長、國久、鶴田町村会事務局長らは上京した。一行は九日午前九時から熊本県東京事務所で架橋実現世話人会を開いて道路公団企画室で得た成案に基づいて、架橋による経済効果を大蔵省に説明した（「みくに新聞」一月一三日）。

○一月一三日　上島環状道路、完成間近

上島を一周する環状道路は龍ヶ岳地区だけが未開通のまま残されていたが、いよいよ近く池の浦本渡線の県道が最後の突貫工事に入って近く開通することになり、地域住民多年の宿願は遂に達成されるにいたった（「天草民報」一月一三日）。

○一月二二日　「新年度着工ほぼ確実」と報告

一〇億円の新規事業費が五億円削減されたので、二億円を要求していた天草架橋の予算が削られたものと憂慮したが、一億円程度の予算化は間違いないようだ。建設省及び公団関係者がわれわれ以上に積極的になっているのには驚いた。

特に中村建設大臣が陳情団を前にして、「天草架橋を認めない予算書には捺印せぬ」と言明したことや、これまでソッポを向いていた大蔵省の係官がようやく乗り気になった（「天草民報」一月二一日）。

○二月三日　道路公団、一億円の架橋調査費計上

道路公団では昭和三六年度に一億円の架橋調査費、即ち有料道路の新規建設計画を発表した。道路公団の発表によると熊本県では天草の道路を二二億円の総工費で昭和三六年度着工、三八年度までに完成するというもの。

天草架橋実現による経済効果には

1　熊本県内で最もおくれている天草島の産業の開発を促進する

2　北九州及び熊本本土と天草の経済交流を活性化する

3　雲仙～天草～阿蘇～別府、或いは雲仙～天草～霧島～日南を結ぶ新しい国際観光ルートを形成する

4　天草自体の観光開発を促進する

などが挙げられ、一〇年来の島民の悲願が成就する見通しとなった。

現在の天草の主要道路でも幅員が四メートル程度で、バスをはじめ諸車のスピードは自ら制限され、加えて前方から車がく

天草架橋費
初年度一億円計上
三箇年完工の見通し

天草架橋早期実現と港湾整備予算陳情のため一月九日寺本県知事、蓮田県議会土木委員長をはじめ郷土出身の県議団や各市町村長等が大挙上京して関係方面に波状陳情を重ねていたが、道路公団で

流を活発化する③雲仙ー天草ー阿蘇ー別府或いは雲仙ー天草ー霧島ー日南を結ぶ新しい国際観光ルートを形成する④天草自体の観光開発を促進するなどが挙げられ十年来の島民の悲願が成就する見通し

発展にも大きな損失となると見られる、このため熊本県道路課では天草の道路網整備に本腰を入れることになり、今年度の調査費として約六十万円を要求している、現在の天草の主要道路でも幅員

「みくに新聞」昭和36年2月3日

瀬戸開閉橋

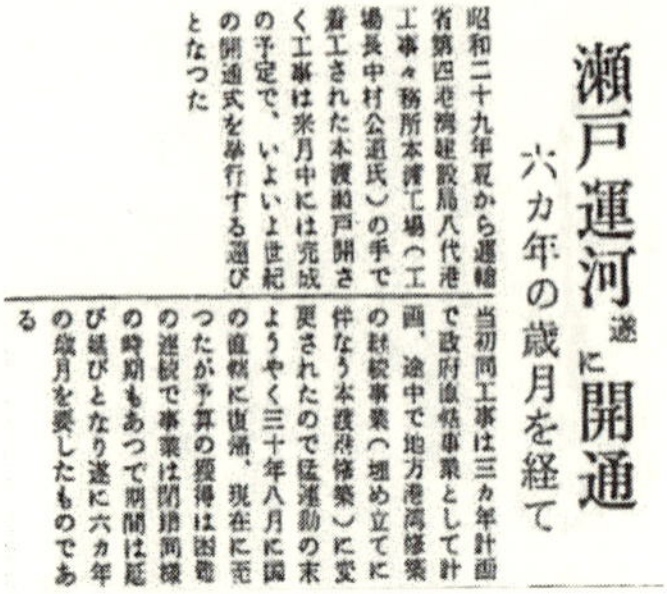

瀬戸運河遂に開通
六ヵ年の歳月を経て

昭和二十九年夏から運輸省第四港湾建設局八代港工事々務所本渡工場（工場長中村公道氏）の手で着工された本渡瀬戸開さく工事は来月中には完成の予定で、いよいよ世紀の開通式を挙行する運びとなつた

当初同工事は三ヵ年計画で政府直轄事業として計画、途中で地方港湾修築の継続事業（埋め立てに伴なう本渡港修築）に変更されたので猛運動の末ようやく三十年八月に国の直轄に復活、現在に至つたが予算の獲得は困難の連続で事業は閉鎖同様の時期もあつて期間は延び延びとなり遂に六ヵ年の歳月を要したものである

「天草民報」昭和36年1月1日

ればバックせねばならない。せめて主要道路は幅員六・五メートルくらいまでに拡張して二台のバスがゆうゆうすれ違われる程度にしたいというのが県の考え。それに経済企画庁では離島関係の国庫補助率を現在の三分の二から四分の三に引き上げたい意向だから、天草の道路に投入される国費も三五年度の約一億円が二割前後増額されるものと思われる。また、架橋が完成すれば他県の離島から「天草は離島でない」との非難をあび、天草の道路の整備にも横槍が入るのでこの際「天草道路整備計画」を立案、地元の協力を得て併行推進する模様である（「みくに新聞」二月三日）。

○二月二七日　**本渡瀬戸運河完成**

本渡瀬戸運河開削工事が七年ぶりに完成した。開削記念碑の除幕式と開通祝賀会が行なわれた。計画どおりの全長三三〇〇メートル、水深三メートル、巾三〇メートルの航路は完全に出来上がり、干潮時で三〇〇トン、満潮時には一〇〇〇トン級の船舶も航行が可能となり、これまで本渡港を起点として上島を一周していた牛深、水俣、御所浦方面への航行は遠まわりの必要がなくなった。同工事の浚渫によって生じた土砂は約三五万平方メートルの埋め立て地が副作用として完成、ぞくぞく市営住宅などが建設されて大本渡市の飛躍に役立っている。

○五月二三日　上京して架橋起工式打ち合わせ

期成会では五月二三日、寺本知事、蓮田県議、森國久龍ヶ岳町長、森大矢野町長、鶴田振興協議会事務局長ら五人が上京、関係当局に強く陳情する事になった。この新しい局面に至った理由としては、先に天皇、皇后両陛下に雲仙山頂で岸道路公団総裁が天草架橋説明を行なった際、今年度着工する事を明らかにしたためである。大久保武雄大蔵政務次官も「天草架橋費初年度の事業費として一億円の予算化を主計局長に命じた」と語った事から、俄かに動きが活発となったもの（「みくに新聞」五月一九日）。

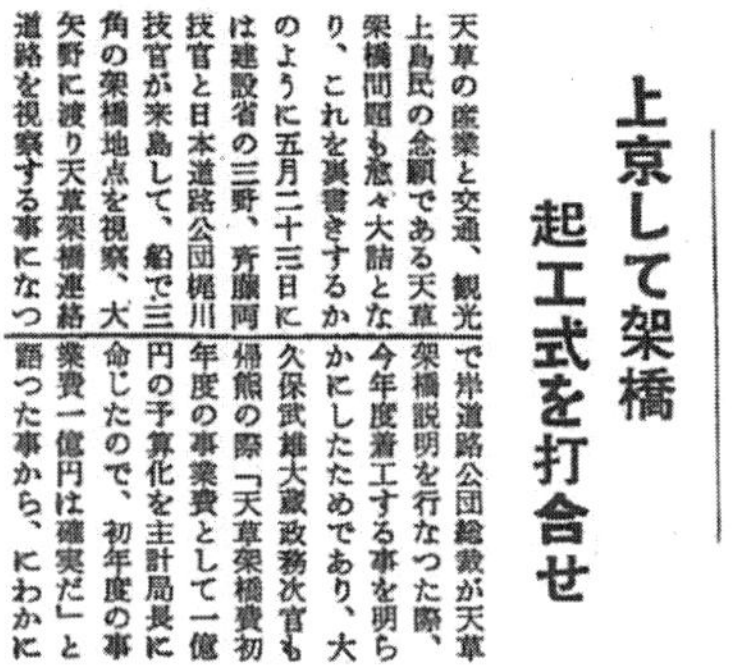

上京して架橋
起工式を打合せ

天草の産業と交通、観光上島民の念願である天草架橋問題も愈々大詰となり、これを裏書きするかのように五月二十三日には建設省の三野、斉藤両技官と日本道路公団梶川技官が来島して、船で三角の架橋地点を視察、大矢野に渡り天草架橋連絡道路を視察する事になっ

で岸道路公団総裁が天草架橋説明を行なった際、今年度着工する事を明らかにしたためであり、大久保武雄大蔵政務次官も帰熊の際「天草架橋費初年度の事業費として一億円の予算化を主計局長に命じたので、初年度の事業費一億円は確実だ」と語った事から、にわかに

「みくに新聞」昭和36年5月19日

○六月二日　天草環状道路貫通

熊本県道路課の計画によると、下島海岸線の環状道路が本年度中に貫通する見通しとなった。来年三月までに完成を予定されているのは天草町大江の軍ヶ浦～崎津間をはじめ、牛深市久玉～深海間、新和町舟津～宮地浦間の三ヵ所でいずれも距離は五キロ程度だが、岩盤が海に迫った難工事のため、未だに道路がなかったもの。これ

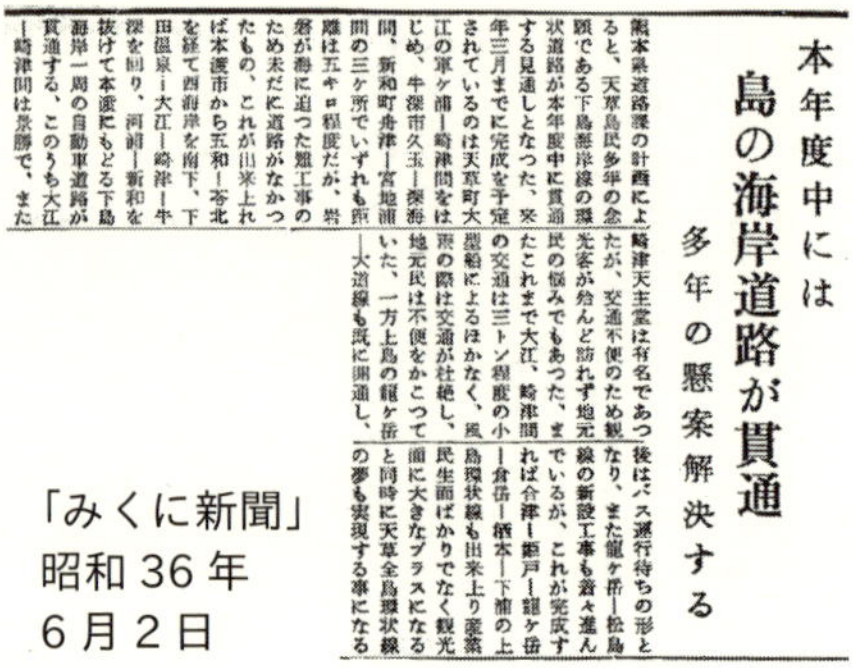

本年度中には
島の海岸道路が貫通
多年の懸案解決する

熊本県道路課の計画によると、天草島民多年の念願である下島海岸線の環状道路が本年度中に貫通する見通しとなった、来年三月までに完成を予定されているのは天草町大江の軍ヶ浦ー崎津間をはじめ、牛深市久玉ー深海間、新和町舟津ー宮地浦間の三ヶ所でいずれも距離は五キロ程度だが、岩礁が海に迫った難工事のため未だに道路がなかつたもの、これが出来上れば本渡市から五和ー苓北を経て西海岸を南下、下田温泉ー大江ー崎津ー牛深を回り、河浦ー新和を抜けて本渡にもどる下島海岸一周の自動車道路が貫通する、このうち大江ー崎津間は景勝で、また崎津天主堂は有名であつたが、交通不便のため観光客が殆んど訪れず地元民の悩みでもあつた、またこれまで大江、崎津間の交通は三トン程度の小型船によるほかなく、風雨の際は交通が杜絶し、地元民は不便をかこつていた、一方上島の龍ヶ岳ー大道線も既に開通し、後はバス運行待ちの形となり、また龍ヶ岳ー松島線の新設工事も着々進んでいるが、これが完成すれば合津ー姫戸ー龍ヶ岳ー倉岳ー栖本ー下浦の上島環状線も出来上り産業民生面ばかりでなく観光面に大きなプラスになると同時に天草全島環状線の夢も実現する事になる

「みくに新聞」
昭和36年
6月2日

が出来上がれば本渡市から五和～苓北を経て西海岸を南下、下田温泉～大江～崎津～牛深を回り、河浦～新和町を抜けて本渡に戻る下島海岸一周自動車道路が貫通する。このうち大江～崎津間は景勝で、また崎津天主堂は有名であったが、交通不便のため観光客が殆ど訪れず地元民の悩みでもあった。

一方、上島の龍ヶ岳～大道線も既に開通し、後はバス運行待ちとなり、龍ヶ岳～松島線の新設工事も着々とすすんでいる。これが完成すれば、合津～姫戸～龍ヶ岳～倉岳～栖本～下浦の上島環状線も出来上がり、産業民生面ばかりでなく観光面に大きなプラスになると同時に天草全体環状線の夢も実現することになる（「みくに新聞」昭和三六年六月二日）。

○六月一一日　國久、熊本市出張中、胃潰瘍による胃穿孔出血、腹膜炎で倒れる　自治病院入院

○六月二六日　國久、熊本市自治病院で死亡　午前四時四五分

「政治の究極の目的は、みんなが平和で豊かな生活を送れる社会を築くこと」を信念に天草を貧困から解放するために奮闘してきた闘士が、天草架橋開通の輝かしい舞台に立つことなく、昭和三六（一九六一）年六月二六日、永眠。享年四八歳。

○七月二六日　國久没後一月　着工決定の報あり

天草郡市民の熱望していた天草架橋が、再発足した池田内閣で本決まりとなりそうで、天草の文化、産業に新紀元を画することとなった。天草架橋期成会は昭和二九年一二月に設立以降、度重なる陳情を繰り返し、二四万島民の努力が期成会設立以来やっと六年六ヶ月振りに結実し、今年度着工、昭和四〇年度完成が確定的となった。これは、七月二六日道路公団から寺本県知事宛電話連絡があったもので、公団では「熊本県が公共事業として一億五五〇〇万円を負担すれば、総工費二六億五五〇〇万円で今年着工する」と通知があった。寺本県知事は直ちに天草選出の県議団と話し合いを行なった結果、熊本県で一億五千五百万円を負担することに話し合いがつき、直ちに寺本県知事は「道路公団の計画を了承した旨」回答したと、蓮田県建設委員長から天草郡町村会に二六日午後二時頃電話連絡があった。なお、目下開会中の七月県議会では県負担の一億五五〇〇万円を了承するものと見られ、今度こそは多年の願望達成疑いなしという朗報である(「みくに新聞」七月二八日)。

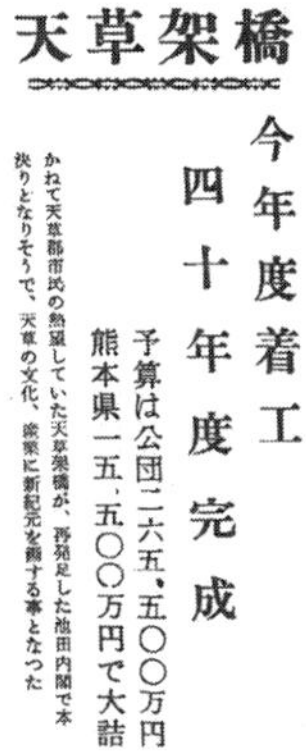
天草架橋
今年度着工
四十年度完成
予算は公団二六五、五〇〇万円
熊本県一五、五〇〇万円で大詰
かねて天草郡市民の熱望していた天草架橋が、再発足した池田内閣で本決りとなりそうで、天草の文化、産業に新紀元を画する事となつた

「みくに新聞」
昭和 36 年 7. 月 26 日

○一一月一七日

中村梅吉建設大臣が園田直代議士と同道、架橋地点を視察して本渡南小学校の歓迎会場に臨み「天草架橋の実現は疑う余地なし」と言明。翌年三月五日、天草架橋の着工が正式決定、続いて二七日には三角町に工事事務所が開設された。

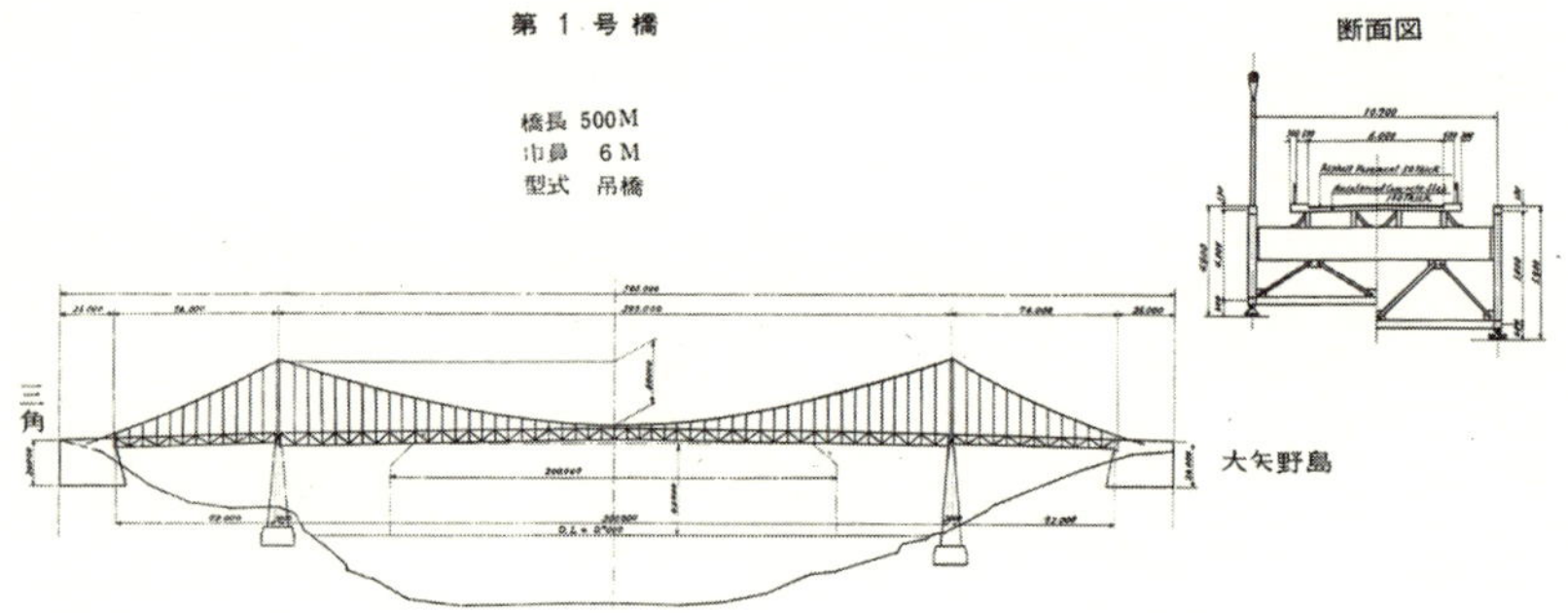

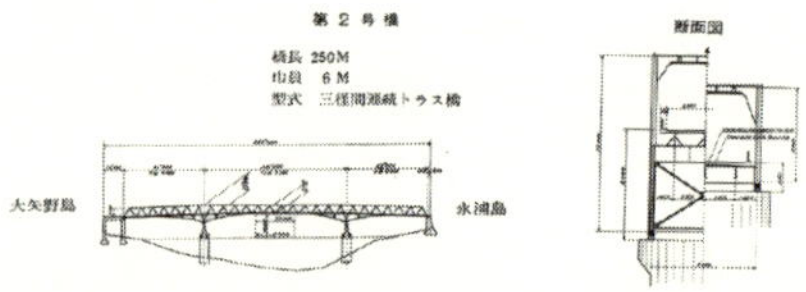

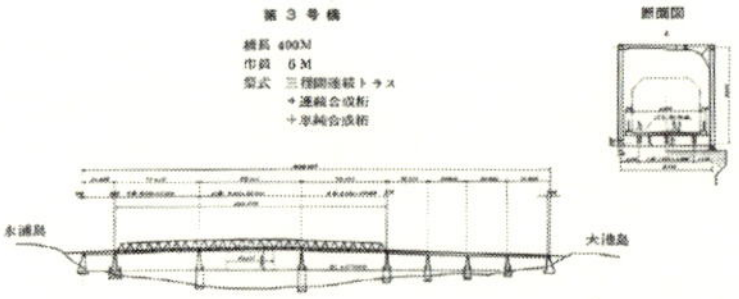

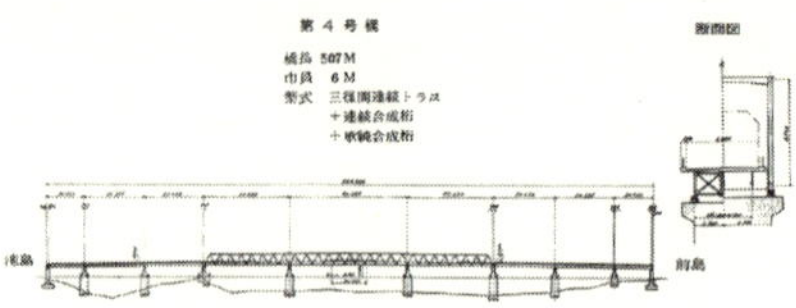

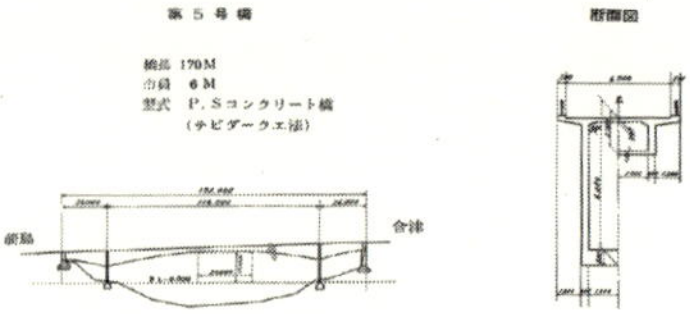

昭和 37 年熊本県発行「天草架橋」より
天草五橋イメージ図と第１号～第５号橋図

●昭和三七（一九六二）年　國久没後一年

○七月四日　天草架橋起工式

夫人、長女出席

高松宮殿下、公団総裁から言葉を賜る

喜びにわく天草　天草架橋起工式

式場は〝鈴なり〟　遺影を胸に森（前龍ヶ岳町長）夫人

天草島民の多年の〝悲願〟はここに実現の第一歩をふみ出し〝夢の架橋〟は四年後に現実のものとなることになった。ところがこの〝よき日〟もあいにくの雨。大雨洪水警報が出て、この日を記念に各種の催しを計画していた大矢野町をはじめ松島町、本渡市はがっかり。起工式場は大矢野登立港近くの松ヶ橋のあき地を、高松宮さまもお出でになるからと町当局が名産陶石でうめ立てて広場をつくっていたが、これも会場変更。しかし港から会場までと松島町、本渡市でも雨の中、宮さまを迎える小中学生が沿道をうめていた。

大矢野島に六〇〇人ものおエラ方を迎えるのはかつてないこと。三角—登立間は貸し切り船三隻が客をのせて行ったり来たり。起工式場は六〇〇人が入ってムシぶろのような暑さ。はいれなかった地元の人たち約三〇〇人はカサをさして、式に参列していた。

喜びにわく天草

天草架橋起工式

式場は〝鈴なり〟

遺影を胸に森（前龍ケ岳町長）夫人

〝天草小唄〟を披露する本渡町婦人

起工式の新聞記事
（「熊本日日新聞」昭和37年7月4日）

起工式場の一隅で、黒いリボンをかけた紳士の遺影をヒザに、終始ハンカチを目にあてていた婦人があった。前天草郡龍ヶ岳町長森國久氏（故人）の未亡人政子さん（四七）だった。森さんは生前、郡町村会長、全国離島振興連絡協議会会長、天草架橋期成会副会長として架橋の中央折衝に献身していたが、昨年六月二六日急死。ちょうどその一周忌が終わったばかりだった。政子さんは同町樋島保育園につとめているが〝主人が元気でいればどんなに喜ぶことでしょう。きっとあの世で式を見ていることと思います〟と遺影を見つめていた。（後略）

（「熊本日日新聞」昭和三七年七月四日）

●昭和四一（一九六六）年

○九月二四日　天草架橋開通

夫人　遺影を持って渡る

森さんの遺影出席　架橋に尽くした元龍ヶ岳町長

大矢野中体育館で開かれた祝賀会に、遺影を抱いた婦人が出席して参会者の目をひいた。この婦人は、天草郡龍ヶ岳町の町長だった故森國久さんの未亡人政子さん（五二）。森町長は、三六年六月二六日に四七歳で死んだが、町長在職中に〃夢のかけ橋〃天草五橋の架橋運動に力を尽くし、架橋決定が決まる三ヵ月前にとつぜん死んだ。政子さんはパレードの最後尾のバスに乗ったため、祝賀会場にはいったのが午後一時すぎ。「せめて祝賀会のはじめから夫に見せたかった」と残念がっていたが「どんなに夫が喜んでいることか……」と涙ぐみながら万歳三唱をしていた。

（「読売新聞」昭和四一年九月二五日）

森さんの遺影出席
架橋に尽くした元竜ヶ岳町長

○…大矢野中体育館で開かれた祝賀会に、遺影を抱いた婦人が出席して参会者の目をひいた。この婦人は、天草郡竜ヶ岳町の町長だった故森国久さんの未亡人政子さん(五二)。森町長は、三十六年六月二十六日に四十七歳で死んだが、町長在職中に〃夢のかけ橋〃天草五橋の架橋運動に力を尽くし、架橋決定が決まる三か月前にとつぜん死んだ。政子さんはパレードの最後尾のバスに乗ったため、祝賀会場にはいったのが午後一時すぎ。「せめて祝賀会のはじめから夫に見せたかった」と残念がっていたが「どんなに夫が喜んでいることか……」と涙ぐみながら万歳三唱をしていた。

夫の遺影を抱いて祝賀会に出席した森政子さん

開通式の記事　遺影を抱く政子
（『読売新聞』昭和 41 年 9 月 25 日）

第四章　提言集

新春を迎えて

天草振興協議会長　森國久

新しい年を迎え二十四万島民の皆さんと共に祝賀申上げます。

思いますに昨年は町村合併の促進、各種団体の統合、国立公園の指定及びこれに伴う計画樹立と促進、天草架橋問題　国調推進、本渡瀬戸開さくの国営移管、又多年懸望の自治会館の建設、離島予算一本化に伴う法律改正等、重要なる問題山積しかも一方地方財政再建第一年の苦しい年でありました。

不敏ながら天草振興協議会の初代会長として、又内閣の離島対策審議会委員として、その責の重さを肝に銘じながら、皆様の献身的協力により今日に及びましたものゝ、この山積する諸重要問題の中に当年、まことに切なるものがあります。

しかしながら、新しい年を迎え覚悟を新にし、情熱を傾け、またあせらず腰をすえ、郡市民の皆様と共に手と手、心と心との融和を信条として、問題解決の年と致したいものであります。然して天草文化の香り高き郷土館（仮称）の建設を提唱して年頭の辞といたします。

「天草新聞」昭和32年1月1日

年頭に当りて

天草振興協議会長　森　国　久

明けましておめでとうございます。郷土天草の島々は美しい、この天然の資源の上に薫り高い文化的な観光施設をと念願するわたしは、わたしらしい新年の夢を描いてみました。この夢は実現可能であり、郷土を愛する皆様と御一緒に考えたいものとあえて提唱する次第です

一、離島振興事業　もう天草架橋は現実のものですが離島振興法についても旧ろう上京して新年度予算の増額運動を行いましたが、昭和三十三年度より四億円増加して全国々費二十四億円が第一次査定をパスし、とくに港湾、漁港、道路予算は伸張し本土なみの予算になりました、また運輸省関係で旅客船公社が認許されて政府出資五億円で離島航路の整備が着手されようとしており、離島の後進性は徐々に解消されようとしています

二、郷土館の建設　キリシタン殉教の島である天草には祖先の遺された文化財が沢山あると思いますが、ほとんど死蔵されていることは惜しいことです、各方面の協力を得て何とか保存するようにしたいものです

三、植物園の造成　亜熱帯植物の育つ島であり地域によってはバナナも実る気候です

四、水族館の建設　東京の上野公園には海水の水族館があります、四面海に囲まれた天草島に水族館のないことは淋しいきわみです、天草では熱帯魚の飼育も簡単だと思います

五、体育館の建設　野球場プールの設置とともに郷土スポーツ振興の上から早急に実現すべきです

六、ホテル、娯楽施設の増設　外国観光団の来島に備えとくに天草架橋完成後の観光客激増に対応して特別の配慮が望まれます

天草を日本の天草に飛躍させるためわたし達の手で着手出来るこれらの理想を一日も早く実現して置きたいものです、ここに郷土を愛し郷土を愛する為のわたしの私見を披瀝し、あわせて年頭の御挨拶といたします

「みくに新聞」昭和34年1月1日

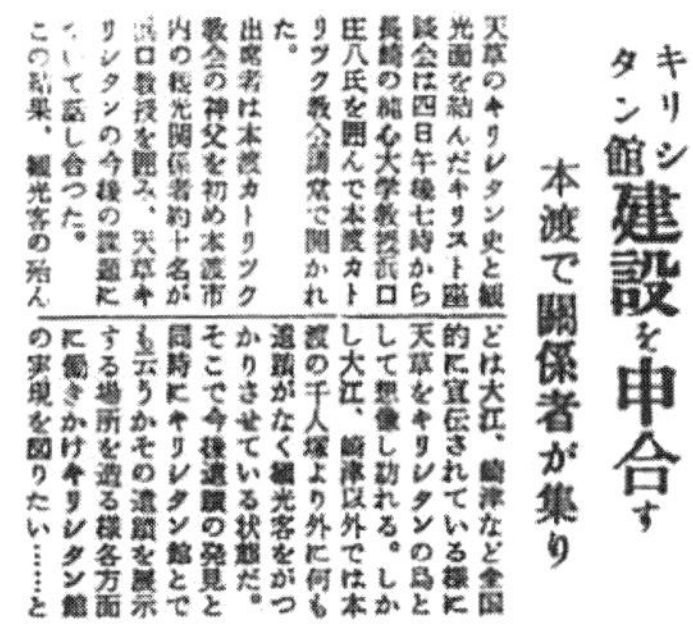

キリシタン館建設を申合す
本渡で関係者が集り

天草のキリレタン史と観光面を結んだキリスト協議会は四日午後七時から長崎の純心大学教授浜口庄八氏を囲んで本渡カトリツク教会講堂で開かれた。

出席者は本渡カトリツク教会の神父を初め本渡市内の観光関係者約十名が浜口教授を囲み、天草キリシタンの今後の課題について話し合つた。

この結果，観光客の殆んどは大江、崎津など全国的に宣伝されている様に天草をキリレタンの島として想像し訪れる。しかし大江、崎津以外では本渡の千人塚より外に何も遺蹟がなく観光客をがつかりさせている状態だ。そこで今後遺蹟の発見と同時にキリレタン館とでも云うかその遺蹟を展示する場所を造る様各方面に働きかけキリレタン館の実現を図りたい……と

「天草新聞」昭和33年5月7日

崎津天主堂（天草宝島観光協会提供）

國久は『みくに新聞』『天草新報』『天草新聞』などの地域紙に、天草の将来構想及び架橋実現運動の展望など、確信に満ちた提言を数多く残している。

現在、天草のキリシタン遺跡が世界遺産の候補に上げられようとしているが、國久は、昭和三〇年代初頭、遺跡の散逸を防ぎ、保存するため郷土資料館建設を二度にわたり提言している（旧天草キリシタン館の資料研究などは、妻・政子の弟で熊本学園大学教授であった故・牛島盛光の協力があった）。

また、「交通第一」と「道路舗装計画」の提言は、観光立島天草の基盤を作っている。「天草特別市制構想」が実現していれば、熊本県第二の市の誕生であり、天草の歴史は大きく変わっていたものと思われる。そして中国はじめアジアへの玄関口「天草」も確実なものとなっていたであろう。

五〇年前に、現代に続く構想を既に実行しようとしていた。

「一〇〇年先を見据えた人」「あと一〇年の命を与えて欲しかった」と言われたことばを改めて確信した。

年頭の挨拶などから、その一部を紹介したい。

一　施政方針演説などに見る提言

◆昭和三三年　年頭の辞

村民の皆様、明けましておめでとうございます。

昭和三三年の新春を迎えまして、心からお祝い申し上げます。龍ヶ岳村も合併後四度目の正月を迎えることになります。合併以来、皆様方の絶大なるご協力とたゆまざるご努力とにより新村龍ヶ岳村が、今日の如く出来上がりましたことは皆様方と共にお慶び申し上げます。

更に今日まで色々の行事や建設事業などに対しまして、その都度皆様方の心暖まるご指導と御援助を賜りましたことを深く感謝申し上げます。

今年は永年のろう習を改めて、新正月をすることになりましたが、今までのしきたりや仕事の都合などで、何かとご不自由な点もあったことと存じますが、時代は日に新たに、月と共に進み、どこの町も村も新正月一本となっておりますので、本村でも新しい道に促して、常に時代の波に乗って躍進したいものと思いまして、新正月の一本化をお願いしたいものです。

今年はまた、新市町村建設ならびに農山漁村振興などの法令に基づきまして産業振興、すなわち村民皆様の暮らし向きのよくなることを念願して、産業の向上を図ることに大いに力を尽くしたいと思っております。

更に一般事業として村内道路の改良や舗装工事及び交通事業並びに社会福祉事業として保育園や養老院の建設計画を致しております。

また金融面では引き続き国民金融公庫の導入や小口融資などの資金の斡旋に努力し、皆様方のお仕事上にいくらかの役に立てたいと存じております。

更に有線放送や広報などにより村政の内容や村予算の執行状況など、出来るだけくわしく知って戴き、もっともっと明るい村を造りたいと念願致しておりますが、色々お気付きの点や手落ちの所はご遠慮なくご指摘下さいまして、今後共なお一層のご協力と御援助をお願い申し上げます。

一年の計は元旦にありと申しますが、お互いに今年こそは今年こそはと来る年来る年を迎えながら中々思うようにならないのが世の常でございますが、今年こそは本当に最良の年でありますようにお互いに頑張りたいと願うものであります。なおまだ、全国的に悪性の感冒が流行致しておりますので、お体に充分ご注意下さいまして、明るいお正月を迎えられますと共に、本年もまた一層お元気でお働きのことをお祈り致します。

（昭和三三年一月）

◆お別れ村会での演説

昭和二九年八月二日、初村会を招集致して、爾来三五回の村会を開いて参ったわけであります。これはどこの村よりも、どこの町よりも村会招集は非常に多かったということは、皆さんとともににそれぞれ村政の審議を熱心にやって参ったと、自信を持っているわけです。

新村発足そうそう高戸に火災がございまして、樋島また高戸、大道と火災に対する村民の気持ちが不安でございましたので、皆さんの御承諾を得、合併計画で六台の消防ポンプでございましたけれども、九台を設置、爾来幸いにして火災が起こらなかったことは皆さん方と共に御同慶に堪えない。

これらポンプの購入で赤字を出したが、議会の承認を得て再建の努力をやった。特に議会の皆さん方におきましては自分の歳費を自ら下げ、あるいはまた、三役がこれに習い、また職員もベースアップを一つすると、そのような措置をして努力致しました結果、また村民も非常に税の納入について自覚を載いて一年足らずで一応の数字を見た。ところが三一年度において大災害を受け、非常に苦しんだ。

特に議会の御努力により赤字を解消し、あるいは災害を防止するなど、全く村民は皆さんに感謝申上げていると疑わないわけであります。また本年度の決算は法の一部改正により積立するような方式になるので、赤字を出さない程度な黒字が出る見込みであります。災害復旧は若干道路並びに漁港が残っているが、近く着工する運びになっており、一応本年度におきまして殆んどこれを完了するような域に達しておりますので、議会の皆さんと共に、私達の責任を果たすことの出来たことを非常に喜んでいるわけでございます。


（昭和三三年六月二三日）

◆森国久村長施政方針説明（昭和三三年八月六日）村長二期目

ここに、村民の代表機関である議会が設立致しましたことは非常に喜ばしいことで、いよいよ本日からこの議会が村民の代表機関として村民の付託に応ゆるであろうことを信じて止まない次第でございます。

御承知の通り、執行機関と申しますのは村長でございまして、議決機関と申しますのは、二二名からなる議会、皆さんでございます。これは、どちらが上か、どちらが下かという問題ではなく、それぞれ村のために、村民の福利増進のために、相牽制し相協力して行く機関でございます。いやしくも執行機関たる村長が議決機関側をおかすようなことがあってもなりませんし、また、議決機関が村長の執行を妨害したり、或いはおかすことは地方自治法上からも認められていないところでございます。

ともあれ相共に目的は一つであっても、それぞれ独立した機関であることは申すまでもないことであります。従って車の両輪でございまして、村民は執行機関である村長と議決機関である二二名の皆さんに、それぞれ政治を委託した訳でございます。従って私達は村民のために、また村のためということになるのであります。

意見の調整、或いは意見の交換、それぞれの立場において、その目的に邁進するであろうことは申すまでもないことでございます。

（「龍ヶ岳広報」昭和三三年八月）

樋島灯台（昭和 34 年 1 月竣工）

◆『樋島灯台竣工の記事』より

一万村民の待望久しくした樋島灯台は一月一九日竣工し、灯入れ式が行なわれた。樋島の瀬戸、岩口鼻の黒ずんだ地礁に科学の粋を集めた紅色の灯台は高さ一〇メーター、三秒点滅の紅灯を放つ標識距離一一マイル（約五里）、一四〇〇燭光の威力を持っている。この日数年ぶりの積雪に龍ヶ岳は白一色、新しい産声をあげた新名所に絶景を添えてひときわ聳え立っていた。村民はもとより、わけて船舶業、漁家の喜びはことに深く名代の難所と怖れられた樋島の瀬戸も昔語りとなった。

こんな喜ばしいことはない。村に明るい灯が射し込む。機帆船や漁船がどれだけ助かるかわからない。

「総てことは成るの日に成るのでなくて、それ以前の用意と慎重な計画が実を結ぶのだといえる」。灯台は本夕を期し将来に向かってその紅灯を放ち、多くの人の心の灯ともなるであろう。

（「龍ヶ岳広報」昭和三四年二月一日）

「自由なる貿易」「自由なる漁業」

◆「入船出船の龍ケ岳」

二四万郡市民の今年の夢は、なんと言ってもその最たるものは〝夢の架橋〟でありましょう。その架橋……を一べつの内に、阿村～姫戸と上島西海岸の白亜の山々を□り車を買ってばく進すれば、名山龍ヶ岳のあるところ、夢多きわが龍ヶ岳村があります。

合併発足、初の新春を迎え、一万村民のふくらむ夢は……樋島、高戸、大道の旧三村のうち樋島はそのまた離れ島で、大道、高戸は山を絶した陸の独島であり、バスはおろか自動車の通らない村は、この村以外にありますまい……とあきらめていた過去はともかく、一万村民のこの道路貫通の夢は単なる夢でなく、うつつのきびしい叫びとして、その実現を迫るであリましょうし、これこそ合併の□願であり、今年こそと思うこと、また切なるものがあるのです。

敗戦日本からようやく独立日本の夢は「自由なる貿易」「自由なる漁業」でありましょう。戦前、遠く大連、青島、また朝鮮へとポンポン汽帆船に、漁船に、行き帰った樋島、高戸、大道。それは、今はリ・ラインとやらで昔夢……だが今年こそ、夢よもう一度と入船出船のポンポン船、鯖はねつり船の大漁旗を見る日来れと願うものであります。

（『天草新聞』昭和三〇年一月一日）

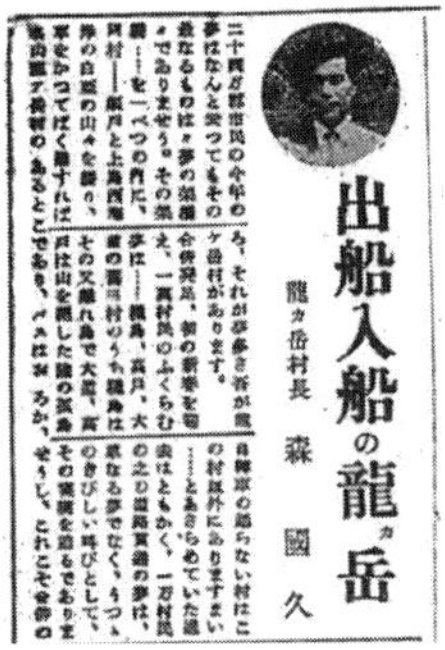

出船入船の龍ヶ岳

龍ヶ岳村長　森 國久

「天草新聞」
昭和 30 年 1 月 1 日

◆昭和三六年、新年の課題

◎「産業開発研究会の設立が必要」（今でいうとシンクタンクのことか）産業振興経済研究団体の設立が急務ですね。どのように考えるかではなくて、どういう風に現実に打ち出すかの問題です。各会社、組合、協会が一体になり、町経済を研究診断しあってこれを推進する。恒久的、常設の総合産業経済研究会を持つことに致したい。
◎課題は龍ヶ岳観光五ヵ年計画の確立と実施ですね。その骨子は上天草環状県道の完工とともに国民宿舎の誘致設置、田の浦航路船の就航、並びに国立公園龍ヶ岳登山道路の開発促進などを行ない、観光龍ヶ岳をクローズアップし、本格的な観光立町の基礎を作りたいと思います。
◎町内の機帆船や漁船が朝鮮に中共に自由に貿易や漁業ができる日の一日も早いことを祈っている。それを実現するため、まず南鮮の大統領と話をつけたいものだ。
◎夢を語るとすれば、町保有二五〇隻の機帆船や漁船が中共、朝鮮貨物輸送に乗り出し、広く海をこえて中共沖に出漁することだろう。

（「龍ヶ岳広報」昭和三六年一月）

◆昭和三六年龍ヶ岳町予算についての施政方針演説

森國久龍ヶ岳町長は日米安保条約改訂を強行した岸内閣を継いだ池田勇人内閣の高度経済成長政策の幕開けを予測し、それに対応した予算を作成した。当時、天草島内では本渡市に次ぐ予算額であった。町議会の予算案の町長提案説明から。

※「三六年度予算一億二〇〇〇万円、投資的経費は五七％」

本議会で審議していただきたい昭和三六年度の町予算の総額は一億二一八九万五四〇〇円でございます。これは一般会計と簡易水道、国民健康保険、農業共済などの特別会計を加えた数字でございまして、この予算に盛られた金額により、今年の町の切り盛り、いわば方向やいろいろな事業が執行されるわけです。これで町勢発展が基礎づけられ、同時に私達の台所に直接間接にひびく暮らしのあり方が左右されて参ります。

本年度町予算は他町村に見られない巨額な予算となりました。要は日進月歩の時流に遅れてはならないこと。即ち経済界の一大変革時代に直面して、取り残されてはならないと考えるからです。そこで、重点を投資的な経費に注ぎ、町民一人々々のご協力をご期待申し上げ、本予算を土台としてさらに格段の飛躍的発展を図りたい所存であります。

より豊かな町を目指し、住民の幸せのために昨日よりは今日と前進する龍ヶ岳を建設したい存念を御了解ください。

視察に訪れた寺本知事を案内する國久
（中央が知事、右端が國久。昭和 36 年 5 月）

◆昭和三六年新春のことば

一万町民の皆様、明けましておめでとうございます。ここに新春を迎えるにあたりまして町民皆様の一人一人が健やかにして、お幸せでありますように心からお祈り申し上げます。

昭和二九年、龍ヶ岳村が誕生し、昭和三四年四月一日、町制が施行されましたが、この間七ヵ年にわたり引き続き不肖である私にご鞭撻とご協力を賜り、町政執行の大任に当たらせていただきまして衷心から感激いたすところでございます。

政治の眼目とするところは、皆様の暮らしが『より豊かな』平穏にして『より安全な生活』を、総ての皆様が『いついつまでも』楽しんでいただくことが理想であり、これが政治の姿だと深く信じてやみません。

この理想とこのおもいを「政治の心」として町政諸般の計画を図り、町民皆様方のご協力によりまして、文字通り実を結び発展、龍ヶ岳町の今日が実現いたそうとしています。顧みまするに本町の場合、基礎的なものとして道路、港湾、漁港、通信、文化などの立地条件は、ようやく地ならし的なものを終えて一応、形造られつつあります。

そこで、新年とともに、その上に立つ産業、すなわち商工、水産、農林業、或いは運送船業、並びに観光などの各般にわたって、実際地域に即応した産業振興五ヵ年計画を立案し、これを強力に推進したいと考えています。町自体としての産業経済の伸長度は都会に比較すれば幾分格差こそあれ、町内皆様方の真摯な努力によりまして、現実においてかなりの成長が認められているところでございます。

また、文化的な、或いは福祉、防貧対策におきましても具体的な産業振興五ヵ年計画とあいまって町自体の福祉方策を整備し、かつ社会教育の充実をはかり、物心両面にわたり努力を傾けたい所存でございます。かくして「より豊かな」「より倖せな」しかも平穏にして安全、健康で明るい町づくりのために、懸命の努力をお誓い申し上げ、町民皆様のご協力、ご理解を衷心からお願いいたしまして平和と繁栄の年、昭和三六年元旦のことばといたします。

二　天草振興・架橋実現にむけた提言

離島振興法指定に坐して手をこまねくな！
自らの郷土は自らの意欲で　町村相互の和と共同意識を

◆「離島天草振興の諸問題」

一、全国三〇〇〇有余の島々―さらに離島振興法の適用条件のワク内の三三島中から、こんど天草を含む一二島が指定を受けたことはまさに歴史的な事実であり、この運動に携わって来た者として強い感動を覚えざるを得ませんでした。しかしてすでに今日は天草が指定されるまでの経緯、過程、曲節を今さら云々するよりも天草をいかに「計画振興」させるかの諸問題と取っ組まねばならぬ時機に立ち到ったことを知らねばなりません。

二、どの港を、どの道路をどうするということも重大ですが、ここでは根本的問題といいますか、計画振興を運営してゆく上における理念といったものを取り上げてみたいものです。まず第一に、振興法の適用を受けたのだから、座して手をこまねいて「振興待つものあり」とする考え方がもし郡民の間にありとするならば、法の指定で郷土発展一〇〇年の計を毒すること夥しいといわねばなりません。自らの郷土を自ら振興させる逞しい意欲の基礎の上に立って手を引き、腰を押し上げてこそ、やがて道は拓け花は咲き、実も結ぶでありましょう。

三、第二は、法の適用によって当然起こって来る本年度からの県費及び町村費の節減余裕に伴なう

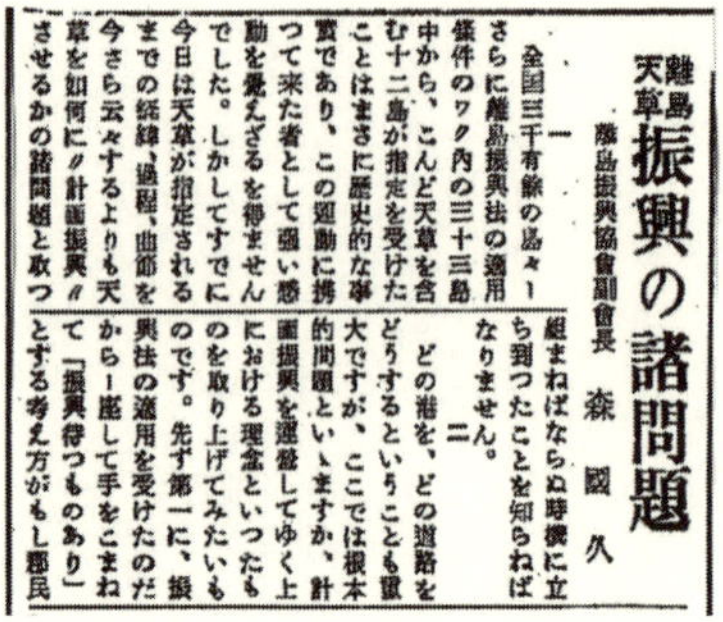
離島天草 振興の諸問題

離島振興協會副會長 森國久

一

全国三千有餘の島々ーさらに離島振興法の適用條件のワク内の三十三島中から、こんど天草を含む十二島が指定を受けたことはまさに歴史的な事實であり、この運動に携つて来た者として強い感動を覚えざるを得ませんでした。しかしてすでに今日は天草が指定されるまでの経緯、過程、曲節を今さら云々するよりも天草を如何に〃計画振興〃させるかの諸問題と取つ組まねばならぬ時機に立ち到つたことを知らねばなりません。

二

どの港を、どの道路をどうするということも重大ですが、ここでは根本的問題といゝますか、計画振興を運營してゆく上における理念といつたものを取り上げてみたいものです。先ず第一に、振興法の適用を受けたのだから一應して手をこまねて「振興待つものあり」とする考え方がもし郡民

「天草民報」昭和 29 年 11 月 15 日

問題であります。国費といい、県町村費と申しましても同じ流れの「国民」という源から滲む思いで流れ出る税金であります。離島振興法の国費補助によって浮いた町村費を不時の収入があったかのように軽くあしらい、町村の振興、町村民の福祉増進にその節減余裕金を振り向けなかったら、その町村の理事者は国民の名においてその非を厳しく指摘されなければなりますまい。

四、第三に、離島振興協会運営の問題であります。従来、本郡の振興発展を目的として天草総合開発協会がありましたが、半年前、知事を会長とする「熊本県離島振興協会」の発足により発展解消を遂げたもので、総合開発協会が過去三年間に培養して来た地力、すなわち親木に接木された協会という関係において発足したのであります。本協会は町村の共同振興連合体であり、「和を第一とする」原則に基く協会である以上、今後はこの原則を忘れて運営されることがあってはならないのであります。

五、今日までの歩みには種々の問題もあり、内面的な波瀾もあったのですが、それにこだわることは郡の振興策を誤る以外の何物でもないのでありまして、今後、天草の振興計画を樹立するにあたっては大局に目をおおうことなく町村相互の和を図るとともに、共同意識を高め、率直にそれぞれの力をだし合い、郷土一〇年の計画を問題とすべきでありましょう。協会理事者の一人とし

て自ら責め省みるゆえんであります。

指定の後に来る根本的諸問題を取上げたものの、意尽さざるをおわびし、今後の協会運営に対し郡民各位の建設的批判と御鞭撻をお願いいたします。

（「天草民報」昭和二八年一一月一五日）

◆「島民のものとして」

「瀬戸開鑿」と「天草架橋」の問題は、離島天草が始まって以来の最大かつ根本的な課題として二四万郡市民の心を揺り動かしている。離島振興は天草が離島でなくなることが最終目的であるとすれば、天草架橋の解決はその最終目的を一挙に解決せんとすることになる。従来、天草の諸問題はややともすればいわゆる政治家たちが、或いは行政官庁など一部の者の問題として郡市民の関知せざるところであったが、こんどこそ二四万郡市民のものとして解決しなくてはならない。

事業費一五億という金は並み大抵のものではないけれども、国の予算一兆円に較ぶれば一厘五毛にすぎない。

（「天草民報」昭和三〇年一月一日）

※本渡瀬戸とは、熊本県の南西部に位置する天草諸島の上島と下島に挟まれた幅のせまい海峡である。この瀬戸は、有明海（島原湾）と八代海（不知火海）の間を延長約五キロメートルで結び、古くから長崎県や有明海沿岸から八代海沿岸及び鹿児島県へ至る海上の最短ルートとして、経済

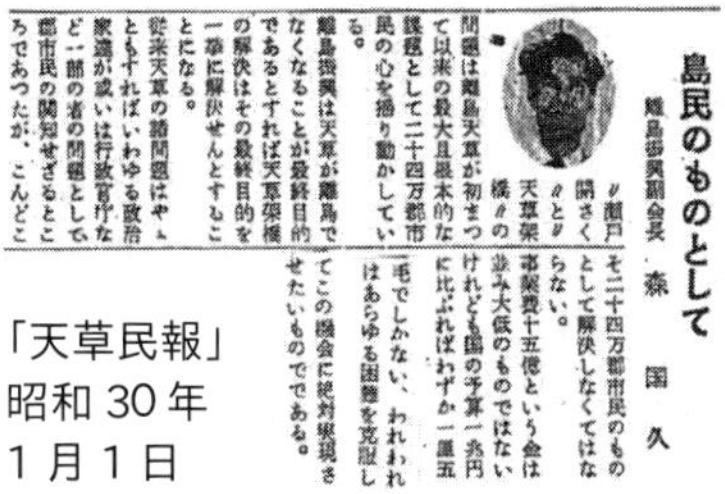

島民のものとして

離島振興副会長　森　国久

〃瀬戸開さく〃と〃天草架橋〃の問題は離島天草が初まつて以来の最大且根本的な課題として二十四万郡市民の心を揺り動かしている。

離島振興は天草が離島でなくなることが最終目的であるとすれば天草架橋の解決はその最終目的を一挙に解決せんとすることになる。

従来天草の諸問題はやゝともすればいわゆる政治家達が或いは行政官庁など一部の者の問題として郡市民の関知せざるところであつたが、こんどこそ二十四万郡市民のものとして解決しなくてはならない。

事業費十五億という金は並み大抵のものではないけれども国の予算一兆円に比ぶればわずか一厘五毛でしかない、われわれはあらゆる困難を克服してこの機会に絶対実現させたいものである。

「天草民報」昭和30年1月1日

全国離島青年会議　最前列中央が國久、右端が宮本氏、左から２人目が山階氏（写真提供＝全国離島振興協議会）

的にも、また観光的にも重要な役割を果たしてきた。しかし、干潮時になると最も浅い場所では歩いて渡ることも可能なほど浅く、船の航路としては大変不便だったため、地元町村会による瀬戸開削期成会の陳情により昭和三〇年度から国の事業として航路整備（水深三・〇メートル、幅員三〇メートル）を開始し、昭和三六（一九六一）年三月に完成した。

◆「離島復興の土台」

末端の一村長として離島復興に如何にあるべきか一言したい。

運輸省に対し、離島航路の問題で、公共性と営利性会社の利益保護とどちらが大事なんだと詰めよったところ、現行法の下では両方だといわれた。離島航路の公共性について運輸省の考え方を変えさせるようにしていきたい。町村としても離島復興に努力してきたし、これまでわれわれはが積み重ねた予算はどえらいものである。私は昭和二六（一九五一）年、村長に就任してから、青年団とともに道路の舗装に努力してきた。セメントを買って青年団に渡すと盆や祭に出稼ぎから帰ってきた者も、舗装工事をする。今、五ヵ年計画を完成したところである。また簡易水道も毎年工事を続けているが、県が四分の一の負担を持ってくれないので、各部落では金とか麦などで貯金をしたりして工事をやっている。このように地道な努力を

続ける青年の力こそが、離島復興の土台なのである。（昭和三〇年一一月、第一回全国離島青年会議「会議録」から）

（宮本常一『離島論集別巻』より）

離島予算一本化へ

◆「新春を迎えて　夢の架橋や国道問題など」

新しい年を迎え、二四万島民の皆さんとともに祝賀申し上げます。

思いますに、昨年は町村合併の促進、各種団体の統合、国立公園の指定、及びこれに伴う計画樹立と促進、天草架橋問題、国道指定、本渡瀬戸開削の国営移管、また多年要望の自治会館の建設、離島予算一本化に伴う法律改正など、重要なる問題山積、しかも一方、地方再建第一年の苦しい年でありました。

不敏ながら天草振興協議会の初代会長として、また内閣の離島対策審議会委員として、その責の重さを肝に銘じながら、皆様の御鞭撻・御力添えにより今日に及びましたものの、この山積みする諸重要問題の中に苦闘、まことに切なるものがあります。

しかしながら、新しい年を迎え、覚悟を新たにし、情熱を傾け、またあせらず腰を据え、郡市民の皆様とともに手と手、心と心との融和を信条として、問題解決の年と致したいものであります。しかして天草文化の香り高き郷土館（仮称）の建設を提唱して年頭の辞といたします。

（「天草新聞」昭和三二年一月一日）

天草郡組織改革へ

◆「〇〇町村会長に望む」

〇〇さん、今度あなたが町村会長に就任されたことは、さきの選挙で前会長の吉田さんが代議士になられたことともに、最近の大きな慶びだと思っています。

吉田さんと、あなたを比較対照しようとは思いませんが、要領を得んようで、得ている点は、よく似ておられるようです。新会長になられたあなたの識見手腕を高く評価する□□は、今更申しません。率直に言うならば町村会長としてのあなたに大きな期待をもつものではありません。ただ誰でも心易すげに、苦情が言える人柄として、至極適役だと言えましょう。失言でしょうか……。

〇〇さん、あなたも御存知の通り、今日町村の宿題は山と積まれ、その難解の宿題は直接に、再建日本の宿題であり、健全な町村の確立が、日本再建の土台であると思うのです。それであるのに、今日の現状は一〇幾つかの国家機関、或いは公共団体、名種協会、何々委員会が我々町村の上に支配者の如く……「調査を要求し」「負担金を割当て」「寄付を強要」している。上意下達の便利所であり、いろいろの寄付は万事引き請けますというのが、最近の町村会で「町村に自治ありや」の感を深くしておるのは、私ばかりではないと思います。

しかし、町村は財政がお上に依存するため、これ□□うに堪えぬ重荷を負うて、坂を登って行き、そしてその峠は遠く、喘ぎつつ足下を見る余裕すら有りません。善良なこの「町村という名の羊」は斃れるまでは歩き続けるでしょうが……危ない哉……町村と申したいところです。その町村を代表する「町村会」に生き生きとした足取りと、活動を期待するのは無理でしょうか。神経が大様なあなたも感じておられることでしょうが、町村会長や副会長が一人五役六役を持ち、総会や委員会を運営してきたことは、会員の大きな不満であったことです。

また一方、政党派閥の対立が、町村会の上に濃さを増して行くのでは……と……感ずることです。

○○さん、私たちは町村会が「票決機関」でも「執行機関」でもなく、協同の利益のため協議し、協同事務を処理し、町村自治振興に寄与する会であるということを、この際、再確認する必要があるとお思いになりませんか。私は「町村会」を寄付万事引請け所、と申しましたが、○○さん、郷土の開発、文化、産業の振興発展を図るのは、町村会の大きな役割ですから、このことに吝であってはならないし、決して近視眼的でなく、町村財政の上から、よくその均衡を考えて……採るものは採り、捨るものは捨てて下さい。○○さん、日本再建は浮かれ女に似て様々の媚態とペンキ塗りの繁栄に酔い痴れている都市には出来ぬことで、日本を「まもる心」は町村です。町村は日本の故郷でもあり、また町村は自治の主軸でもあります。私たちは案外慢性に惰しているけれど「町村会」に対する郡民の期待は大きく、町村自体も町村会を拠り所としたいのでありましょう。従来のように暴言と御座なりを止め、町村会の運営を賜りたいのは会員総ての思いであります。○○会長さん頼みます。いろいろと苦情を申しましたが御許し下さい。

（「みくに新聞」昭和二八年五月二〇日）

◆「年頭のことば」(抜粋)

道路公団の首脳部は、「橋は公団で」「道路は建設省で」との基本線を打ち出している。二者択一、天草と県、地方と中央との政治連結など呼吸が合った時、その時が着工の潮時である。そしてまた、二級国道問題を解決することも問題の鍵である。ボーリングの槌音を今年こそと願う。

(「天草民報」昭和三三年一月)

観光政策、観光立島の提言

◆「年頭にあたり」

明けましておめでとうございます。郷土天草の島々は美しい。この天然の資源の上に薫り高い文化的な観光施設をと念願するわたしは、私らしい新年の夢を描いてみました。この夢は実現可能であり、郷土を愛する皆様とご一緒に考えたいものとあえて提唱する次第です。

一、離島振興事業　もう天草架橋は現実のものです。離島振興法についても旧ろう上京して新年度予算の増額運動を行ないましたが、昭和三三度より四億円増加して、全国国費二四億円が第一次査定をパスし、とくに港湾、漁港、道路予算は伸張し、本土並みの予算になりました。

二、郷土館の建設　キリシタン殉教の島である天草には祖先の遺された文化財がたくさんあると思いますが、ほとんど死蔵されていることは惜しいことです。各方面の協力を得てなんとか保管するようにしたいものです。

三、植物園の造成　亜熱帯植物の育つ島であり、地域によってはバナナも実る気候です。
四、水族館の建設　東京の上野公園には海水の水族館があります。四面海に囲まれた天草島に水族館のないことは淋しいきわみです。天草では熱帯魚の飼育も簡単だと思います。
五、体育館の建設　野球場、プールの設置とともに郷土スポーツ振興の上から早急に実現すべきです。
六、ホテル・娯楽施設の増設　外国観光団の来島に備え、特に天草架橋完成後の観光客激増に対応して特別の配慮が望まれます。天草を日本の天草に飛躍させるため、わたしたちの手で着手できるこれらの理想を一日も早く実現しておきたいものです。ここに、郷土を愛し、郷土を愛するためのわたしの私見を披瀝し、あわせて年頭のご挨拶といたします。

（「みくに新聞」昭和三四年一月一日）

公共交通のありかた

◆「新年のことば／望ましいこと」

一、天草は一体でありたい。二市一三ヵ町村を含め「天草」と考えてほしいものだ。市が偉くなったのでもなく町村が格下げになったのでもない。天草は天草でありたい。
二、民意がゆがめられない選挙でありたい。そして、せめて警察と新聞だけは選挙を正しく眺めて欲しい。申すまでもなく中正であってほしいのである。

三、天草における産交バスは島民の唯一の足である。そして独占企業である。産交は営利企業であろうが公共性も忘れないで……早くバスを通して下さい。

（「天草民報」昭和三四年一月一日）

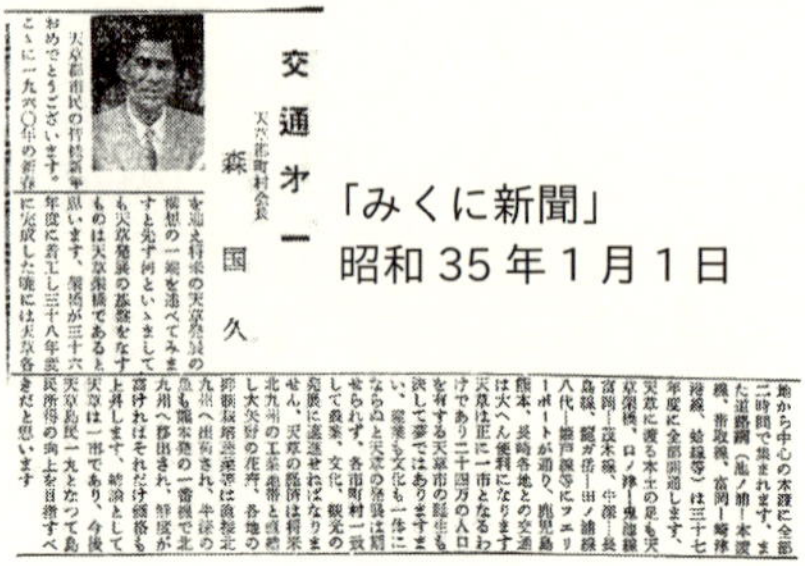
交通才一
天草郡町村会長　森国久

「みくに新聞」
昭和35年1月1日

道路網の全土開通　天草は一市に

◆「交通第一」

天草郡市民の皆様、新年おめでとうございます。

ここに一九六〇年の新春を迎え、将来の天草発展の構想の一端を述べてみますと、まず何といいましても天草発展の基盤をなすものは天草架橋であると思います。架橋が三六年度に着工し、三八年度に完成した暁には天草各地から中心の本渡に全部二時間で集まれます。

また道路網（池の浦―本渡線、帯取線、富岡―崎津港線、蛤線など）は三七年度に全部開通します。天草に渡る本土の足も天草架橋、ロノ津―鬼池線、富岡―茂木線、牛深―長島線、龍ヶ岳―田ノ浦線、八代―姫戸線などにフェリーボートが通り、鹿児島、熊本、長崎各地との交通は大変便利になります。天草は正に一市となるわけであり、二四万の人口を有する天草市の誕生も決して夢ではありますまい。産業も文化も一体にならぬと天草の発展は期せられず、各市町村一致して農業、文化、観光の発展に邁進せねばなりません。天草の経済は将来、北九州の工業地帯と直結し、大矢野の花卉、各地の抑制栽培・蔬菜などは直接北九州へ出荷され、牛深の魚も熊本発の一番機で北九州へ移出され、鮮度が高ければそれだけ価格も上昇します。結論として天草は一市であり、今後、天草島民一丸となって島民所得の向上を目指すべきだと思います。

（「みくに新聞」昭和三五年新春挨拶）

観光すなわち道路

◆「道路舗装一〇年計画」

吉見先生[注1]、お変わりありませんか。天草国立公園の産みの親である下村先生[注2]が逝かれて、満三ヵ年になります。また、郷土天草が待望の国立公園に指定されてから早くも四年になります。真に感慨新たなものがあられましょう。

道路舗装十年計画
森　国久
吉見先生お変りありませんか、天草国立公園の産みの親である下村先生が逝かれて、満三ケ年になります、又郷土天草が待望の国立公園に指定されてから、早くも四年になります。真に感慨新たなものがあられましよう
× ×
吉見先生、先生を始め天草全島民が寝てもさめても、その実現を待つている『天草架橋』の実現も、時の問題となりました、当初五百万円の調査費でしたが、本年中に尚五百万円を追加し、一切の調査を三十五年度中に終ろうとしています。一方橋に関連する道路も、三十四年度から着手し、三十七年度に完了する事となりました。郡市民の夢はこゝに、その緒についたと云えましよう。
× ×
吉見先生、天草の観光も、おそまきながら、この『天草架橋』実現によつて、大きくしかも着実に天下の天草となる事も遠くはないでしよう。しかし天草の『池ノ浦―本渡線』『富岡―崎津線』、[illegible]取線、西高根線、蛤線等これらの天草かんじよう線道路も、ようやく三十六年度で完成しようとしておりますが、『観光』すなはち『道路』の目標にはまだまだ遠い現状でございます。
吉見先生、私はこの道路の整備に、今後天草島民は元より、県も国も重点的に、その整備を図り天草の三十六年度以降の重要課題とせねばならないと思います。
ここに島内の幹線道路をあげますと、『本渡―大浦線二五キロ』『本渡―牛深線四八キロ』『本渡―富岡線三二キロ』『富岡―下田線一三キロ』『下田―本渡線二八キロ』『池の浦―三角線四七キロ』『本渡―楢本経由合津線六五キロ』計二七八キロで、これを舗装する工事費は、一七億五、四〇〇万円の費用が必要であります。十七億の予算は莫大ではございますが、地元市町村、県、国が一体となり、道路舗装十ケ年計画をたてまして、これを完成するのは、そう至難ではないと思います。天草郡市は一つになり、各市町村が共にその運動を展開する事が急務中の急務ではないかと思います。
× ×
吉見先生、国立公園―天草架橋―舗装道路が出来ますと、天草の観光が名実共に世界的となる事でしよう。その時こそ天草は、観光、産業の大恩恵を受けるのでしよう。
私はここに道路舗装十ケ年計画を、より早く計画するために、天草道路舗装公團と云う、公社をつくり、十ケ年計画を五ケ年にして実現したいものであります。（天草町村会長、天草架橋期成会副会長、離島振興協議会副会長）

「みくに新聞」昭和36年1月1日

吉見先生、先生を始め天草全島民が寝ても覚めても、その実現を待っている「天草架橋」の実現も、時の問題となりました。当初、五〇〇万円の調査費でしたが、本年中に尚五〇〇万円を追加し、一切の調査を三五年度中に終わろうとしています。一方、橋に関連する道路も、三四年度から着手し、三七年度に完了することとなりました。郡市民の夢はここに、その緒についたと言えましょう。

吉見先生、天草の観光も遅まきながら、この「天草架橋」実現によって、大きくしかも、着実に天下の天草となることも遠くはないでしょう。しかも天草の「池の浦―本渡線」、「富岡―崎津線」、帯取線、西高根線、蛤線など、これらの天草環状線道路もようやく三六年度で完成しようとしておりますが、「観光」すなわち「道路」の目標にはまだまだ遠い現状でございます。

吉見先生、私はこの道路の整備に、今後、天草島民は元より、県も国も重点的にその整備を図り、天草の三六年度以降の重要課題とせねばならないと思います。

ここに島内の幹線道路をあげますと、「本渡―大浦線二五キロ」「本渡―牛深線四八キロ」「本渡―富岡線三二キロ」「富岡―下田線一三キロ」「下田―本渡線二八キロ」「池の浦―三角線四七キロ」「本渡―栖本経由合津線六五キロ」、計二七八キロで、これを舗装する工事費は一七億五四〇〇万円の費用が必要であります。一七億の予算は莫大ではございますが、地元市町村、県、国が一体となり、道路舗装一〇ヵ年計画を立てまして、これを完成するのはそう至難ではないと思います。天草郡市はひとつになり、各市町村が共にその運動を展開することが急務ではないかと思います。

吉見先生、国立公園―天草架橋―舗装道路が出来ますと、天草の観光が名実ともに世界的となるでしょう。その時こそ天草は、観光、産業の大恩恵を受けるのでしょう。私はここに道路舗装一〇ヵ年計画を、より早く計画するために、天草道路舗装公社という公社をつくり、一〇ヵ年計画を五ヵ年にして実現したいものであります。

（「みくに新聞」昭和三六年一月一日）

注１　吉見先生は、みくに社の社長・吉見教英氏。

注２　下村先生は下村海南氏。国立公園審議会会長。天草の国立公園編入や長崎の西海国立公園の生みの親でもある。終戦時、玉言放送の実現に尽力した。

ことしの展望

（中）

ことしの天草も多忙

森　国久

昭和三十六年も忙しい年になりそうです。六日七日と本年度の離島予算の最後的接衝のため五日に上京、引き続き問題の「天草架橋」で滞在、九日には寺本知事を初め地元県議、中央世話人と合同会議を開き、公団の二億要求—本年度着工の旗の下に、その実現を期する〃勝負〃万潮時が来たと思います。そして十日、十一日は全国町村長大会です。

選挙に臨むこと三回—二十六年から十年になります。一日も無駄なく懸命であったつもりですけれど、思い半ばです。私はいつも思います「政治の心」は、その住民の生活が—より豊かに—より安全に—さらに—いついつまでも、変わらないで安心して暮らせることにあると…。

今日ほど差のひどい時代はない様な気がします都会と田舎の差、なかなか追いつけない地域の差所得の額差、そして暮しの差。どうすれば「その差」を縮めることが出来るか、と、身近に迫る今日の課題ではないでしょうか。

「天草架橋」を一日も早く実現することも大きな解決の一つ、島民挙げて「観光郷産業」の悪化を統一することも、その一つと思います。

離島振興法は後二年で終ります。これを延長することは、もちろんですが、私たちはこの際、住民の血となり肉となる「総業振興計画」の立案実施を急がねばならない気が致します。私たちの町でも、新春早々この問題と取り組み「五カ年計画」を実施するため各界人を集め、常置機関として、その計画を検討するように致しております。

中学の整備を急ぐのも大事ですが、その後に来る高校進学も大きな問題となります。実業高校を天草に実現したいのは天草人の願いでもありますその場所が問題をはらむのでは、と今から心配されます。少なくとも考えを統一して、大局につかねばなりますまい。

一月一日から竜ガ岳町は〃福祉三法〃（条令）を実施しました。産業、教育文化の振興を図れば図るほど—所得増の時代であればあるほど—脱落者を心配することを忘れてはならないと思います。暗い谷間を明るくする社会福祉。満足ではありませんが、「底辺の線のささえ」になればと思う気持ちのあらわれです。

元旦に当たり〃けいけん〃な気持で一杯です。ともあれ、現実を踏まえながら、理想を持ち、夢を追い、竜ガ岳町を愛し、そして郷土「天草」の発展を希うことの思いを深く致します。（竜ガ岳町長、天草郡町村会長）

「天草民報」
昭和36年１月８日

格差是正　脱落者を忘れるな

◆「昭和三六年　ことしの展望」

昭和三六年も忙しい年になりそうです。六日・七日と本年度の離島予算の最後の接衝のため五日に上京、引き続き問題の「天草架橋」で滞在、九日には寺本知事を初め地元県議、中央世話人と合同会議を開き、公団の二億要求—本年度着工の旗の下に、その実現を期する〃勝負〃万潮時が来たと思います。そして一〇日、一一日は全国町村長大会です。

選挙に臨むこと三回、二六年から一〇年になります。一日も無駄なく懸命であったつもりですけれど、思い半ばです。私はいつも思います。「政治の心」は、その住民の生活が―より豊かに―より安全に―さらに―いついつまでも、変わらないで安心して暮らせることにあると……。

今日ほど差のひどい時代はないような気がします。都会と田舎の差、なかなか追いつけない地域の差、所得の格差、そして暮らしの差。どうすれば「その差」を縮めることが出来るかが、身近に迫る今日の課題ではないでしょうか。

「天草架橋」を一日も早く実現することも大きな解決の一つ、島民挙げて「観光即産業」の思想を統一することも、その一つと思います。

離島振興法は、あと二年で終ります。これを延長することは、もちろんですが、私たちはこの際、住民の血となり肉となる「産業振興計画」の立案実施を急がねばならない気が致します。私たちの町でも、新春早々この問題と取り組み「五ヵ年計画」を実施するため各界人を集め、常置機関として、その計画を検討するように致しております。

中学の整備を急ぐのも大事ですが、その後に来る高校進学も大きな問題となります。実業高校（現在の天草工業高校）を天草に実現したいのは天草人の願いでもあります。その場所が問題をはらむのでは、と今から心配されます。少なくとも考えを統一して、大局につかねばなりますまい。

一月一日から龍ヶ岳町は〝福祉三法〟（条例）を実施しました。産業、教育、文化の振興を図れば図るほど―所得倍増の時代であればあるほど―脱落者を心配することをわすれてはならないと思います。暗い谷間を明るくする社会福祉。満足ではありませんが「底辺の線のささえ」になればと思う気持ちのあらわれです。元日に当たり〝けいけん〟な気持で一杯です。とまれ、現実を踏まえながら、理想を持ち、夢を追い、龍ヶ岳町を愛し、そして、郷土「天草」の発展を希うことの思いを深く致します。

（「天草民報」昭和三十六年一月八日）

行政の一本化「天草特別市」と産業政策パイロット構想

◆「天草全島を一市に」

天草の開発をはばむ最大のものは離島という立地条件である。離れ島であるために耕地面積は狭く、道路は未開発で水利に乏しい。これといった産業もないので公共団体の財政はひどく貧弱だ。島内各市町村の予算を合計しても一五億円たらずという数字が、それをはっきり示している。この宿命とも言える天草の後進性を打開するため、将来に期待するところは第一に天草架橋の実現である。

『少年期』の観光も温暖地を利用した天恵の果樹と畜産も飛躍的に伸長するのではあるまいか。わたくしは架橋が完成した暁には、二市一三町

天草 (72)
豊かな島に
行政の一本化を
観光、産業大転換が中心

「西日本新聞」昭和36年8月22日

村が行政的に一本化した『天草特別市制』を断行すべきだと思う。二二万住民が有機的につながり、産業、文化、交通、観光が一本になったとき初めて強力な施策が可能になる。天草の人々は、これくらいの決意と構想をいだかないかぎり、昔の天領時代から培われた事大主義、消極性を一掃することはできないのではあるまいか。

さて、わが町の産業は水産と海運業（機帆船）が中心だが、未来への夢は、それに果樹、畜産、観光の振興以外に考えられない。果樹はウメ、クリ、カキ、モモ、オレンジなどを観光に結びつけ、梅花見物やクリ拾いも観光とする。家畜はブタ、ニワトリをふやし、フンは果樹の肥料。龍ヶ岳からの展望は『スイス的』と国立公園生みの親、田村博士も激賞されたが、一帯に国民宿舎などの施設をつくりたい。県内はもちろん、北九州工業地帯の産業マンのいこいの家も実現させよう。対岸の葦北郡田の浦町―龍ヶ岳―本渡の観光ルートも。また、機帆船は協業で大型化し、将来の中共、朝鮮貿易に備える。

産業振興には資金の導入も重要だが、人と人のつながり、人間関係がたいせつだ。社会教育も、おざなりに『聞かしてやる、聞いてくれ』式の講演会的話し合いから、父親クラスに食い込み、農漁村の現状打破に一役かわせるべきだと思う。

（「西日本新聞」昭和三六年八月）

（注：この記事は國久が亡くなる二ヵ月前に天草郡内の首長に「天草」というテーマでインタビューされたものである。）

第五章　随筆集

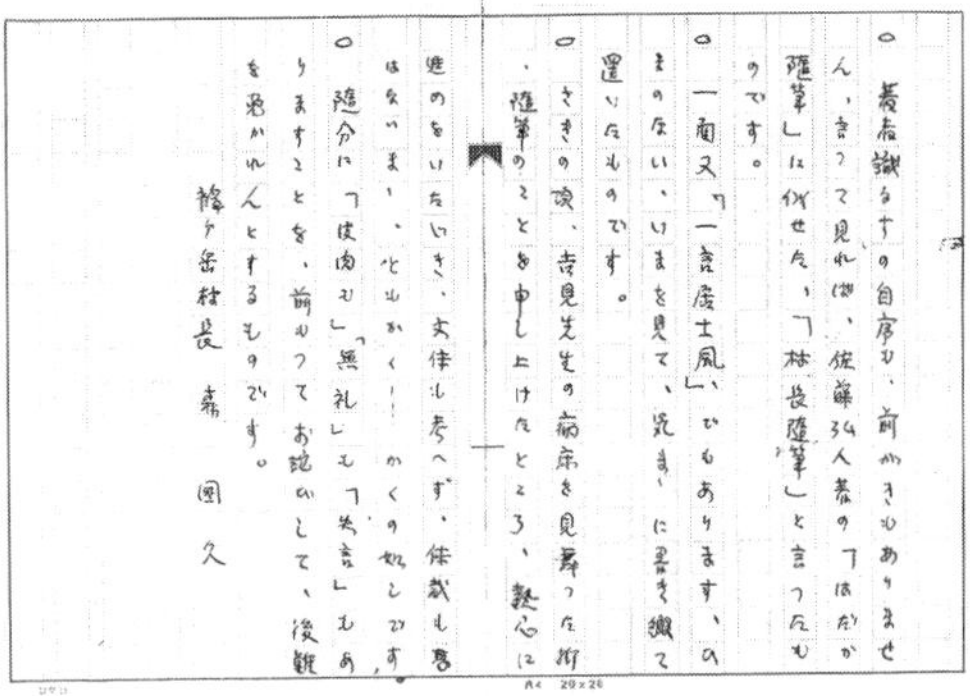

○著者識るすの自序も、前がきもありません、言って見れば、佐藤弘人著の「はだか随筆」に似せた、「村長随筆」と言ったものです。

○一面又「一言居士風」でもあります、のまのない、いまを見て、気まゝに書き綴って置いたものです。

○さきの頃、吉見先生の病床を見舞った節、随筆のことを申し上げたところ、熱心に進めをいたゞき、文体も考へず、体裁も意はないまゝ、ともかく！　かくの如しです

○随分に「皮肉も」「無礼」も「失言」もありますことを、前もってお詫びして、後難を免かれんとするものです。

輪ヶ岳村長　嘉　國久

國久直筆の随筆集原稿

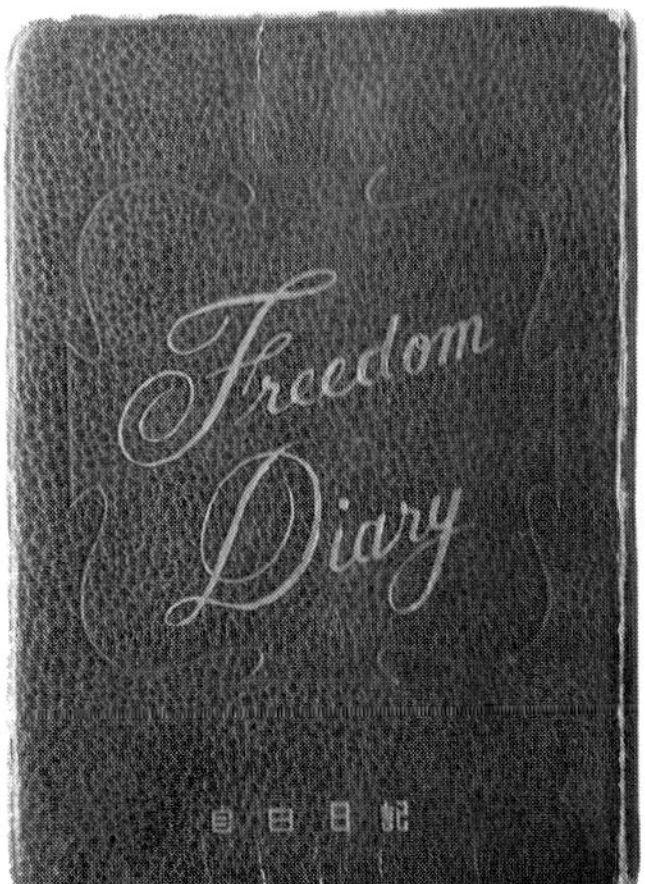

随筆、提言集など下書きが
記された日記帖

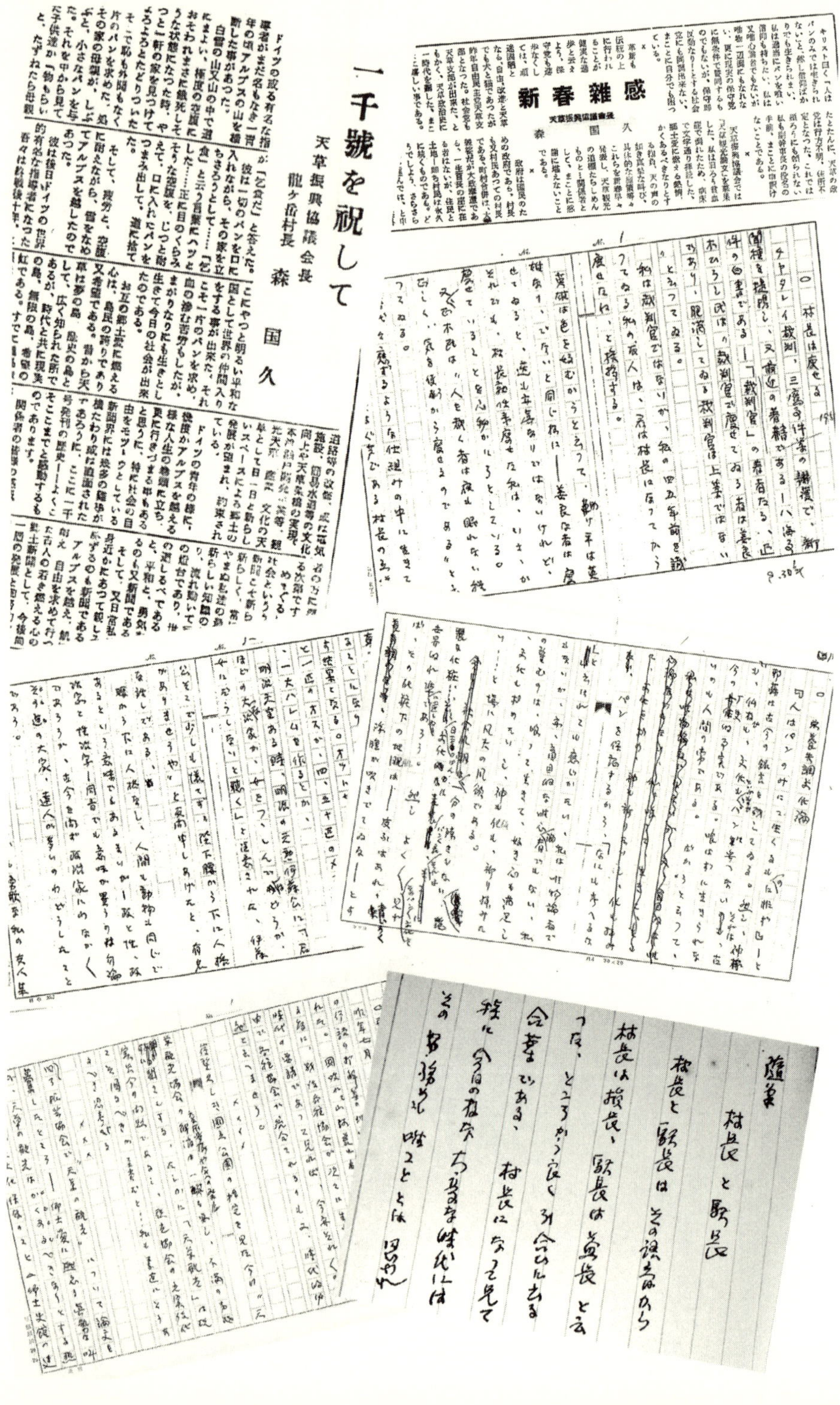

一千號を祝して
天草振興協議会長
龍ヶ岳村長　森国久
新春雑感
天草振興協議会長
森国久
随筆
村長と駅長

國久は、天草の地方紙や機関誌などに随筆を投稿している。また、随筆集の作成を企図して、原稿用紙や日記、メモに書き溜めていた。時間的余裕もなく、また突然の死によって完成には至っていないが、さまざまなテーマについて構想を持っていたようである。「天草架橋論」「天草観光論」「町村合併論」「町村財政論」「教育論」なども追記の予定でいたようである。

（昭和三二年頃執筆の古い原稿用紙で一部読み取りづらいものがあり、誤入力があるかもしれません）

○新聞などに投稿した随筆

◆『天草新聞』一〇〇〇号を祝して」

ドイツの或る有名な指導者がまだ名もなき一青年の頃、アルプスの山を横断したことがあった。白雪の山また山の中で道に迷い、極度の空腹におそわれ、まさに餓死しそうな状態になった時、やっと一軒の家を見つけてよろよろとたどりついた。

そこで恥も外聞もなく一片のパンを求めた。ところが、その家の母親がしぶしぶと小さなパンを与えた。それを中から見ていた子供達が「物もらいか」とたずねたら、母親が「乞食だ」と答えた。

彼は一切のパンを口に入れながら、その家を立ち去ろうとして……「乞食」という言葉にハッとした……正に目のくらみそうな空腹をじっと耐えて、口に入れたパンをつまみ出して道にすてた。そして、疲労と空腹に耐えながら、雪をなめてアルプスを越したのであった。

彼は後日、ドイツの世界的有名な指導者になった。吾々は終戦後一〇年、ここにやっと明るい平和な国として世界の仲間入りをすることが出来た。それこそ一片のパンを求め、血の滲む苦労もしたが、まがりなりに生きとし生きて今日の社会が出来たのである。

お互いの郷土愛に燃える心は、島民の誇りであり、また希望である。昔から天草は夢の島、歴史の島として、広く知られた所であるが、時代と共に現実の島、無限の島、希望の虹である。すでに離島振興法による港湾、漁港、道路などの改修、或いは電気施設、簡易水道などの文化向上や天草架橋の実現、本渡瀬戸開発事業など、観光天草、産業、文化の天草として日一日と新しいスペースによる郷土の発展が望まれ、約束されている。

ドイツの青年のように幾度かアルプスを越えるような人生の巻頭に立ち、更に生きづまることもあると思うに、特に社会の自由をモットーとしている新聞界には幾多の難事が横たわり、或いは直面されたであろうに……よくここまでと感動するものであります。関係者の皆様の感慨もまた無量でありましょう。今更ながら田中社長(注)始め関係者の方に深い敬意を表する次第です。

目まぐるしく変転する社会という渦潮の中に、新聞こそ新らしいものを新らしく、常に前進して止まぬ私達の求める新らしい知識の源泉であり、流れ動いて行く人生の灯台であり、世道人民の道しるべである。自由と平和と勇気を与えるのも、また新聞である。そしてまた、日常私達の身近にあって親しみを感ずるのも新聞である。

アルプスを越え、飢えに耐え、自由を求めて行った古人の若き燃える心の郷土新聞として、今後尚一層の発展と御努力を希望すること切です。

（「天草新聞」昭和三二年二月六日）

注：田中社長とは、当時の天草新聞社長のこと。

◆「村長さん」

「村長さん」と呼ぶとき、私達は小学校の卒業式に祝辞をのべる、紋付羽織に鼻ヒゲの、いかにもノンびりした村長さんの姿を想い浮かべます。また、国民服を着た村長さんの音頭で、万歳、万歳と入隊し出征したことも、米麦の供出が国を挙げての問題になった時、その責任のため死を選んだ村長さんさえいた事実も、忘れることができません。

そして、民主主義の時代が訪れて、聴く方が汗の出るような拙い演説を余儀なくブタねばならぬ村長さんの選挙風景も見られるし、あるいは、台風シーズンともなれば、やれ道路だ、港だと災害復旧のことで、孫ほども若い国や県の役人に油をしぼられ、叱られ、それでも平心低頭している村長さんや、身を削る思いで、町村合併という村始まっていらいの大問題の渦中で村の方向を見いだそうと苦心サンタンしている村長も今日のこととして知っています。

村長さんの生態の変遷は、まことに時代の象徴ともいうべく、時の移り変わりを端的に物語るもので、いわば歴史と歴史をつなぐヒモとも言えましょう。

村長さんは政治を行なう人でありながら、いわゆる政治屋ではなく、また役人のようでありながら、一方的なかつ保身を旨とする役人みたいであってはならない、まことにアイマイモコとした性格をもっています。それはあくまでも村民の具体的な生活に連なっているからで、いわば村民と共にあるからに外なりません。それゆえ、先生と呼ばれる代議士や県議などと違い、村民の生活に直接結びついている事柄、つまり夫婦喧嘩の仲裁から、病人の入院の世話、さては月下氷人等々、よろず村民の哀歓の処理をわずらわしがって避けてはならぬ立場にあるものです。

今や、独立らしい独立をもたぬ悲しい祖国日本、四つの島に九〇〇〇万近くの人口を抱き、しかも年に一〇〇万人も増加していく乏しい日本。貧しい村々、その中で身も心もうち込んでは年に幾人かの村長さんがその死を早めています。あるいは時流に遠い村々では、まだソシャクされていない新思想と、依然として古い伝統の思想との矛盾の中で、村長さんは途方に暮れながらも懸命におのれに忠実であろうとしています。

だが、村長さんという呼び名は相も変わらず親しみと信頼とをもって村民の口の端に上がっているようです。じつは、私も村長族の一人で、自分が村民と共にあることに、ほのぼのとした嬉しさを常に禁じえません。

（総合雑誌『天草』創刊号、昭和三〇年）

◆「新春雑感」

天草振興協議会会長　森　國久

キリスト曰く『人はパンのみでは生きられない』と。しかし、信仰ばかりでも生きられまい。私は適当にパンを喰い、信仰も持ちたい。私また唯心論者でもないが唯物一辺倒にもなれない。更に現実の保守党に無条件で賛同するものでもないが、保守即反動なり！　とする社会党にも同調出来ない。まことに自分でも困っている。

革新も伝統の上に行なわれることが健実な進歩と言えよう。保守も進歩なくしては、頑迷固陋となる。自由、改進と天草でも犬と猫であったが、昨年、自由民主党天草支部となった。社会党も天草支部ができた。ともかく、天草政治史に一時代を画した。まことに嬉しい事である。

参議院選挙があった。原田、深水、渡辺の三候補、枕を並べて討死にした。社会党は郵便集配人の働きで思わぬ票を集めた。選挙は終った。終ったとたんに、天草の政党は行方不明、住所不定となった。これでは頼ろうにも頼られない。私も副幹事長の役名の手前、まことに申訳ないことである。

天草振興協議会では、天草観光論文を募集した。私は旧ろう貧血症で倒れたため、病床で文字通り拝読した。郷土愛に燃える熱情、かくあるべきなりとする抱負、天の声の如き真摯な叫び、具体的な施策等々、これらを新春早々発表し、天草観光の道標たらしめんものと……関係者として、まことに感謝に堪えないことである。

政府は国民のための政府である。村長もまた村民あっての村長である。町村合併は大政奉還である。一生首長の座に在る者はないが、住民と土地――即ち村民は永久に続くものである。どうでしょう、さらさらとことを運んでは、と申したいのは――後は案外住民もホットするもので、それもまた世の常である。まことに俗論、申訳ないことである。

（「天草民報」昭和三二年一月六日）

○未発表の随筆集の下書き原稿

國久は随筆集を刊行しようとしていたが、中途となっている。おそらく、地域紙「みくに新聞」に提出しようとしていたと思われる。

◆随筆前書き

著者しるすの自序も、前書きもありません。言って見れば、佐藤弘人著の「はだか随筆」に似せた「村長随筆」と言ったものです。一面また「一言居士風」でもあります。暇のない今をみて、気ままに書きつづっておいたものです。さきの頃、吉見先生の病床を見舞った折、随筆のことを申し上げたところ、熱心に勧めていただき、文体も考えず、体裁も整わないまま、ともかく……かくの如しです。随分に「皮肉」も「無礼」も「失言」もありますことを前もってお詫びして、後難を免れんとするものです。

注：天草には戦前より数多くの地域新聞があった。昭和三〇年代は、「天草新聞」「週刊あまくさ」「天草民報」「天草毎日新聞」「みくに新聞」があった。「みくに新聞」は週一回発行で、天草の言論をリードした。吉見先生とは、みくに社の社長である。

◆「それから」（友人への手紙）

年賀状をいただきました。熊本‐八代‐天草と付箋の付いた年賀はがきを手にしました。そして、

「仏印から後のことを知らせて欲しい」と後書きをしみじみ見ては、僕もまた君のその後のことを知りたくて一杯です。思えば遠い昔のようであるし、昨日のような気がする。昭和一六年の五月末、僕は仏印ハノイから日本へ。君は南下、そしてジホールから転戦し、スマトラへ。赤道直下線に立てる君の写真と便りが最後だったと記憶する。それから君の所属する部隊は終戦前、満州－虎林に転進したとは聞いていた。爾来、全く消息をたって一三年、いや、北と南に別れて足かけ一八年……南十字星の輝く夜、海防（ハイフォン）のフランス風の酒店で、君も好きだった混血娘のいる店で別れた夜から……一八年、君がよく生きてきた戦いの暦、その便りは次に待つとして、僕もまた僕なりにその後の変転を書き綴ってみることにする。

　昭和一六年八月に除隊した僕は、警察部特高課に配属となった。当時の特高は既に時代の反映で慌ただしく、その目まぐるしさに戸惑いながら、戦争ボケどころではなかった。

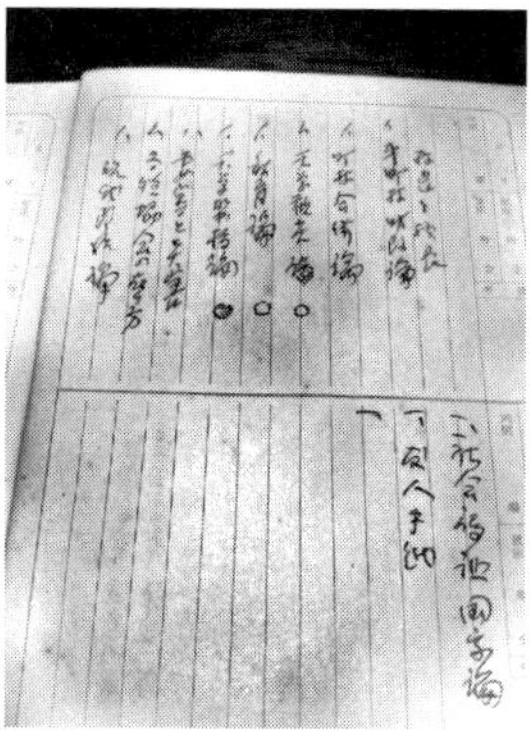
日記に残されていた随筆集の構想

　左右両翼分子の内偵、言論取締りの強化指令、新聞雑誌の検閲制度の確立、内務省警保局からの暗号電報の解読もまた一仕事で、思想戦は既に米英を相手に開戦されていた。昭和一六年一二月三日（と記憶する）、府内在住の外国人に対する措置の暗号指令は、全面戦争に突入したことを意味するものであった。その頃、君達も既に南仏印から行動を開始していた頃であったろう。

　一二月八日は暁を期し、全国の特高係は非常招集を受け、それぞれ特高対象の人物は一斉に捜索され、ある者は検挙され、ある者は拘禁されるにおよび、全国的思想警察は文字通り大東亜戦争を開始した。

一二月一八日、言論出版・集会結社など臨時取締法が公布され、僕はその担当部長を命ぜられ、姿なき流言飛語に追いかけられたり、追いかけたりの毎日の生活であった。

昭和一七年二月、警部補に任官、熊本北警察の特高主任を命ぜられ、二八歳の青臭い僕は、自分ながら驚いた。

着任早々、憲兵隊と朝鮮民族独立運動事件の検挙を巡って紛争を起こし、上司に痛く心配をかけたものだった。（そのことは後述）

その時は、思想検事の仲裁でことなきを得たものの、第二紛争の紛議は砲弾偽作事件で、それは厳密に言えば、利敵行為に属する事件である。軍監督官や工場主某など多数の関係者が登場してきたが、結局、軍関係の事件として憲兵隊に引き渡すこととなり、苦労した部下職員と一緒に涙を呑んだものであった。君もたびたび戦争中見聞した陸海軍の対立と似たようなものであろう。

第三の事件には、最も苦労し、その事件のおかげで追放後「ＣＩＣ」にひどく痛めつけられる結果となった事件（事件首謀者は現存）。所謂「東条暗殺未遂事件」で、全国的な広範囲なものであった。この事件の内偵から検挙、検挙から取り調べまでの苦闘は一〇ヵ月に及び、検挙者と同じように痩せて青白くなったものであった。（この項は別記する。）

昭和一八年三月、「東条暗殺未遂事件」を手にし、やっと送検したその日に、警察部特高課へ転勤を命ぜられ、第二係主任（国家主義思想、政治軍情報連絡戦刑法言論取締）となった。そして、戦いに敗れ、指令方一号の憲兵、特高の追放まで、その職務を担当してきた。その間、巡査教育所の講師をしたり、熊本南地区の警備隊長を兼務したり、いやが上にも慌ただしく、実務下、幾度か死線を越えたものだった。

戦局は日を追って悪くなり、消しても消しても悲観材料の流言は後を絶たず、戦時刑事特別法施行も、抑えることのできないものが噴出し、今も記憶に新しい「中野正剛先生」の東条誹謗演説、橋本欣五郎大佐の米独演説、満井佐吉一派の動きなど、それぞれ入り乱れ、世は国家主義者の狂奔時代となり、一方、外国からする謀略の姿なき手も延びていた。その頃となっては思想戦もまた敗戦の色の濃さ、国破れてを示していたのである。

長崎の原爆は、今の熊本市公会堂の窓から確認した。連絡会議に出席した結果、師団参謀から「強力な新型爆薬が長崎市一帯に投下され被害甚大の模様」と発表されたのみしか知ることはできなかった。

それより先、軍内外の国家主義分子、所謂右翼分子、青年将校の間に不穏な空気が生じていた。即ち和平の問題である。親米英派の重臣は、既に和平を画しつつありとして、和平絶対反対、親米英派の者たちを除き、そして宮様内閣を樹立し、一億玉砕で戦うべしと。その空気は悲壮絶望にあえぐ若き青壮年の共感を煽り、八月一五日、終戦の詔勅の日、後も続き、流言は流言を呼び、それらの分子は（＊）藤崎宮に立てこもる勢いを示し軍の……。（以下続き原稿なし）

（＊）一九四五年八月一七日、同志とはかり、占領軍に抗するため「尊皇義勇軍」を藤崎八幡宮で結成。

しかし慰撫されて解散。三里木の開拓団などに入る（荒木精之氏の略歴から）。最後の記述は右記の「尊皇義勇軍」の事件だが、続きの分が不明。荒木精之氏はじめ、「尊皇義勇軍」参加者とはその後、親交があった。言わば、彼らの命の恩人であった。

◆「村長は痩せる」

チャタレイ裁判、三鷹事件などの弁護で、新聞種を提携し、また最近の著書である――八海事件の白書である――『裁判官』の著者たる正木ひろし氏は〃裁判官でやせている者は善良であり、肥満している裁判官は上等ではない〃と云っている。

私は裁判官ではないが、私の四、五年前を識っている私の友人は、君は村長になってから痩せたね、と挨拶する。

英雄は色を好むからといって、助平は英雄なりでないと同じように――善良な者は痩せていると、逆もまた真なりではないけれど、それでも村長就任来、痩せた私は、いささか痩せていることを心密かに了としている。

また、正木氏は〃人を裁く者は夜も眠れない程正しく、気を使うから痩せるのである〃と云っている。時代に応ずるような仕組みの中に生きて行く、時代の風にそよぐ芦である村長の立場、法律、命令のまにまに目まぐるしく変わっていく地方行政の立場、今日直面している地方自治の処理を思えば、まことに頼りなさで安心の日とてあろう筈もない――「君のようにこまごまに気を使っては、君自身の体も持つまいし周囲も迷惑である。ほどほどにやれよ」とよく注意してくれる先輩がある。一人が力んで見ても、世の中が急によくなるわけじゃないし、世間一般がそうだから仕方ないではないかと……いった風潮——そのような風潮であって良いであろうか……せめて……せめても私達末端の村々からでも、正常な道風を興し、世道人心の刷新を図らんものかと想ったりしては、私はますます痩せて行くのである。

◆「保守か革新か」

派閥と政争にあけくれる保守党に、無条件で賛同する気になれないが、保守即反動、闘争が全てなりとする社会党にも同調できない。

革新も伝統の上に行なわれることが現実な進歩というように、社会党が国民政党へ進歩するであろうと期待したが、予期に反し〝階級政党〟に逆もどった。

保守党も進歩なくしては頑迷固陋と堕するであろうに、国民を忘れて、主流派、反主流派と派閥を繰り返している。いつの日か国民のための〝二大政党〟、魅力ある二大政党が出来上るであろうか……。

自由—改進と犬猿の如く二分されていた天草の政党が自由民主党となった。天草にも社会党が生れた。それはともかく郷土政治史に輝く一頁を画し、ともあれ—まことにうれしいことである。

そして、昨年、参議院選挙が施われた。ところが原田、深水、渡辺の三候補、枕を並べてものの見事、討死にした。それは合同いたしましたが「こうで御座います」と、天下にその合同振りを御披露に及んだ結果となった。

社会党は天草でも郵便局関係者によって予期せぬ票を集め、自らも戸惑い、驚きもした。かくて、選挙は終わった。ところが選挙の終戦処理もせずに天草の政党はその姿を消し、まさに、住所不定、行方不明となった。しかし、驚くことはない。やがて―衆議院解散―近しの春の兆しは、何処からともなく、その姿を現わし、それぞれの支部が復元するのである。まことに〝政党〟というもの、不思議さを感ずるのは、一年生である私ばかりでないであろう。

◆「政治と性治」

けものの世界では、力によって配偶者の争奪がおこなわれ、強いオスが多くのメスを得ることになり、それによって多くの子孫を残す結果となる。オットセイは繁殖期になると一匹のオスが四、五〇匹のメスを従えて一大ハーレムを作るとか。

明治天皇、ある時、明治の元勲…伊藤公に「君ほどの大政治家が、女をつつしんではどうか。女にだらしないと聴く」と注意された。伊藤公、そこで少しも慌てず、「陛下、腰から下に人格がありましょうや」と反問申し上げた、と。有名な話しである。

腰から下に人格なし。人間も動物も同じであるという意味でもあるまいが―政と性、政治家と性治家―同音でも意味が違うのは勿論であろうが、古今を問わず政治家にはなかなかその道の大家、達人が多いのはどうしたことであろう。

その道に直さい、しかも勇敢な私の友人某は「人は誰でもであるが、特に政治家の腰から上下の調和を心がけるべきで、君の奥さんが謂れなきに子供を叱り〇暗雲低迷あることなきや……しかして性を治めた朝ともなれば戸障子まで滑りがよく、子供にも君にも寛容となるであろう」と。

性を治めるとは、一家を治め一村を治ることで、この厳しくなる事実を忘れなければ、よき村長であり君も政治家の器なりと―まことをもって理屈もあるものだと感心したり。また感心ばかりしてもいられない気もする。


（執筆時期は不明）

◆「災害と妻害」

災害が天災であれば、妻害は人災であろう。しかし最近災害も人災であるという論調もある。

二六災（ルス台風）、二八災（大水害）、三〇災（九号、一二号）など、災害は忘れた頃に来るの謂れもあてにならぬほど、毎年の台風来襲は常識となった。

災害－復旧また災害、その応援にいとまなく、そしてその手続きは年を追うごとに復雑化し、復旧はおくれて行く。たまたま複雑化して行く関係法律、命令の上に役人は権力化して行く。かくして抜本的な治山、治水の対策は、こうぜられようともしない。そして、累災をくり返す。ここに至っては、災害も人災との論もまたうなづける。

妻をめとった新婚の頃には家庭争議は発生しない。五年一〇年たち一五年二〇年、四八歳の抵抗の頃ともなれば、妻害の来襲は常となる。私は村長になって以来六年、それこそ天災の来襲に奔走し疲れを感ずるくらいであるので、妻の害の来襲する原因をつくるいとまもない。

私の友人、某町長は妻害でいまだ復旧しないが、妻害の原因は夫にあることは間違いない。それは文字通り人為的なもので人災である。天災は天然現象でかくしようがないが、人災は人為的であるので操作はできるであろう。

ともあれ人災の原因をつくらぬが上策であろうが、小人閑居して不善をする時は余ほど入念に、しかも計画性が必要であろう。そして〝治にいて乱を忘れないこと〟こそ災害対策の第一義であろう。天も人も常に流れ動いている。動くもの、流れるものには必ず結果が現われるもので、天怒れば暴風雨となり、妻怒れば家鳴りを生ずる。しかして天にして、怒を解けば、あふれる情愛の太陽があまねくこれを照らすでしょうし、妻もまたこれをゆるせば、夫は家庭にかえり妻を想い子供達を愛くしむのもまた人間の本然の姿でありましょう。

（執筆は昭和三二年ごろか）

◆「御用納め式の挨拶」

フルシチョフ第一書記は、帝国主義者と闘う場合はスターリン主義であると放言している。ハンガリー国民はソ連によってくたくたにされ、エジプトは英仏によって占領されんとした。無法まかり通るの世情、世は諸行無常である。

人生のはかなさ、人の世の無情を感ずるのは一人釈迦ばかりであるまい。だとしてもこの世から逃げることも出来ないし、その無常を想っても仏心も湧かないけれど、柄にもなく、人生とはなんぞや、生きるというめどを何に求めるのかと、人並みに思い悩むこともある。

毎年一二月二八日には外なみにご用おさめ式を行なう。役場職員、教育委員会、農業委員会、さては保育園、産院、女学院、水道、渡船、有線放送などの関係職員五〇数名、なかなか大所帯である。そこで村長式辞である――村は村民の福利を図るためにあります。福利とは村民公共の福祉と利便と民福をもたらすことであります。村民は私や諸君の給料を支払っています。私達は公の義務があります。村民の欲する公共事業を行なう団体であります。

本村は赤字団体でありますが、その原因は公共のため投資した結果であって、村民もまた理解しています。有限会社や株式会社なら黒字はその存在の絶対条件でありますが、公共団体が村民のために投資せずして、銀行の預金金利を稼いでも意味なしであります。しかし、財政の健全性は望ましい。そこで、財政再建計画を樹立し、その確立を期しましたが、九号・一二号台風は非常に手痛いものでありました。

ところが皆様は自発的に昇給を放棄し、議員も三役も減俸した。しかして、村民は立ち上がった。それはささやかな私達の善意が逆風を巻き興したといえないことでしょうか。

私はいつも、人生とはなんぞや、なんであろうかと想い悩む。求めると求めずとも現実ただ今、天なり命なりでその職にあります。その職に懸命であり、その場に忠実であることが、人生であるといわれないでしょうか。その現実の灯がともっている事実――即ち人生の灯であるでしょう。儚い人生ではあるが――人生を支える力を――人生の暮らしの力を生きるささえと、考えたいものです。不平の心も、感動にうち奮う心も、一つの心であり同じ心であります。

私達は高い地位でもないけれど、また晴れがましい職場でもないけれど、現実に生甲斐を持ち、現実に打ち込まんとする気概こそ人生でありましょう。互いに健康に注意して、ともども村興しに努力致しましょう。

（執筆は昭和三一年の御用納めと思われる）

◆「栄養失調文化論」

『人はパンのみに生くるものに非ず』と、耶蘇は古今の銘言を残している。しかし、神様でも、仏様でも、文化というものでも、パンは与えない。それは古今の歴史的事実である。喰わずに生きられないのも人間の常である。だからといって、パンを保証するから「なにも考えるな」といわれても応じがたい。私は唯物論者ではないが、また、盲目的な唯心論者でもない。私の望むのは、喰って生きて、好き心も満足し、文化も求めたいし、神も仏も、祈り拝みたい……と慎に凡夫の凡欲である。

一分の隙もない艶麗な化粧……日本のパンパン文化は、それは世界的水準に達しているであろう。しかし、よくよくそのパンパン文化を見れば、その化粧下の地肌は―皮膚は荒れ、青白く、浮腫が吹きでている―とすれば、いくら艶然たる女でも、そのような女と寝る気になれそうもない。一方、新鮮な素顔、粗末な木綿は纏っておっても、その肉肌は瑞々しく、健康で瑞々しくピチピチとしている女、しかも、現代のよさも知る女性、そのような女の魅力は男という男を夢中にさせるにちがいないであろう。そのような素朴な、そして健康で、しかも理知に富む古い良さもある新しい日本文化、健康な村々、健康な文化国を求めて止まぬのは、私ばかりではないでありましょう。（執筆時期は不明）

◆「観光論」

昨年七月、町村合併と行財政確立と各協会の行詰り打開などの理由で、各種協会は統合された。国敗れて山河荒れ、その荒れた国土を復興するために、戦後各種協会が次々に生まれたのも、時代の要請であって見れば、今年それぞれの理由で各種協会が総合されるのもまた、時代的必然といえましょう。

待望久しき国立公園の指定（昭和三一年七月二〇日）を見た今日、天草観光協会の天草振興協議会への発展的解消は〇〇を要し、不満の声を聞きもする。たしかに「天草観光」は、現実ただ今の問題であるし、観光協会の充実強化こそ図るべきが至当だと……私も素直にそうあるべきと思考する。

旧ろう振興協会で〝天草の観光〟について論文を募集したところ―郷土愛に燃える真摯な叫び、天草の観光はかくあるべきなりとする熱情、即ち△郷土文化保存のこと。△郷土史館の建立。△天草観光公司（株式会社）創設のこと。△天草架橋の早期実現……など、刮目傾倒する所見など文字通り感に打たれ、今後の道標を得た感を深くした。これらの数稿を本にして広く有志に御披露したいものと思うこと切である。

昭和三五年には熊本に国体が開催される。天皇皇后両陛下の御親覧を機に、天草架橋の渡り初め願い、そして合津―千厳山―龍ヶ岳の二級国道を御通過、本渡へ。そして、郷土史館（キリスト史館）を親覧願い、本渡市―泊―牛深、そして水俣市へと、夢でない夢を見たいものと思うのは、私ばかりでなく、早くもその実現を期したいものと計画している人もあるのは、天草観光のため実に心強い限りでありましょう。

観光は市町村の仕事ではあるけれど、市町村行政のみに依存して、こと足れるものでもない。行政機関の担当する分野、郡市民の自らする分野、その二つが表裏一体となって初めて花も咲こう実もみのろうものを、失礼ながら関係者の無気力、他力本願を悲しむ。

三角の案内所の経費さえ思うにまかせず、観光業者から廃止論が台頭しているのは、心細い限りである。市町村の単位観光協会は市町村からの負担金をなくしては、生きて行かれないほど無気力であろうか。そしてまた天草振興協議会の一部門でなく「天草観光協会」として、独自な、しかも現実に伴う協会―即ち天草振興協会は行政的立場から、そして〝天草観光協会〟は観光業者と郡市民の立場から運営されるべきでありましょう。

◆「村長と駅長」

村長と駅長は、その語音から村長は損長、駅長は益長と言ったところから良く引き合いに出る言葉である。村長になって見て、特に今日のような大変な時代にはその務めも、ただごととは思われない。それに、その読音の通り損長（村長）であって見れば、誰も吾こそと進んでなりそうでないのに、どうしてどうして今次の四月選挙は勿論、選挙毎に物凄い競争であり、その選挙の激烈なことは、なんとした事か……。

私は、昨年七月当選して二度目の村長であるのだろう。「君自身が一番知っているはずだ」と言われそうである。

主権在民は新憲法の骨髄であり、その手段方法として選挙で議員・首長を選び、即ち公僕を選ぶということが在り方である。選挙の時は国民は拝まれ頼まれ、文字通りの主権在民であるけれども、当選した○○の公僕は君子変人して、君臨する代官のようになる人がなくもない……となれば、これはまた、どういうことになることやら。ところで一方的に権力を欲しいままに振舞うでは大変だから、そこに執行する首長・議決する議員とを組合せて、互いに牽制させ、一つの行為を期待するよう仕組んでいる。国民は首長と議員に命じて政治をやらせているのであるけれど、彼らは彼らのみの利益の為には思想を報いて妥協するが、彼等の為の利益がなされれば、それは政治を離れて相争い、そこには国民もなければ村もないかのようである。一人のボス議員のために村長は引きずりまわされ、合併ができないとは一体どうしたことか。

政治は選挙の時だけが主権在民である。

◆「無題」

歴代の政府が亜米利加からどれだけ援助資金、物資を受け入れるかに政治の分れるところであれば、県は国に、市町村は国や県に、それを唯一の目標として、その腕を競い、浮身をやつしている。政治とは他力本願ということである。

石ころが道路にころがっていても、それは役場がやることと決めている国民が悪いのか……。そうではなかろう。

旧樋島村は天草でも湯島の次の人口密度で、しかも狭い坂道が網目のようである。その網目の道はほとんど舗装道路である。それは全て村民自体の手で出来上がった舗装である。

役場でセメントを買う金を予算に組む。砂利、砂と労力は部落々々でこれをやる。かくして永年にわたり続けられ、今日にいたっている。決して村民は道の石ころを除けようとしないのではない。とすれば、「政治」は愛情の欠陥と言えよう。

町村長一〇年、早いものです。樋島村長から一〇年になります。私も三八歳の当時青二才から多少考える年頃の四八歳となりました。

十年一昔どころでなく、この一〇年間、大変な変り方です。世界も国も県も、郷土天草も変転しました。移り変りの激しい一〇年でした。そして、今後の一〇年はどうだろうか。過去一〇年の変わり方どころか、その何倍もの激変が来るのではなかろうか。

どんなに変って行くのか想像もでき（ない）ほど、驚くほど気味の悪いほど、変わるであろうとおぼろげながら考えるだけであろう。しかし、太古の昔から変わらないし、変ってならないものがある。

人の心です。真理です。

道路も来年で全天草、全天草の環状線も貫通する。

瀬戸開削も完了する。

願います、頼みますと三回選挙して、早いもので一〇年になりました。「日々是好日」という禅語通り、一日を無駄にしないつもりで来たけれど、矢張り思い半ばの感を深くする。

一生懸命に走って追いついたと思ったら、既に世の中はもっと遠く進んでいる。

田舎と都会の差。なかなか追いつけない所得の差。

天草島民の所得をせめて県平均まで、引き上げ得ればと。

◆辻清明に関するメモ

日記の随筆メモに、以下のような辻清明の言葉が記されていた。


人々の潜在的能力を可能な限り発揮できる多くの「場」を用意しておく政治が自治であり代議政治だと考えているのです。

そして、「親心意識」に基づく官治こそ、それを妨げる政治だと言いたいのです。

旧体制と官治が復活すれば、再び少数の特権者の利益のために多くの人は羊群となり、社会に追随し、自己の能力を花咲かせることなく、その人生を雑草としておくることにならないとは誰が保証できるでしょうか？

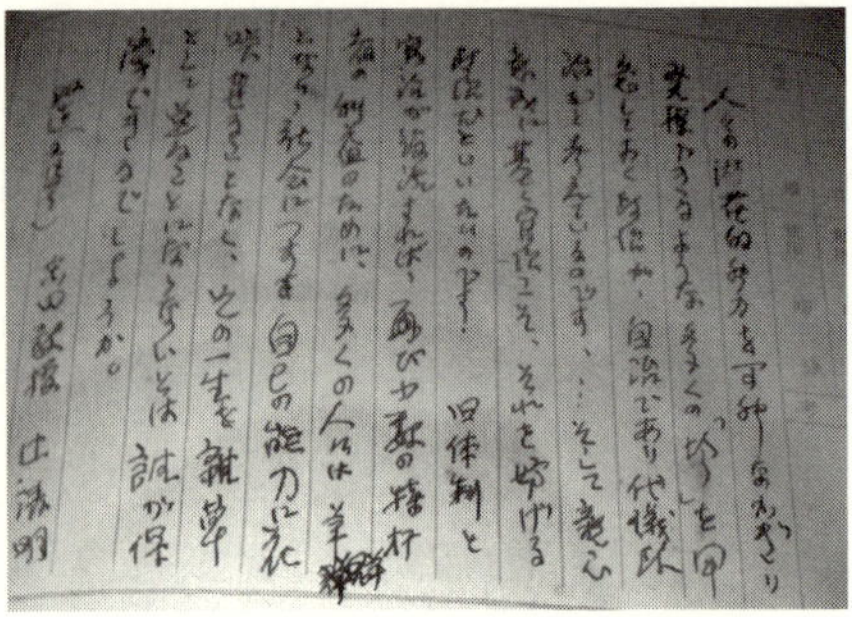

辻清明の言葉を記している箇所

國久の書棚には、和辻哲郎や辻清明などの著書、『世界』などの機関誌、戦争責任論、ボロボロに使い古された六法全書、歴史小説など、多数残されていた。当時、町には本屋もなく、読書が好きであった國久は、出張の帰りには本を買い込んだり、取り寄せていた。多忙な國久は夜行列車で一人本を読むのが唯一楽しみだと語っていた。

その他の書物や読書ノートなど、昭和四七（一九七二）年の龍ヶ岳町の大水害で住居は流され、手許にほとんど残っていないため、國久の思想的背景は読み解けないが、評価は別として、時代背景から辻清明や、和辻倫理学などから、何らかの影響を受けていたとも思われる。随筆や、提言などには、地方政治にとどまらない、世界情勢にも目を向け、国家的視点に立った明確な政治哲学を垣間見ることができる。小さい島の村長は異例な政治家であったようだ。

注：和辻哲郎　一八八九年～一九六〇年、京都大学教授。哲学者、和辻倫理学として有名。西田幾太郎などに影響を与えている。主著に『倫理学』、近代日本の体系的な哲学書『世界』など創刊。

辻清明　一九一三年～一九九一年、東京大学教授。日本の官僚優位論などを提唱し『日本官僚制の研究』などを発表している。

第六章　人物評

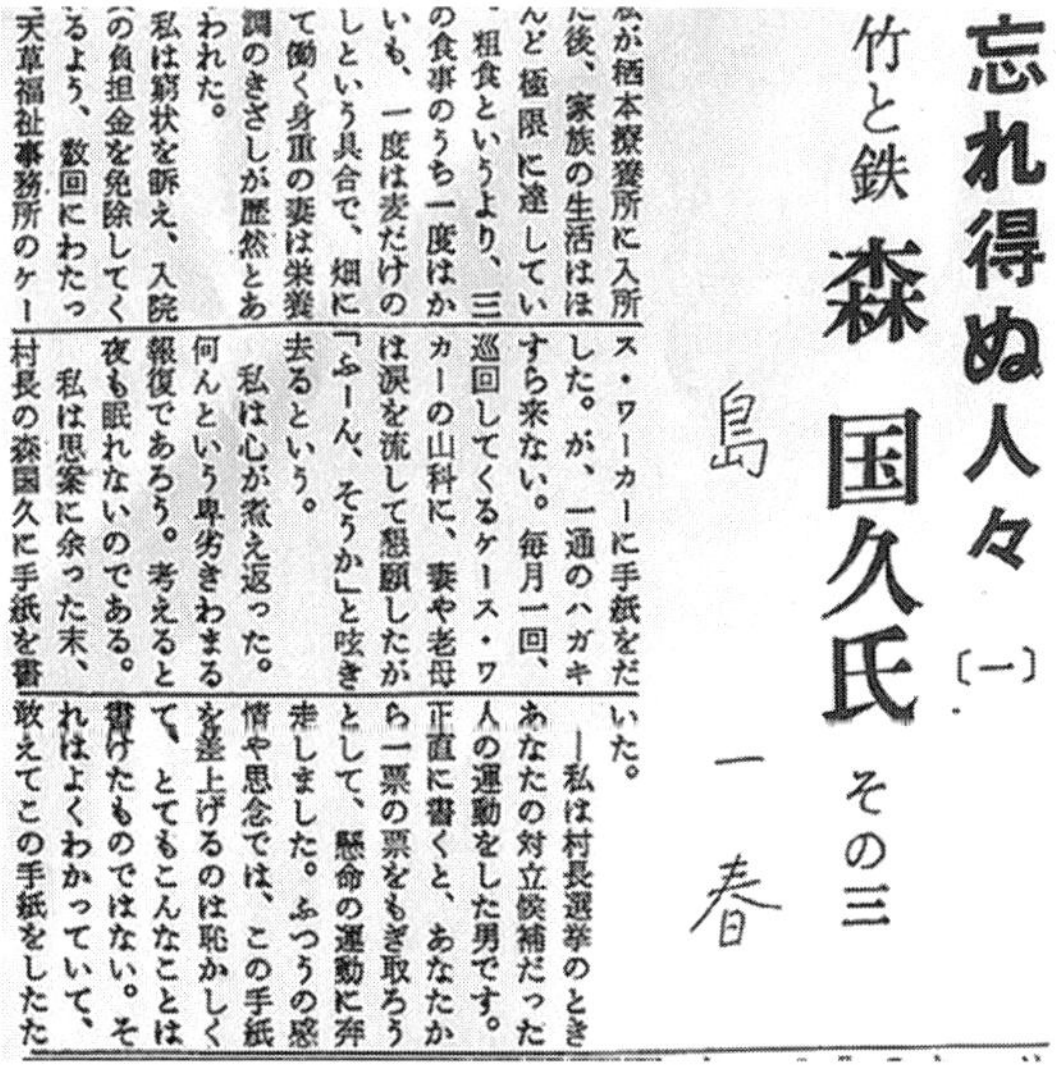

忘れ得ぬ人々〔一〕

竹と鉄　森　国久氏　その三

島　一春

が栖本療養所に入所した後、家族の生活はほとんど極限に達していた。粗食というより、三度の食事のうち一度はかいも、一度は麦だけのめしという具合で、畑に出て働く身重の妻は栄養失調のきざしが歴然とあらわれた。

私は窮状を訴え、入院費の負担金を免除してくれるよう、数回にわたって天草福祉事務所のケース・ワーカーに手紙をだした。が、一通のハガキすら来ない。毎月一回、巡回してくるケース・ワーカーの山科に、妻や老母は涙を流して懇願したが「ふーん、そうか」と呟き去るという。

私は心が煮え返った。何んという卑劣きわまる報復であろう。考えると夜も眠れないのである。

私は思案に余った末、村長の森国久に手紙を書いた。

—私は村長選挙のときあなたの対立候補だった人の運動をした男です。正直に書くと、あなたから一票の票をもぎ取ろうとして、懸命の運動に奔走しました。ふつうの感情や思念では、この手紙を差上げるのは恥かしくて、とてもこんなことは書けたものではない。それはよくわかっていて、敢えてこの手紙をしたた

「みくに新聞」昭和49年

熊本の顔

一月一日から全国初の"町の福祉三法"を施行した竜ヶ岳町長

森国久

ゆたかな夢と創造力

「熊本日日新聞」昭和 36 年 1 月 7 日

人は仰ぐこの町長

龍ヶ岳の森国久氏

福祉四法を完全に施行

写真は森国久氏

「西日本人事新聞」昭和 36 年 5 月 20 日

一　新聞などに見る國久の人物像

町村の人物（65）

樋島村の巻

▲樋島は上島東海岸の離島、肥後田の浦は呼べば答える距離にある、そして毎日八代セメント工場の煙が見えるほど、九州大陸に最も近い乙女の様な夢の島である、此の島は富岡代官直轄の近在七カ村、大庄屋藤田氏三百年の歴史と、西日本一といわれる觀乗寺と、縣下一の機帆船と打瀬網の港でも有名である、村の自慢は村内至る處の補装道路と外燈と港とである、戦前は遠く朝鮮、青島、南方に航海或は出漁が旺んで眞に進取の氣に富み「船子一枚……」の氣風がある

▲現村長森國久氏は三十八歳、郡内でも若手の方で八中…天中卒、朝鮮で新聞記者をやつたこともあるが、昭和十年に歸つて縣の警察界に入り、同十七年に北署特高主任となる、その關係で終戦被免となつた、熊本の第二の神風連事件をあの終戦動亂の中に事なく處理した事は知る人ぞ知るところ、本年六月實父稻太郎氏の跡を享け村長選擧に立候補決選投票當選で有名となつた、むづかしい村情勢…幾多の課題をどう處理するかは期して待つものがある。今こそおとなしくなつているが、學生時代は喧嘩早くて知られていた（今でも町村會あたりでも眼をギロリとさせて發言する時は一

「みくに新聞」昭和26年11月8日

「町村の人物　樋島」

樋島は上島東海岸の離島、肥後田の浦は呼べば答える距離にある。そして、毎日八代セメント工場の煙が見えるほど、九州大陸に最も近い乙女のような夢の島である。この島は富岡代官直轄の近在七ヵ村、大庄屋・藤田氏三〇〇年の歴史と、西日本一といわれる観乗寺と、県下一の機帆船と打瀬網の港でも有名である。村の自慢は村内至る所の舗装道路と街燈と港である。戦前は遠く朝鮮、青島、南方に航海、或いは出漁が盛んで、真に進取の気に富み「船子一枚……」の気風がある。

現村長・森國久氏は三八歳、郡内でも若手の方で天中―八中、朝鮮で新聞記者をやったこともあるが、昭和一〇年に帰って県の警察界に入り、同一七年に北署特高主任となる。その関係で戦後罷免となった。熊本の第二神風連をあの終戦動乱の中に事なく処理したことは知る人ぞ知るところ。本年六月、村長選挙に立候補、決選投票当選で有名となった。難しい村情勢……幾多の課題をどう処理するかは期して待つものがある。今こそおとなしくなっているが、学生時代は喧嘩早くて知られていた（今でも町村会あたりでも眼をギロリとさせて発言する時は、ちょっと凄い）。酒は村の酒豪連を相手に笑って飲み、柔道二段、剣道初段、囲碁は郡内町村長中右に出る者なしと自称している。村長が打ち手である故か、村内には仲間が多い。

（「みくに新聞」昭和二六年一一月八日）

「おらが首長どん」

一度シャベリ出したら滔々立板に水……とまでいかなくても、理路整然とした意見をのべまくるのが、龍ヶ岳村長・森國久だ。だからといってシャニムニ自己の意志だけを押し通すという議論とはまた違い、引く時には引くスベをも心得ている理知的な首長さん。そこで郡町村会あたりでは「カミソリ」の異名まであるくらいのヤリ手村長だ。

まず、森村長の略歴を調べてみると、明治四五年七月一〇日、樋島村生まれ。天草中学二年生の時、町内の天草農校生ら一〇数人と斬ったハッたの大乱闘を演じて退校寸前に至り、機をみた森氏はいち早く学校側の態度決定前に八代中学へ転校、折柄職員会議を開いて悪童生徒の追放を協議していた教授連をアッと言わせたこともあった。以後、これに懲りてか八代中では至極平凡な学生時代を送って無事卒業。学校を卒えるや大陸への夢絶ちがたく朝鮮へ渡り、二六新報社という政治新聞社に二年ばかりいて縦横に筆陣をハって世の社会悪と戦ったものの、母御の顔みたさに一応帰国。昭和一〇年六月、再び郷里を出奔して熊本県警察練習所に入所した。同一一年、県巡査拝命、一三年、巡査部長拝命、更に半年後は警部補佐就任と、トントン拍子の異様な出世ぶりをみせ、終戦当時は熊本北署の特高主任という要職にあった。

この主任時代には「東条英機暗殺事件（未遂）」を手がけて首謀者某（現存なので特に名を秘す）ほか全国的な組織を持つ一味六〇名の勤皇同志会を検挙した話は余りに有名だ。これらがタタッて昭和二一年追放（公職追放）の憂き目に遭い、以後、鳴かず飛ばずの平穏な生活を送っていたが、昭和二六年、樋島村長選挙に出馬、数々の選挙裏話をかもしながら見事強敵を打ち破って〝村長の座〟に就任、初めて郡政界にお目見得した。更に昭和二九年六月、樋島が高戸、大道と合併して龍ヶ岳村として発足するや、再び初代村長にうって出てこれも見事当選。現在に至る……というのが大体の経歴だ。「センダンは双葉より芳し」ということばがあるが、学生時代から既に向こう見ずの気一本な性格で相当名を売り、天中時代の同級生・園田直（現・代議士、元外務政務次官）、松岡義昌（現・県議）氏らも一目おいていたくらいの腕白ぶりだったが、成人してからもこの気性はなかなか直らず、今もって時たま茶目っ気まじりの皮肉で町村会あたりをひっくり返すことがある。

この手腕？は、一方、村政上にも大いに振るい、大体からウルサ型の多い樋島、高戸、大道の旧三ヵ村を合併、町村中で〝一番恵まれた龍ヶ岳〟に育てた功績は文句なしに高く買わねばならない。度々新聞紙上を賑わす火災にまつわる美談などは、森村長が身をもって範を垂れる〝和〟

の現れともいうべきだろう。

このほか事業面でも樋島―高戸間の村営渡し船就航、高戸、樋島の水道敷設などは現在では大きな村の財源にもなっている。更に特異な村造りとして世人の注目を集めている「村道、部落道の舗装工事」は、同氏が提唱した五ヵ年村造り計画で毎年材料費三〇万か四〇万を村費で負担、労力を部落民の奉仕で行なうという、言わば村民と村当局が一心同体の村造り事業である。等々……とにかくヤリ手村長だ。ほとばしるような情熱は、必ずや龍ヶ岳を住みよい明るい郷里に造りあげるであろう。現在四三歳、趣味囲碁、柔道二段、剣道初段、囲碁一級（のち初段）の腕前。

（「天草新聞」昭和三一年三月）

「仕事熱心が長所」

天草観光協会、天草郡町村長会、天草土木協会、県離島振興協会、天草郡町村議長会、天草架橋期成会の六団体が経費節約の目的で統合、さる七月一日発足したのが天草振興協議会。そしておやじの森國久氏がその初代会長に就任した。けだし適任と思う。

おやじは昭和六年、天草中学を出て朝鮮に渡り、京城で一年半ばかり新聞記者をした。徴兵検査のため熊本に帰ってから警察に入り、人吉、今津、北、県本部と回り、特高にいた関係から終戦で追放。その後、県漁連に五年勤めた。昭和二六年、郷里の樋島村長になってからメキメキ腕を振るい、二九年には樋島、高戸、大道の合併村・龍ヶ岳の村長になった。

そして、現在までわずか二年の間に役場新築、簡易水道の建設、大道小学校の新築、樋島小学校の改築と、つぎつぎに完成した。とにかく、仕事熱心がこの人のとりえ。おまけに村には珍しい産院までつくり、開拓団には電灯を引き込んだ。持前の熱中ぐせがこのようにバリバリ仕事をさせる半面、いささか早のみこみという欠点をさらけ出すこともままあるようだ。

趣味は柔道。二段の腕前で村の青年と汗を流して猛けいこするときもある。囲碁も好きで自称初段。しかし、一級どまりがいいところのようだ。振興協議会会長には高浜村長・浜崎寿翁氏を押しのけてなった。高浜村は、この二四日に下田、大江、福連木と合併、天草町として発足するので、浜崎氏の村長も残り一ヵ月だった。一ヵ月の命なら浜崎氏に譲っておいたらの声もなくはなかったが、力で協議会会長を勝ち取ったようなものだ。調子にのりすぎず、ますます腕を揮ってもらいたいものだ。

（「西日本新聞」昭和三一年九月五日）

おやじ
仕事熱心が長所
いささか早のみ込みの嫌い

「西日本新聞」昭和31年9月5日

「海潮音」

龍ヶ岳村長で天草振興協議会会長の森國久氏はえらいことを言った。姫戸の龍ヶ岳合併はもちろん編入合併となろうが自分はその場合でも信を天下に問うつもりだ云々。つまり合併と同時に村長を退陣して姫戸を含む新村の村長として再立候補するというのであり、まったく森氏の面目躍如といいたいところ。

このハマリがあったればこそ昨年（昭和三一年）の台風で打ちのめされた龍ヶ岳村民を励ましながら、年度内四二〇〇万円の復旧工事を完了したばかりでなく、村政面でも赤字団体をわずか一年にして黒字化するなど奇跡に近い業績を収めたのであろう。

森氏はしかし、単なるヤリテというだけでなく、その政治の中には常に温かい血を通わせている。合併後、再三にわたって本紙が報道した旧三ヵ村間の人情美談も思えば森氏の人格の反映であった。

天草が生んだ文人、大道の島一春氏が昨年第一回日本農民文学賞候補となり、いままた第四回地上文学賞候補に選ばれたことはすでに述べたが、その島氏が本社に寄せた通信の一節に「二年に近い療養生活で家族もドン底生活ですが、それにつけても森國久村長の親切な心づかいや励ましに深く感謝しています。もし森村長の力づけがなかったら「老農夫」や「無常米」や「冷たい月」も生まれなかったかも知れません。森村長は政治的手腕もさることながら人間的にも尊敬出来る人だと思います」と書いてあった。


（「天草新聞」昭和三二年七月七日）

「人は仰ぐこの町長　龍ケ岳の森國久氏　福祉四法を完全に施行」

池田首相は所得倍増で富裕国家を目指しているが、ここに福祉三法完全施行でこれこそ真の厚生町長だと人に仰がれている町長がある。天草郡龍ヶ岳町の町長・森國久氏がその人だ。

龍ヶ岳町ではこの一月から町母子福祉年金条例、身体障害児童年金条例、戦歿者遺族年金条例の福祉三法を施行、昭和三〇年から実施されている老齢年金条例とともに福祉四条例が全部完全施行となったわけで、龍ヶ岳町はこれで名実ともに社会福祉の町となったと九〇〇〇町民から感謝されている。福祉国家社会の実現を口にするものは多いが、口頭禅に終るのがオチで、町の単独施行として福祉四法を完全に実施したのは全国で龍ヶ岳町が初めてである。それ故にこそ森國久町長が〝厚生町長さん〟としてクローズアップされたのは当然であろう。

三条例の実施で生活に光が射した世帯は五〇、人員にして九〇人の多きに上る。森町長の旨を承けて三条例の実施を具体化したのは坂本厚生課長である。年間支出約五〇万円で、歳計一億円を越える町予算に比べると極めて軽い負担だが、その性格、内容からいえば国の予算一〇〇億以上に匹敵するものをもっていることは確かだ。ここにこの三条例完全実施の貴さがあり龍ヶ岳町の福祉社会の意義がある。森町長の恵まれることの薄い弱い人たちへの涙と人間性ゆたかな政治の在り方をみるのである。

ここで森町長の人間味とどこから涙の政治が生れるかを眺めてみたい。森さんは龍ヶ岳町の樋島に生れた。小さい樋島の島山で幼少年期を送ったが、将来身体強健で思操も堅実、少しも鬱屈したところがなかった。若竹のようにすくすくと地上に伸びていった。長じて警察官を奉職、戦争中活躍した。戦後は水産貿易事業をやったが、二六年、推されて樋島村長に当選、樋島、高戸、大道三ヶ村が合併、龍ヶ岳村となったとき初代合併村長となり、さらに町長に選ばれて引つづき町長の地位にある地方行政一〇年を越える大物。天草離島振興には早くより関心をもち、故桜井知事を説いて離島振興策を県政の前面に押し出させたのも森さんの力である。政治力も強い。

森町長の政治力を雄弁にものがたるのは、離島振興事業費の大部分を龍ヶ岳町中心の道路建設にまわし、道なき町に道をつけ、コンクリート舗装道をつくるなど、あれよあれよというばかりだ。上島の循環道路が完成し、待望の産交バスが通うようになり、町の繁栄発展が夢ではなくなる。大した森さんの努力である。〝仕事こそが私の念願だ〟という森町長だ。現在、全国離島振興協議会副会長、内閣離島対策審議会委員、郡町村会会長など多くの公職に挙げられ、意慾的な活躍をみせている。四八歳。柔道、剣道各二段、囲碁も二段の腕前。家族は政子夫人と子ども五人。長男章君（二〇）は日大政経学部一年在学中。

知事・故桜井三郎氏とは公私ともによく、深交があり、彼の惨風吹き荒れた知事選に、寺本陣営に一大強敵として恐れられた。花畑公園における桜井派の総けっ起演説会に天草からかけつけたときの森さんの大雄弁は、いまもなお記者の耳に強く生きている。信念と友義の人、森さんに深甚の敬意を表したい。（H生）

（「西日本人事新聞」昭和三五年五月二〇日）

「熊本の顔　〝ゆたかな夢と創造力〟」

一月一日から全国初の〝町の福祉三法〟を施行した龍ヶ岳町長　森國久。

龍ヶ岳町では元日から町民にすばらしいお年玉が贈られた。一二月定例町議会で町母子福祉年金条例、身体障害児童年金条例、戦没者遺族年金条例のいわゆる〝福祉三法〟がきめられ、一日から施行されたからだ。昭和三〇年から実施している老齢年金条例とともに福祉四条例がカオをそろえ、名実ともに〝社会福祉の町〟となった。なにしろ、全国でも身体障害児童年金は広島県大野町で施行されているが、三法そろって町の単独施行となったのは初めてのことだ。〝となりといっしょに楽しみたい〟という森さんの、これはヒューマニズムから生まれたものである。

森さんは同町樋島生まれ、貧しい樋島の島山育ちでゼイタクを知らない。この人は戦時中、警察界で活躍、戦後は水産貿易事業に奔走したが、請われて昭和二六年、樋島村長に当選。以来、樋島、高戸、大道の三村が合併して龍ヶ岳村となって初代村長となり、〝町長〟として経験一〇年のベテランだ。仕事の鬼と自他ともに認めている。始終何かを考え、プランを練っている。夢と創造力の豊かなこの人は、話に尽きるところを知らない。カミソリのように切れ味のいい頭で仕事を片付けると定評で〝町長のような頭の回転の速い人にはついていけない〟と職員たちもぼやいている。だが、自分だけ先走りしないようにブレーキをかける時も心得ている。行動半径が広くて片時もじっとしておれない性格だが、体験が深いだけに〝人間的な幅〟が最近は特に広くなっ三条例によって日の当たるのは五〇世帯、九〇人ぐらいと三条例を具体化した厚生課長の坂本仲市さんはいっている。この予算は年五〇万円くらいだ。年間一億円を超えようとする町の予算内では微々たるものだが、〃億単位の事業費に相当する三条例だ〃と、谷間の人たちにスポットをあてることに懸命の努力をはらっている。

そういえば自宅から役場への出勤、退庁のコースも毎日変えるという森さんは、その往復で一人でも多くの人たちに言葉をかけたいというのが願いだ。暴力を極度ににくむこの人の柔和さは、かつての警察の体質から生まれたのであろうか。寸暇を惜しんで書物を読んでいる。頭脳的な〃青年・森さん〃にとって黄金の年が明けたのである。

天草島からはみ出しそうな活躍をみせるこの人は、全国離島振興協議会副会長のほか、内閣離島対策審議委員、郡町村会会長など多くの公職に精力的な働きをみせている。

モットーは〃仕事こそ生きガイ〃。

（「熊本日日新聞」昭和三六年一月七日）

二　國久没後の人物評

○作家・故島一春氏の著書に見る國久の人間像

國久と親交があり、天草を代表する文学者・島一春氏（一九三〇年‐二〇〇八年、天草龍ヶ岳町が生んだ農民文学作家）は、「のさりの山河」「野いちごの首飾り」など多くの著書で國久の人となりを紹介している。

以下の「竹と鉄」は、國久没後一〇数年後に「忘れえぬ人」の標題で天草の地域新聞「週刊みくに」に昭和四九年、五回にわたって掲載されたものである。「情愛と正義感に満ちた温かみのある」國久の人となりと貧しい天草の民に寄せる想いが綴られた、心にしみる一文である。

忘れえぬ人　「竹と鉄」　森　國久氏

島　一春

大道、高戸、樋島の三村が合併して龍ヶ岳村が誕生し、第一回の村長選挙が行なわれたのは、昭和二九年の七月であった。この年、私は発病三年めで、八代の病院からいちおう退院し、自宅療養していた。自宅療養といっても、病床に臥せていたのではない。病気は中康状態で、一〇数羽の鶏を飼いながら、小説を書いていた。

初代村長に立候補したのは二人で、一人は森國久氏だった。だが私は、候補者には二人ながら面識がなかったし、どちらが勝っても、さして関わりのないことだと思っていた。けれど、私の親戚すじにあたる人が、もう一人の候補者と親しい間柄で、そういうことから、私は、その候補者を支持することになった。森と対立的な陣営に加わることになったのだ。

選挙というものは妙なもので、というより想像もしなかった感情的な戦闘意識が燃えあがるので、単なる支持者のつもりだった私は、運動員になり、必死に駆けまわる結果になった。私は二四歳だった。男は意地と志をもたねばならぬ、節を屈するは男子の恥辱なりと口にし、それを自負していた。若い血気、青くさい稚気といえばそれまでだが、不惑をすぎた今でも、性来の稚気の虫はなお生きている。戦うことを決意した私は、懸命に、選挙運動をした。つまり森の向うずねに矢を放ったのである。結果は、森の堂々たる圧勝であった。私は口惜しくて、その夜は焼酎を暴飲した。

この選挙の翌年、梅雨どきに、私は大喀血した。陰鬱な雨がトタン屋根をたたきながら降りしきる夜、つぎを当てた古い蚊帳の中で、怖しいほど鮮やかなぬるぬるした血を吐いたときの戦慄と死の恐怖は、いまも忘れることはできない。父・六六歳、母はリュウマチで歩行不能、長女三歳、二女は妻の胎内に宿ったばかりであった。

パス、ストマイ、ヒドラという結核の薬が開発され、肺結核は不治の業病ということばは色褪せつつあった。だが、大気、安静、栄養という療養三原則は守られていた。空気のよい所で、栄養をとりながら、安静にし、体力で病気を治すという原則である。

私の家は二反ばかりの畑を耕作していた。龍ヶ岳のふもとの段々畑である。自給自足にはほど遠いこの畑と、一年間に三万二〇〇〇円の障害年金が一家五人の生活源であった。一ヵ月にすれば、二七〇〇円足らずの障害年金では、栄養もとれず、薬も買えない。私は生活保護法を受けることにし、その年の九月一三日、栖本療養所に入所した。そして、はからずも、この療養所で森と初めて顔を合わせたのである。

梅雨の暗い雨が降りしきる夜、これで命が尽きるのではないかとおののくほどの大喀血をした私は、生活保護法を受け、昭和三〇年九月一三日、栖本療養所に入所した。夏の激しさを失った初秋の海が、ものがなしく映える晴れた日であった。

家には六六歳の父、リュウマチで不具同然の母、三歳の長女、身重な妻が残っている。私の病状は、左肺鎖骨下に鶏卵大の空洞、右肺の巨大な浸潤で、いつ病い癒えて退院できるのか、まったく予測もつかない。残してきた家族のこと、おのれの命のゆくすえを思うと、療養所のベッドに安静にしていても、心は乱れ騒ぐのである。それもあるが、現実問題として、家族は食うや食わずの生活だった。当時、私は年間三万二〇〇〇円の障害年金をもらっていた。月額二七〇〇円たらずであるが、天草福祉事務所のYというケースワーカーはこの年金に着目して、私に月額一二〇〇円の入院費一部負担金を命じたのである。

これには、いささか理由がある。生活保護法による入院を申請すると、ケースワーカーが地区の民生委員と同行して、実態調査にくるのがたてまえになっている。しかし、私の家にはYが一人でやってきた。Yは、つぎの当たった着物をきている手足の不自由な私の母を、眼鏡の奥から、醜い動物でも見るような眼差しで見くだし、たいそう高慢な口調でこう言った。

「生活保護を申請するときは、まず地区の民生委員に相談することになっている。きみは、それを知らんのかね」

うかつだった、と私は後悔した。私は役場に勤めている先輩に生活保護のことを話したのだった。

「知りませんでした」

「知らんじゃすまないよ、きみ。民生委員からきく事柄が、われわれの調査の基礎になるんだから、うん」

民生委員に相談するという正当な手続きを踏んでいないので、きみの生活実態はわからない。困るじゃないかと私を責めながら、しかし彼は私が大牟田の会社に勤めていた頃、労働組合の運動をやっていたことを話してみよ、と言う。

「そんなことが、保護法とどんな関係があるとですか。そればまず説明してください」

今にして思えば、おとなげないことであった。国民は誰でも保護法という法律に守られ、それを受ける権利を持っている、という気持ちがあった私は、思い上がった人間に見えただろう。しかし、Yの横柄でかさにかかった態度や口ぶり、強者が弱者にのぞむ傲慢な姿勢に刺戟されて、私の感情はたかぶっていたのだ。

「きみ、保護法からうける金は、国民の税金なんだよ。その言い方はなんだ」と彼は言った。そういうてめえも、その税金で月給もらっているんじゃねえか、と私は思った。調査後、二週間以内には何らかの連絡、通知があると、申請書の裏には明記してあった。が、しかし、調査は六月下旬、入所通知がとどいたのは八月下旬で、しかも一二〇〇円という負担金を命じられたのである。入院してほかの患者の場合を聞いてみると、私の負担金が常識の枠を越えたものであることがわかった。私は療養所で使う金も一〇〇〇円はいる。その頃は、保護法でさえ、病院での一ヵ月の日用品代として六〇〇円が支給されていた。月額二七〇〇円の年金から、その六〇〇円を差し引き、さらに一二〇〇円の負担金を納めると、四人家族の一ヵ月の生活費は九〇〇円しか残らない。これでは餓死せよ、というも同然であった。

私が栖本療養所に入所した後、家族の生活はほとんど極限に達していた。粗食というより、三度の食事のうち一度はからいも、一度は麦だけのめしという具合で、畑に出て働く身重の妻は栄養失調症のきざしが歴然とあらわれた。私は窮状を訴え、入院費の負担金を免除してくれるよう、数回にわたって天草福祉事務所のケースワーカーに手紙を出した。が、一通のハガキすら来ない。毎月一回、巡回してくるケースワーカーのYに、妻や老母は涙を流して懇願したが「ふーん、そうか」と呟き去るという。

私は心が煮え返った。何という卑劣きわまる報復であろう。考えると夜も眠れないのである。私は思案に余った末、村長の森國久に手紙を書いた。

私は村長選挙のときあなたの対立候補だった人の運動をした男です。正直に書くと、あなたから一票の票をもぎ取ろうとして、懸命の運動に奔走しました。ふつうの感情や思念では、この手紙を差し上げるのは恥ずかしくて、とてもこんなことは書けたものではない。それはよくわかっていて、敢えてこの手紙をしたためますという書きだしであった。そして、家族の生活の苦しさを綿々と訴え、入院費免除はできないものだろうか、と書いた。すると折り返し返事がきた。

「生活保護法は社会的に弱い者の生活を支えるためにある法律です。そのような実情であれば、法律の精神に反することは明らかであります。政治の究極の目的は、みんなが平和で豊かな生活を送れる社会を築くことであり、私も政治家のはしくれの一人として、あなたの現状を見逃すことはできません。できる限りの運動をし、あなたが望まれる状態になるよう努力します。どうか、くじけずに療養し、再起されるようお祈りします」

という意味の手紙であった。目立たない一本の草、小さな石ころも大切にするという、森の人間的な思想が行間にほとばしり、情愛と正義感に満ちた手紙であった。

この手紙に、私はどれほど勇気づけられたことか。涙もでないほどの感動という表現があるなら、それはそのときの私の心情にぴったりである。私は森に注目し、森を観察するようになった。森は私だけではなく、選挙のおりの報復をしなかった。選挙のときは敵陣営の者でも、森の扉を叩けば、こだわりなく迎え入れたように思う。口で言うは易いが、これほどの度量と人間的な深さがなくては、できない業だ。選挙のとき敵味方に分かれれば、親戚同士でも選挙後までしこりを残し、憎み合うのが選挙というものの暗鬱な特色なのだ。それを森はさわやかに飛び越えることのできる男であった。

　森の運動が奏功したらしく、やがて、私の入院費一部負担金は免除になった。たかが一ヵ月一二〇〇円と思われる人もいるかも知れないが、二〇年前の私たちにとって、これはまさに、生き返る思いだったのだ。

　大原富枝は「ストマイつんぼ」という小説で女流文学賞を受賞したが、「耳の奥で太鼓を打ち鳴らし、激しい蝉しぐれがわきあがるような絶え間ない耳鳴りである」とその作品に書いている。ストマイの注射を六、七本もうつと、私もその激しい耳鳴りにおそわれた。耳鳴りが進行してたかまると、やがてストマイつんぼになることはわかっていた。わかってはいたが、ストマイの注射をうたないと、私の病状が悪化することも明白であった。私は時計の秒針の音で聴力を測ってもらいながら、つんぼを覚悟でストマイの注射を打ち続けた。(今では、補聴器を使わないと、小声の話は聴こえない)

　ストマイの注射を打つと、病状はいちおう安定したかにみえたけれども、全治はおぼつかなかった。退院の見通しはつかない。

　そんなとき、母が病に倒れ、私が入院後三ヵ月を経過した、その年の暮に永眠した。私は深い絶望感にひしがれ、体重が五キロも減った。だがしかし、母の死と入れかわるようにして二女が生れたし、家族は私の退院をひたぶるに待ちわびている。母のことを思い、妻子のことを考える

島一春夫妻と政子（右）

のが、恐ろしかった。真っ暗な底なし沼に、じりじりのめり込んでいくような幻覚を振り払うために、私は小説を書き続けた。

そうして書いた「労農夫」という小説が、家の光協会の第四回地上文学賞を受賞した。その年、昭和三一年の秋、天草を台風が襲い、崖崩れ、海岸道路の決壊など大きな被害を受けた。

台風後、一〇日も過ぎた日のことであったろう。「面会です」と呼ばれて病室を出て行くと、玄関に、髪の毛が少しちぢれた面長な顔立ちの男が立っていた。菜っ葉服を着ており、汚れた半長靴をはいた男だった。眼光が鋭い。が、私にはそんな知人はいなかった。

「島ですが……」とけげんな眼を向けると、「森です。思ったよりも元気そうで、安心しました」と、笑顔になった。眼から鋭さが消え、人なつこい顔になった。このとき、私は森と初めて言葉をかわしたのである。気を強くもって療養してくれ、小説は書き続けるように――と、森は激励してくれた。その言葉や態度に、私は竹のような柔軟な情感と、鉄のように堅い男の意志を感じた。頼りになる男―というより頼れる男だ、と思った。

その後、森は忙しい政務のあい間に、激励の手紙を何回くれたことだろう。また、森の奥さんは、私のあばら家を訪ねて、妻を励ましてくれたのである。町長の奥さんがきて、子供にみやげ物をもらった、私にこう言ってくださった、という妻からの手紙が届くたびに、私の胸は熱くなるのだった。

昭和三三年、私は三角戸馳療養所で胸の手術をした。初めての創作集『無常米』を出版したのは、その年の暮のことである。この本を出版するにあたっては、龍ヶ岳町の先輩、親戚の人、知人などたくさんの人びとの温かい支援を受けた。友情と支援によって、『無常米』は陽の目をみた、というほうが正しいかも知れない。

森は、この出版をたいそう歓んでくれた。そして、一万五〇〇〇円の金を貸してくれたのである。いまの一〇万円にも匹敵するだろう。

「やると言えば、あんたが拒むだろう。払えるようになったとき、一〇年後でもよい。いちおう、貸すということにしよう」

と、森は笑いながら言った。そして、その後、その金のことについて、ついにひとことも言ったことがなかった。

『無常米』は第三回農民文学賞を受け、東京まで賞をもらいに行かなければならぬ破目になった。が、旅費がない。宿泊費もない。授賞式を断念しよう、と私は思ったのだが、このときも、友人や親戚の援助で、どうにか上京できたのであった。

森に報告すると「東京に着いたら、何月何日ごろ、新橋駅のホームで逢おう」という。森もそのころ上京の予定があったのである。言われた時刻に新橋駅のホームに行くと、「よう」と笑いながら近寄ってきて、「私も授賞式に出たいが、どうしても時間のやりくりがつかない。天草の男と

國久から顕彰状を手渡される島一春氏

して、胸を張って賞を受けてくれ」と、私の肩を叩いた。兄のようでもあり、父のようでもあった。初めての東京ではあり、ひどく感傷的になっていた私は、そのやさしい言葉に、不覚にも眼を潤ませてしまった。

「しっかりしろ。天草に帰ったら、改めて祝盃をあげようじゃないか」

森は別れぎわに私のポケットに封筒をねじ込んで去った。開いてみると、一万円はいっていた。この一万円が私の帰りの汽車賃になったのである。

森は「龍ヶ岳町文化賞」を昭和三四年に設立した。いまでは無くなったようだが、その第一回文化賞を公民館運動で功績のあった江口潮と私が受賞した。が、授賞式後の座談会で、

「もっと町民の側に立った文化を考えてほしい。町の文化は中央からの移入ではなく、町で育て、町でつちかうものだ」

と、私は森にかみついた。森は、もちろん舌鋒鋭く反撃したが、そのとき顔を会わせたのが最後となった。それが、いまも私の心底でうずいている。森についての思い出は尽きるところがない。

森の政治的業績、その生の軌跡、人間性などについては、いずれ一冊の本にまとめてみたいと

考えている。森は、それだけの器の広い人間だったし、その生きざまは起伏にみちている。わが町龍ヶ岳町の戦後の歴史、天草の歴史を彩る人間であったことには相違ないのである。冥福を祈る。

（現在の視点から見ると不適切な表現もあるが、できるだけ作者の表現意図を優先させていただいた。なお、個人名はふせた。また、この文章の掲載にあたり、島一春氏の長女・沼田すが子様には快諾をいただいた。厚く御礼申し上げる。）

○元公民館報担当・故松江恒雄氏の文章より

あの町この町物語　上天草道路の夜明け

執筆者　元龍ヶ岳町公民館報担当　松江　恒夫

上天草の中仙道が開通したのは明治二六年であった。新しい往還を目あてに人力車営業をはじめたのは松島町合津の松江松太郎さん（当時二六才）だった。彼の第一号のお客さんは八の字髭の官員さんであった。「どけいくとかな」と尋ねると、その官員は横柄な口調で「本渡までやれ」と命令したという。松江青年はぎこちない恰好で梶棒をあげ、「えい！」と料金もきめず韋駄天に駆けだした。約四時間で、本渡郡役所で俥を停めると「ご苦労！」と言われて、手のきれるような五円札を貰った瞬間、彼は気を失ってぶっ倒れてしまった。なにしろ、新往還建設の人夫賃、男一三銭五厘の時代である。まだ天保銭が八厘として幅を利かして通用し、豆腐が二ちょう買えたのであった。かくして中仙道は文明開化の動脈として、国道二六六号線が開通するまで地方文化、産業に大きく貢献した。

しかし、上天草東海岸地帯五町（九ヵ村）、いわゆる〃砥岐べた〃は中仙道開通後も、地方行政の真空地帯としてかえりみられず、住民は長く政治に冬眠していた。富国強兵時代にはこの砥岐組は思想穏健かつ体格堅固だとして、島内屈指の健兵供給地域であり、わが龍ヶ岳町のみでも、さきの大戦では三五八名の戦死者をだした。いうなれば政府から与えられるものはほとんど無く、国に対してはぎりぎり一ぱいまで奉仕させられるという不合理がつみ重さねられていた。

上天草循環道路がやっと開通したのは、昭和三五年の四月であった。開通式は寺本（熊本県）知事さんを迎えて盛大であったが、六五年のおくれを取りかえした故森國久さんは、〃苦心して作った道だ、じかにこの脚でふみしめてみたい〃と、すすめられたハイヤーを断わり、大道から役場まで約四粁の道を夫人と二人きりで夕暮のなかを歩きだした。

「自転車が一台もない町」といえば、町出身作家・島一春さんの作品で有名だが、自転車に乗ろうとしても、満足らしい道がなく宝の持ち腐れだからであった。

（昭和）三四年春のことであった。町の広報を担当していた筆者は、大急ぎで大道へ取材に行かなければならない事件にぶつかった。相憎と貸切船が出はらって一隻もいないのである。はたと困って思案している私に森さんの例の雷がおちた。「何っ！　船がいない。莫迦な、町には大小六〇〇隻の船がいる。機帆船で行くんだ」と森さんは瀬戸にとび出して、走っていた一〇〇屯クラスの機船を岸につけて貰った。船中で森さんはしんみりした表情で言った。「この砥岐べたは行政の不毛地帯なのだ。これは為政者の罪ばかりでなく住民の自覚の無さが原因でもある。『不自由は常と思え』という徳川家康の遺訓が天領二六〇年間このかた、砥岐べた住民を去勢してきた。われわれは主張すべきところは主張して、不自由、不便は、もっと大胆に克服しなくちゃならん。龍ヶ岳はいまが明治改元の年だと私は考える。君も貸切船がいないと言って手を拱くことはない。頭を切りかえなくては駄目だ」。

藁ぶき屋根の建物

　昭和初年のころ、某有力新聞の記者が来町したがそのリポートで、「まるで南洋の土人部落だ」と、不用意にきめつけて物議をかもしたことがあったし、終戦直後まで藁ぶき校舎を使っていた学校を見て「あれは何か」と知人に尋ねられて返事に窮したのは昔語りになった。〈中略〉

　松江青年が中仙道を、人力車を挽いて韋駄天に走った話をきいて、〃あんな道があればなあ〃と羨望してから七五年たった今日、やっとこの町も生れ変わろうとしている。――想えばながい政治の空白であった――。

（「みくに新聞」昭和四三年九月二七日、筆者は当時龍ヶ岳町公民館長）

○新聞記事より

「架橋四〇周年　天草今昔」

「(前略) 架橋実現に一生懸命だったのに、この日に顔を見られないなんて」。五橋の起工式が行なわれた一九六二(昭和三七)年七月三日。会場控室。森蓉子さん(六九) =熊本市=は、道路公団総裁(当時)が母に語りかけた言葉を覚えている。「夢の実現」を目前に他界した父。総裁の言葉に、あらためてその無念を思った。〈中略〉

「熊本日日新聞」平成18年12月28日

國久氏は五一年、天草上島の離島、樋島の村長に就任。合併後の初代龍ヶ岳町長も務めた。「電気も水道もない。掘っ立て小屋が並ぶ貧しい村だった」と当時の村職員・戸山銀造さん(七九) =同町。

簡易水道の整備、財政赤字の解消に取り組み、全国に先がけて、母子家庭支援などを盛り込んだ条例「福祉三法」も制定した。

「天草は後進地。開発資源もない」。五三年、離島振興法制定に向け、全国の離島代表者決起大会で発言した國久氏。天草の同法指定とともに架橋実現にも熱を入れた。県との折衝に汗を流し、寝台列車に二泊して東京へも頻繁に足を運んでは、国に要望した。

激務で倒れたのは出張先の熊本市。起工目前の六一年、四八歳の時だった。病床でも「橋はま

だか」と気にしていたという。〈中略〉

「（龍ヶ岳の）森町長は、架橋後の天草大合併を考えていた」と戸山さん。「今回の合併を『ちっぽけ』と言うかもしれない。本土に負けないためには、天草は一つと言っていた」。合併後の財政再建、地域浮揚策…。架橋四〇年の今、天草が抱える課題は、当時、國久氏が直面していた課題にも似ている。

（架橋四〇年天草今昔、「熊本日日新聞」平成一八年一二月二八日）

「自立　若きリーダー駆け抜け」

〈前略〉天草は貧しかった。県発行の「広報くまもと167号」によると、一人当たりの所得額（五二年度）は天草が二万九〇〇〇円に対し、県平均は約一・五倍の四万三一二六円、全国平均は二倍を超える五万八一三四円。「天草の貧しさを何とかせんと」。五一年、三八歳で樋島村長となった國久さんの口癖だった。

当時、熊本を含む六都県と国は、離島振興について協議を重ねていた。だが、本土と近い天草を「離島」とすることに、同志であるはずの五都県でさえ難色を示す。その協議の場にいたのが、県内市町村の離島振興対策協議会の代表として参加していた國久さんだった。

「理路整然とした語り口。情熱と説得力は出席者の中で際立っていた。森さんの熱意が離島指定の力になったと思う」。県の離島振興担当職員として協議に参加していた大塚由成さん（七八）

「西日本新聞」平成17年7月1日

は証言する。五三年制定の離島振興法で第一次指定を受けた天草。これによりさまざまな振興事業が展開され、架橋実現の起爆剤となった。

「今日のこの日に、國久さんがいないことが本当に残念で仕方がない」

死から約一年後の六二年七月三日。天草架橋起工式の祝賀会の控室で、妻・政子さん（今年四月死去）と長女・蓉子さん（六七）を前に、座布団からわざわざ降りて二人の手を握った上村健太郎・日本道路公団総裁が声を震わせた。

◇　◇

樋島村長、三村合併で誕生した龍ヶ岳初代村長、町政移行後の初代町長。このほか、天草郡町村会会長、天草架橋期成会副会長、全国離島振興協議会副会長など、天草の若きリーダーとして島内外を駆け回った國久さんの一〇年。「もっと地元にいてくれ」と、議会が求めたほど多忙を極めた。

地元にいればいたで、役場への通勤に二日と続けて同じ道は使わず、一日一軒は途中にある家庭を訪問し、町民の生の声を聞いた。ハンチング帽にステッキを持ち、時間を見つけては精力的に動き回った。公務に支障がないように、出張の移動日に日曜を当てることも多かった。「父を家で見かけた記憶はほとんどないですね」。リーダーとしての國久さんしか知らない二女・純子さん（五四）は振り返る。

「一日を無駄にしないつもりで来たけれど、やはり思い半ばの感を深くする。一生懸命走って追いついたと思ったら既に世の中はもっと遠くに進んでいる。田舎と都会の差…」。

國久さんの資料を整理していた純子さんが見つけた走り書き。激務に倒れ、死の床でメモ帳に書いたものだった。うわごとでも天草行政のことをつぶやいた。その死の報で地元紙が「公僕の鬼」と呼んだ國久さんには、最期の時まで天草への思いがあふれていた。

（道とともに　天草の心象風景、「西日本新聞」平成一七年七月一日）

三　友人・河上洋子氏が語る國久の思い出

〝もう出逢えない人〟

河上　洋子（歌人・元ＮＨＫ職員）

森さんとの出会いは、もともと森さんの奥さん、政子さんからの縁である。戦後、昭和二一年に焼けあとに小さく残っていたＮＨＫに就職した私は、ＧＨＱの指導のまま昔からの部長や先輩と一緒に「番組の制作」「原稿の書き方」「話し方」、ともかく放送というものを全部指導されていた。婦人会のあり方もその中の一つで、「女性の集い」や「明るい農村」などの番組を担当した。当時、政子さんは婦人会長などをされ、天草の生活改善運動や婦人問題など積極的な活動家で、政子さんとは早くから仕事でもお世話になっていた。

そんな折、仕事中忙しくしていた時だった。職場に一本の電話がかかった。

「天草の森といいます。私の奥さんがよくあなたとつき合っとりますが、私ともつきあって下さい」という。これが、龍ヶ岳町長だった森國久氏との交際のはじめである。

それからは、出張で出て来られた時にはよく誘われて、水前寺の料亭などでご馳走になった。「画津花壇」など、私の身分ではとても近づけないところ。江津湖の水の美しさが今でも忘れられない。

そんなある日、「今日は天草特産のイリコを袋いっぱい持ってきたので、何人か集めてください」と。私は、いつものように、仕事で一緒の仲間たち、お酒も好きな女性を、四、五人を誘っては指定の宿に出かけた。森さんは大きな白い俵型の一俵袋（五キロくらい?）のイリコを頭にのせて待っていて、その茶目っけ振りにまず、始めから皆で大笑いした。部屋いっぱいに紙を敷いて、大袋から一つかみずつイリコを分配。その夜は、イリコの匂いの中で皆お酒をのんだ。女たちの職場での不満、世間での女性差別など、言うことはいっぱいで、森さんは充分なるきき役でもあった。話術も巧みで、人を喜ばせる達人であった。私の仲間たちも皆森さんの虜になり、魅了された。

ある日、天草に出張するとき、お会いした。森さんは珍しく急に真面目な顔で、「本渡市の長女の嫁ぎ先を訪ねて、娘に会って様子を見て来てほしい」とおっしゃる。私は本渡温泉の大きなホテルの若女将、森さんの長女・蓉子さんに会った。カスリの着物がよく似合って美しい方であった。「お元気そうでしたよ」と報告したら、森さんは深い息をはいて「よかった」とおっしゃった。あの時の、全く安心したというお顔を思い出すと今でも心が痛む。森さんが亡くなった後、森蓉子さんは御苦労があったようだが、熊本市で観光関係の仕事を経て、熊本上通郵便局長として活躍された。私とは、「日本有職婦人の会」（男女参画運動の前身）でも一緒に活動した。

森さんのことでは、もう一つ忘れられない思い出がある。

龍ヶ岳町は、天草で先進的な施策をし、話題の多い町であった。まだ今のように「福祉」が問題になる前、龍ヶ岳町では昭和三六年に町で「福祉三条例」を作られた。これは全国的にも画期的な施策で大きな話題となり、ＮＨＫで取材に立ち会った。私はこの時、ほかにもう一つのことで会う予定の人がいた。農民文学作家の島一春さんである。「お休みの前に」という番組で、美しい音楽にのせて心やすまる文章を流すもので、島さんにも書いてもらいたいと思っていた。「自転車のない町」というものであった。私は島さんに龍ヶ岳町役場で会った。この時、島さんよりも町長のほうが話し上手で、「自転車のない町」について取材を終えることが出来た。その後、「島さんが世に出るまで私は応援する」と島さんについて熱弁だった。我が子を案じるかのように、人に愛情を注ぐ森さんだった。

町長が亡くなられた日、昭和三六年六月二六日、私は新しい「冷蔵庫」を買って、朝から台所でその置き場所を指示していた。その冷蔵庫、大切に使ったが、もう今年は取り替えなければと考えてはいるのだが……。しかし、私の出会った森町長、こんな素敵な美しい人にまた出会えるとは思えない。

（二〇一六年八月）

四　家族が見た「父親」國久

当時一〇歳の私には親子の触れ合いの記憶は数えるほどしかなく、妻・政子や多くの人たちの思い出話を聞いて知ったことや、國久の仕事を通じて見た記憶が大半である。少しそれらを思い出しながら、「父親」國久のイメージを綴ってみる。長身で体格も良く苦みばしった風貌で、ダンディーで男臭さが漂い、子供の目から見ても格好良い男に映った。國久が県庁へ行くと、まず女性職員たちは仕事を放り出して化粧室へ飛び込んだというエピソードがあったほどで、「人の心を魅了し、男にも女にも良くもてた」と國久の友人も語っていた。政子の苦労も窺い知れるが、「男はもてなきゃつまらない」と國久も政子も笑い飛ばしていた。

樋島村長に彼が就任したころ、村の財政は破たんし、村有所有財産も売却されている状況で、職員に給与を支払うのがやっとであった。就任一年目はほとんど無給に近く、自転車を売ったりしてしのいだそうだ。

　國久の情に熱く情に流される性格も困ったもので、貧乏村長のつけはいつも政子にのしかかった。経済的に困窮した人を見れば生活の面倒を見たり、知人友人から頼られればなけなしのお金を用立てたり、連帯保証人になったりで、政子はずいぶん苦労したが、「仕方ない、なんとかするしかない」とやりくりをして乗り切っていた。しかし、そんな気丈な政子も、葬儀を終え、五人の幼い子供たちの寝顔を見ながら、途方に暮れた。天草に多くの《遺産》を残しながらも我が家には何も残さず、最後まで貧乏村長に徹したのである。

家族との最後の正月

　忙しい國久には「休日」という言葉がなかったようである。自宅で家族とゆったりくつろいでいる姿の記憶は少ない。町長室はいつも来客に開放されていたそうであるが、我が家もまるでその延長のようであった。出張のないたまの休日にも家にはお客が多く訪れた。その合間をぬって散歩に一緒に連れて行ってもらうのが私の唯一の楽しみだった。國久はひときわ町の老人、婦人層のファンが多く、散歩の途中はまず老人、婦人、子供によく笑顔で話しかけていた。私は犬と黙って後を追いかけるのが精一杯だった。しかし、町の人を分け隔てなくこよなく愛し、接する國久の後ろ姿は私の記憶に刻まれ多くを教えてくれた。

しかし、そんなサービス精神旺盛な國久は、時々はめをはずし過ぎることもあった。たまたま近所の結婚式に國久と一緒に出かけた折、裸踊りを始めたのである。思春期の私にはよほど恥ずかしくショックだったのか、私はしばらく口をきかなかった。「酒を断るために、裸踊りでごまかし、上手に早く帰るためよ」と國久をかばい、なだめられた。末娘の私には一番弱かったのか、それ以来「町長の裸踊りが見れない」と町の人はぼやいていた。厳しさの中にも、やんちゃで明るいユーモラスな男であり、人を喜ばせることが好きであった。

長男・次男も中学から熊本市内に転校し、小学校までしか家族の元にいなかったので國久との記憶は少ないようだが、家族のわずかな記憶をつなぎ合わせ、父親・國久の姿を追いかけてみる。

厳しい父親ではあったが、幼少時家族の愛に薄い國久は、家族をこよなく愛した。

熊本出張の折は経費節減のため時折長女・蓉子の下宿先に泊まっていた。時間の余裕があれば、長女のボランティアの演劇仲間の男子学生といつの間にか仲良くなり町に連れ出したり、我が家で振る舞っていた。私以上に私の友人と仲が良かった。若者と政治や将来について語り可愛がっていた。当時、長女は、「男子学生を女子の下宿に呼ぶなんて」とはらはらしたそうだが、友人たちは「蓉ちゃんのお父さんには、人生や恋愛、政治のことなどいろいろ教えてもらい、楽しかった」と語っていた。次の時代を担う若者への思いが伝わる。

しかし、兄たちには時折厳しく、時々雷が落ちていたようだ。國久はなぜか「馬鹿」ではなく

「バク」と怒鳴っていた。特に次男の久士は父親譲りの腕白ぶりを発揮していた。兄弟喧嘩をして兄に怪我を負わせ謝らない次男は、柔道技で本気で投げ飛ばされたこともあったそうだ。

次男は小学六年生の頃、龍ヶ岳町の地図、果樹園や水族館、ケーブルカー、橋などが書かれた設計図を広げ、町の将来を嬉しそうに語ってくれたことを覚えている。三男の了一は、のんきでひょうひょうとして絵を描くことが好きだった。「あの子はあれでいい」といいながらも、國久が提案して始めた日曜日の小中学生による清掃作業をついさぼった。「周りの人の苦労を買って出るくらいせんでどうする」と長時間正座させられ、ひどく怒られた。また、〝絶対無理〟という言葉を使った時、「〝絶対〟という言葉を軽々しく使うな。人間、〝絶対〟と言いきれることは死ぬということくらいだ。そんな気持ちで使え」と言われたことは今でも記憶に焼き付いている。温厚な性格の長男、章はあまり怒られることはなかったが、青年団の村民参加の道路舗装作業にも父の代わりにいつも参加させられ、村の作業に駆り出されたそうである。「島民一体」での村づくりは小中学生からしっかり意識を植え付けられた。

そんな長男の大学入学先は、園田直氏と相談し「子供達（現・衆議院議員博之氏）は同じ学校にしよう」と話し、同じ大学の同じ学部に決めたそうである。二人は少年時代の二人の友情に思いを馳せたのかもしれない。父が亡くなった後、兄・章は園田家に寄宿させてもらい、園田家の書生としての務めを果たしながら大学に通った。彼は園田家に経済的にも精神的にも支えられて無事大学を卒業したのち、家長として家族を支えた。國久は、長男が成人式を迎える日が来るのを指折り待っては「東京のバーで章（長男）と早く一緒に酒を飲むのが夢だ」と母によく語っていたそうである。それも実現できなかった。

町民の父親

政子はよく「《町のお父さん》だからがまんしなさい」と幼い私を諭した。町民にとって、國久は「父親」のような存在だったのである。國久がそのような存在であったことを示す二つのエピソードを記しておきたい。

國久が亡くなった後、葬儀広報の写真を額縁におさめて、家族の写真と一緒に遺影として仏壇に飾ってある家が多かった。そんな家に行くと、家人は「今の暮らしがあるのも町長さんのおかげと、朝晩拝んでは泣いてるとですよ。親父にゃ拝まんばってん、町長さんにはおがむとばな」と仏壇の前で泣きながら私に話をしてくれた。

また、ある町民はこんな思い出を私に語ってくれた。「段々畑の坂道を肥たんごをいないながら歩いていると、町長さんが『きつかな』と側に近づいてこられた。『町長さん、臭かけん側に寄るすな』と言うと、『何の臭かな、肥やしは宝ばい。もう一時辛抱しとけば、良か道ば作るけん』と一緒に歩きながら話かけてもらった。難儀してる俺たちにでも偉ぶらん人だった。町長さんは生きとんなったら大臣になっとんなったばな。うちの親父は『親を亡くしたよりきつか』と言って葬式の後は一時寝込んどったばな」。

職場の父親

仕事場での國久はかなり厳しい上司であったようである。國久の法事の折、「おれが一番怒られた」と、役場職員たちは口々に「怒られ自慢」に花を咲かせた。そのやりとりの一部を再現するとあらましは次のようなものである。

出勤すると、まず雷が落ちていた。今日は誰に雷が落ちるかと朝からいつもびくびくし、今日は俺の番ではないと胸を撫で下ろした。

村長の初登庁日からまず怒られた。「君たちはそれで公務員か。下駄ばき出勤で、しかも昼休みとはいえ役所に誰もいなくなる。村民を守り、緊急対応がそれで出来るか」と雷が落ちた。その後、村長は、「まず私から言うことは言った。次は君たちの番だ。言いたいことを言いなさい」と言われた。平等にものが言えることに驚き、今まで普通と思っていたことを怒られたことに驚いた。

当時の樋島村は、財政は破たんしており、職員の給与も未払い状況にあった。給与は村につけの状態であった。職員は恐る恐る、「給与ば全部もらっとらんとので、靴も買えんとですよ。生活きつかってです」と言った。すると村長はすかさず、「もちろん払う」と約束された。村長はさっそく税制改革について説明され、税徴収について指示された。「でも税金なかなか払ってもらえんので…」と訊いた。すると森村長は、「君たちは税金払いに来てくれるのをただ待ってるのか！そんなこと言ってる間は給与も払えんぞ。村が何をしてくれるかも解らないのに、誰がわざわざ自分から払いに来るか。まず実情を聞いてこい。その上で地域担当者を決めて、全員自分たちで税金徴収に回る。私がまず一緒に回るからついてこい」と言われ、税金徴収方法から伝授された。そこで村民宅を訪れ、「村に何をして欲しいですか」と投げかけた。「約束したことはやります。やるにはお金がかかります。お寺につつむ一部でいいから払ってくれんですか。仏さんは願いは聞いてくれるけど約束しないでしょう。私は約束したことは必ずかなえます」と。村の女性は、「では預けます」とその場で払ってくれた。

毎日驚かされる日々で良く怒られもした。しかし怒られた以上に「息子」のように可愛がられた。

冒頭で述べたが、四八歳で森國久が突然この世を去ったとき、私はまだ一〇歳の小学生であった。多忙な國久についての私の生の記憶は、物心つく三歳ころから一〇歳までの、たかだか実質七年間の記憶にすぎない。しかも人生についてまだ何たるかをよく知らなかった時期の七年間の記憶である。子どもの経験が及ばない大人の世界というものがある。見えない大人の世界というものがある。私は父なき後、父の記憶を求めつづけた。母から聞かされたこと、兄弟姉妹たちからも聞かされた。もちろん、生前に彼と親交のあった方々、住民の方々、役場の職員の方など人々の助けをかりて、一〇年の記憶のキャンバスの空白、森國久を埋める努力をなんとか試みた。しかし、生存者もすでに少なく未だその空白は少なくないが、本書を通して少しだけ見えてきた。子供にとっての森國久は、慈父でもあり厳父でもあった。その厳父ぶりも、子に対する深い情愛ゆえの厳父であったと思う。町民(村民)にとっては人間として対等に接し、寄り添い、願いを実現してくれる頼りになる《父親》であり、町（村）の職員にとっては物事の筋を通すとともに、住民サービスの在り方を、まるでわが子を諭すように手本を示しつつ、怖いが親身に指導してくれる《父親》のような存在であったことが、人々の《声》を通して浮かび上がってきた。「弱者の立場に立ち、人の喜びも、悲しみも我がことのように」ということを信条として、一〇年の政治家人生を駆け抜けていった《政治家・森國久》は、家族、子供にとっての父親の枠に収まりきらないスケールの大きさを秘めた《人間・森國久》でもあった。

しかし、國久のリアルな実像に近づくには、その子として生まれ共に生きたとはいえ、父親・國久の多忙ゆえに共に過ごす時間が限られていた私の一〇年の歳月では、あまりにも短か過ぎた。家族にとって國久は今でも多くの課題を残したままである。

五　上天草市教育委員会作成道徳教育教材（平成一五年上天草市教育委員会制作）

これまで、毎年「五橋開通」を記念し、上天草市の主催で「五橋祭」が開催されてきた。

そのイベントで、平成一七（二〇〇五）年第三九回五橋祭から毎年、上天草市の小中学生の道徳教育を目的として、天草五橋開通に感謝する偉人感動文作文「森慈秀（元・大矢野町長）感動文」が発表されていた。

昨年、平成二七（二〇一五）年から、上天草市教育委員会の指導の下で第四九回五橋祭で初めて「天草架橋開通に尽力した上天草市の偉人感動文」として森國久も取り上げられた。そこでは、「心をつなぐ五橋」と題して発表した中学生の川上千晶さんが「最優秀賞感動文」を得た。

本資料は上天草市教育委員会で作成された森國久に関する作文の教材である。

〈資料一〉

「離れ島に水道をひいた男　元樋島村村長　森國久」（小学生版）

「よいしょ、よいしょ」。おばあちゃんがタンゴをいなって、行き来しています。何のかけ声か分かりますか。これは、一日に何度も食事や風呂で必要な水を井戸からくんで坂を上り下りする時のかけ声です。当時は女の人の仕事で、毎日行なっていました。

「水を何とかしなければ……」と。

水くみの様子を見ていてつぶやいた若者がいました。後の樋島村村長・森國久です。

森國久は、明治四五年天草郡樋島村に生まれました。樋島村は、周囲一二㎞の島で、昭和四七年に橋がかかるまでは離島でした。当時は約六〇〇戸の家が密集していました。後に天草五橋の実現に大きな功績を残す國久ですが、これは國久の樋島村村長時代のお話です。

昭和二六年に樋島村の村長になった國久は、役場に出勤するとき、帰るときは同じ道を通りませんでした。それは、行き帰りに違う道を通ることにより、より多くの村民の声を聞くことができるからだといって、何より村民とのふれあいを大事にしました。

夕方帰るときは、山から畑からの帰り道のお年寄りに声をかけ、「ばあちゃん、いっときがまんしとけば、リヤカーの通る道ば作るけん、いなわんでよか道ばつくるけんな」と。「村長さんが向こうからきよんなって、声ばかけようと思っていると、やっぱり村長さんから先に、きつかったな……と声をかけてもらう」とお年寄りは喜ばれました。

村民とのふれあいによって村民の不自由な生活を肌で感じていた國久は、次々に行動を起こしを実現していきましたが、中でも情熱を注いだのは、島に簡易水道を設置することでした。昭和二六年当時、水道が整備されていたのは、熊本県では熊本市だけでした。

暑い日も寒い日も、井戸の水をくむために、急な坂道をタンゴをいなって行き来している様子を毎日見てきた國久は、女性たちに

「水道を引いて水をいなわんでよかごとするけんな」

と、日々声をかけていました。

しかし、難しい問題が待ち受けていました。それは、水源地がなかなか見つからないこととお金がかかることでした。

「水道をひくのは無理なのか」

と、何度もあきらめかけました。しかし、そのたびに、重いタンゴをいなって水を運んでいるおばあさんの顔が浮かんできます。

「なにくそ。あきらめるものか」

と、休日を返上して水源地を探しあてました。また、予算面では、県からの補助が受けられなかったので、各部落でお金を出したり、麦などをお金に換えたりするなど村民の協力を得て、ついに簡易水道を完成させました。

「かべから水が出た。」

「村長さんの家に足を向けてねれない。」

村民は驚きとともに、國久への感謝の気持ちを口々に述べるのでした。

この後、樋島村では、タンゴをいなって井戸の水をくみにいく姿は見られなくなりました。また、樋島村の人々の生活がとても楽になったことは言うまでもありません。

〈資料二〉

「二〇年間を一〇〇年生きた男—元龍ケ岳町町長　森國久—」（中学生版）

平成二七年、上天草市の国道は、ひっきりなしに車が行き交い、国道沿いにはレストランやお店が連なり、賑わいを見せています。しかし、天草五橋ができる前の上天草市は本土（三角町や熊本市）に行く交通手段は船しかありませんでした。台風がきたら陸の孤島となり、何かと不便を被っていました。

そのような不便さが解消されたのが昭和四一年の天草五橋の開通です。これは、天草五橋を作るために我が身をけずって島民のために奔走した龍ヶ岳町の元町長のお話です。

明治四五年七月、天草郡樋島村（現・上天草市龍ヶ岳町樋島）に元気な男の子が生まれました。後に天草五橋実現の礎を作った森國久です。國久は、小さい頃からとても元気のいい子どもでしたが、子どもなりに生活は不自由さを感じていました。それは、当時は水道がなく井戸の時代でしたので、毎日坂道を行き来して水を汲んでいたことや、樋島が船しか交通の便がなかったことです。

「大きくなったら、樋島に水道を引く。また、天草と本土を橋で結び、陸の孤島から脱却させたい」

と、子ども心に固く誓うのでした。

成人して、警察勤めを経て、樋島村民の厚い信任をうけて村長になったのは昭和二六年の五月、三七歳のときでした。

樋島村長となった國久は小さい頃に心に誓っていたことを実行に移しました。簡易水道の設置、港の改修工事、道路の舗装、保育園の開設など、住民の生活の向上・安全のために寸暇を惜しまず働きました。

本土と天草をつなぐ天草五橋を実現するためには、莫大なお金がかかります。当時の天草は、車が通れる道はわずかしかなく、橋だけかけても意味がありません。國久は、橋を渡って天草の町や村をつなぐ道路の建設まで視野に入れていました。その予算を獲得するため、国会が全国の離島を振興するための法律「離島振興法」を制定する動きがあるとの情報を得るや、國久は、

『離島振興法』こそ我が天草伸長の基本である。離島振興法がなかったら天草の発展はあり得ない」

との熱い思いから「全国離島代表者決起大会」に座り込み覚悟で乗り込みました。大会では自主参加の熊本県には当然「席」はありませんし、「発言」することも認められていませんでした。しかし、天草振興への熱い思いを携え、一歩も引かない覚悟で参加した國久は、会議の途中に突然、

「議長、発言を求めます」

と叫びました。だが、自主参加である熊本県の発言を議長が認める訳がありません。しかし、國久は制止する警備員を振り切り、議長に直談判をしました。何度も押し問答を繰り返した末、國久の熱意に負けた議長が特例で発言を認めました。

「離島である天草は何の開発資源もなく、生活水は、未だに井戸に頼っている状況で、島民は極めて貧しい生活を送っている。それを救うのは、離島振興法の適用を受けるしか方法はない」と國久は壇上で涙ながらに訴えました。國久とともに熊本県の代表として同席していた衆議院議員・園田直は、

「しびれたよ。あのときの発言を聞かせたかった」と周囲に語っています。國久の天草島民を思う熱い心が、参加者の心を打ったのです。こうして天草は「離島振興法」の対象となり、莫大な予算を獲得することができました。「離島振興法」の指定地域になった昭和二八年から昭和五四年まで、天草に一三〇〇億円が投入されています。いかに、天草五橋実現に「離島振興法」の力が大きく関わっていたかが分かると思います。その中心にいたのが國久なのです。

このように、天草五橋の実現のために働いた國久は、「一〇年間を一〇〇年生きた男」と称されるほど、天草島民のため休みなく働きました。天草五橋実現のために、国への陳情も多く、一年間に九回も東京への出張したこともあったそうです。当時は飛行機や新幹線はなく、龍ヶ岳町から船と汽車で熊本まで三時間、熊本から東京まで夜行列車で二五時間かかっていました。激務がたたったのか、昭和三六年六月、東京出張の前日に倒れ、四八歳の若さで亡くなりました。故郷・樋島で行なわれた葬儀には、当時の樋島の人口とほぼ同じ三〇〇〇人もの人々が國久の死を惜しみ、全国から参列しました。葬儀の際に供えられた花輪は三〇〇。天草全土の花輪がなくなったといわれています。ここに、我が身を捨てて、天草島民のために、命を捧げた國久の人となりが表れていると思います。

注：本文章の掲載にあたり、上天草市教育委員会より許可をいただいた。なお、文中の〈國久は制止

する警備員を振り切り、議長に直談判をしました。何度も押し問答を繰り返した末、〉の部分は脚色であり、事実とは異なります。

(1)　昭和36年7月5日発行　公民館報　(第75号)

竜ヶ岳

町長森国久氏逝去

告別式は空前の盛儀

惜しまれる識見とその手腕

遺体に別れを惜しむ町民
―本渡では郡町村会葬―

町葬は六月三十日

故森国久氏を悼む
辻本甫之助

故森国久町長の功績と略歴

故森町長を悼む
地元代表紙の論説

街録

選挙は公明に
選挙法を正しく守って
町内から一人の違反者
も出さないように…

お礼

会葬御礼

―お知らせ―
竜ヶ岳町長選挙は
昭和三十六年八月五日(土)施行決定

町選挙管理委員会

「龍ヶ岳広報」昭和36年7月5日

電報

コツカイ 四一三五 一二、三、四二
ヒノシマレ
モリマサコ殿
ゴシユジンサマノゴセイキヨノフホウニセツシ アイセキノイタリニタエズ セイゼンヲシノビハルカニゴメイフクヲイノリマス
コツノ一ロウ

36.6.26

日本電信電話公社

森竜ガ岳町長逝去

竜ガ岳町長、郡町村会長は二十六日自治病院で胃かいようのため急逝した、四十八才、町では三十日町葬を以て告別した。

明治四十五年七月十日、樋島村に生まれた氏は昭和五年三月県立八代中学を卒業まもなく熊本県巡査を拝命して十六年十月巡査部長、十八年六月警部補となり特高主任を命ぜられた。戦後、公職追放と共に県鮮魚船商業組合に入り、同組合専務理事、県協同組合水産会社専務取締役を経て故郷樋島へ帰り、二十六年五月の村長選に出馬、見ごと当選して地方自治行政の第一歩を踏み出した。初代竜ガ岳村長を勤め上げて三十三年に同村長選に再出馬、よく幾多の悪条件を克服して当選したが、このころから森氏の身辺はようやく多忙を極め、郡町村会長、天草振興協議会長、架橋期成会副会長、郡観光協会長、その他離島振興関係の要務のために席の温まる暇もなかった。この間、島内の各種会、協会等を統合して天草振興協議会を設立し、十数年絶えず島の町村長たちが夢に描いた自治会館を建設した功績は天草地方自治史に不滅の一ページを飾るものとして高く評価されている。いっぽう町政にあっては島内きっての後進性から脱皮させることに全霊を打ち込み、産業、交通、観光開発に残した業績は枚挙にイトマなく、とくに全国にさきがけて母子福祉、身体障害児童、戦没者遺族年金条例等の福祉三法を制定したことは余りにも有名で、福祉国家の建設、誰もが住みよい社会を造ろう…というのが死ぬまで氏の叫び続けた言葉だった。

森氏死すの報に駆けつけた盟友園田直代議士は枕頭で慟哭、「あと十年の命を与えてほしかった」というのが森氏の安らかな死に顔に接した人々の口をついて出た言葉だった。山階全離振事務局長(元宮様)も驚いて東京から駆けつけ生前の功を讃えたが、弔電五百通、花輪二百、会葬者約二千という稀れにみる盛葬をもって人々は森氏の労に報いたのであった。

の偉功を讃え、敬弔の誠を捧げますとともに、ひたすら御冥福をお祈りいたす次第であります。

昭和卅六年六月卅日

熊本県知事 寺本広作

一　新聞の追悼記事

「告別式は空前の盛儀　惜しまれる識見とその手腕」

森國久龍ヶ岳町長は六月一一日、熊本市に出張中、穿孔性腹膜炎のため倒れ、熊本市内の自治病院に運ばれ、直ちに開腹手術を行ない、さらに一六日、第二回の胃切除では四分の三を切り取るという大手術を行ない、近代医学の粋を傾け、かけつけた政子夫人や先輩、知友、親族などの手厚い看護にもかかわらず、容態は一進一退、面会謝絶のうちに、御快癒を神かけて願った町民の熱禱も空しく、ついに六月二六日午前四時四五分逝去された。

町葬は六月三〇日午後一時から、天草龍ヶ岳町樋島、浄土真宗の名刹・観乗寺で、朝野の名士をはじめ町民約三〇〇〇人余の会葬をもってとり行なわれた。弔電六〇〇通、花輪二〇〇、空前の盛儀は故町長の業績と人となりに相応しく、炎天猛暑にもかかわらず会葬者は涙も新たに心からその御冥福を祈念したのである。（「龍ヶ岳公民館報」）

「海潮音（「天草民報」コラム）」

龍ヶ岳町長で郡町村会長の森國久氏が忽然と逝いたことは天草にとって大きな損害である。ありていに言って、われわれは氏のような活動家を見たことがない。「八面六臂」「寝食を忘れて」の言葉は氏のために造られたようなもので、四八年の生涯で一〇〇歳以上生きた人の働きをしている。

棺を運ぶ善幸丸

死の原因であった胃病は、精神的の疲労から来たもので、氏の職務が完全に死へ追い込んだのである。数年前の胃の手術が氏にとって第一の警告だったが、氏の情熱と責任感はそれを顧みるべく余りに強かったのであろう。氏の辞書には「休養」という語が無く、仕事に熱中している時が休養だと自ら述懐していたが、生身である以上、その精神力にも限界があった。「疲れている、今夜は勘弁してくれ」と初めて青年学級への出席を渋ったのは死の一ヵ月前だったが、あれが最後の警告となってしまった。氏が県の自治会館で碁を打ちながら苦痛を訴えて入院したことを以って公務死かどうかを論ずるのは愚の骨頂で、氏が天草と龍ヶ岳のために完全にその命を捨てたことは、もはや説明の要はない。

死の数日間は昏睡状態が続いたが、氏は最後の瞬間まで町政や天草架橋についてウワゴトを繰返し、付き添いの人を驚かせ、かつ泣かせた。町議会における施政方針演説の半ばにして息を引きとったというから、氏は最後まで幸福で満足だったのである。政治家としての氏には県議への道も開けていたが、町政の責任上、これを見送っていた。六段の実力を持つ柔道家が最後まで白帯に甘んじたわけだ。氏の町葬が、かつてなく盛大であったことは天草人が報恩感謝を知っている証左として結構だが、それが葬儀の日だけの感激で終わるようでは浅ましい。二六日早朝、逝去の報に接した園田代議士が着の身着のまま天草にかけつけ、線香を済まし遺族を慰めているが、役に立つ間はチヤホヤしながら死んだが最後無情だと言われる政治家の世界で、何かしらホノボノとしたものを感じないわけにはゆかなかった。

「街録」

町村会長の森國久氏が死去した。聞けば、熊本に出張中、胃穿孔で倒れ、胃臓の四分の三を切除したが、再起不能となった。痩せ型で多少神経質に見えたが、良く気のつく人で、企画性に富んだ人だった。

母を案じる長女・蓉子

昭和二九年、龍ヶ岳村長になった時、町村会への滞納負担金二五万円を風呂敷に包んで会計に差し出したという話がある。振興連絡協議会を作って、借家住まいの事務所を今の自治会館に移したりしたのは活動の端緒だった。県に対しては、自町の発展を図るとともに、全島の道路公社計画などを発表して、日夜、天草の開発に心を砕いていた。対外的には離島振興や架橋にも副会長として貢献し、近来の町村長中稀に見る熱誠公平の人であった。

今度の死因も心身の過労がもとだったかも知れぬ。何となく顔色が冴えなかったのも、胃の疾患が高じて穿孔するまで放っていたのではあるまいか。氏は県議会へ出る機会があってもこれを見送り、ひたすら自分の町と天草の開発に努力していたのに惜しいことをした。しかし大抵の仕事はその半ばを達成し、見通しはハッキリしている。今後、氏の政治力を継いで龍ヶ岳なり天草のために働いてくれる人物があるかどうか。些か疑問である。昨夏、高戸にバスが通ずるようになったといって記者団を呼んで親善野球をしたりしたのも夢、われらは心から氏の死去を痛惜する。

（「みくに新聞」コラム、昭和三六年六月）

天草町村会葬を見送る島民

「みくに新聞」の追悼記事

龍ヶ岳町長・森國久氏逝去　実行力に富む人材として惜しまる

森國久龍ヶ岳町長は、六月一一日、熊本出張中、穿孔性腹膜炎のため倒れ、熊本市内の熊本自治病院に運ばれ、直ちに開腹手術を行ない、一六日には胃の四分の三を切り取るという大手術を行ない、輸血や注射を行なっていたが、かけつけた政子夫人や役場員の介抱にも拘らず、一進一退、外来の面会も禁止される容態であったが、遂に二六日午前四時四五分逝去した。森町長の遺体は直ちに三角経由龍ヶ岳町樋島の自宅に安置され、家族をはじめ町民の通夜があり、二七日、本渡市で火葬を行ない、同日午後二時から天草自治会館で町村会葬を行なった。政子夫人をはじめ各町村長、空路帰郷した園田代議士、横山本渡市長、高橋牛深市長、松岡、田代、西岡各県議のほか各官公庁、団体代表など多数が参列、霊前に焼香を捧げ、森氏の冥福を祈った。同氏の遺骨は政子夫人や令息・章君などに抱かれて龍ヶ岳町の自宅に帰ったが、龍ヶ岳町では三〇日午後一時から樋島の観乗寺で町葬を行なう。既に、天草町村会には全国離島振興協議会会長・山下元一郎氏、全国離島振興協議会事務局長・山階正芳氏が町葬に参列する旨連絡があり、池田総理大臣をはじめ各界の花輪が送り届けられている。

〔森國久氏略歴〕

明治四五年七月一〇日、龍ヶ岳町樋島に生まれ、八代中学卒業、県巡査を振り出しに巡査部長、警部補に昇進、終戦後は二二年、熊本県協同組合水産会社専務取締役、二六年、樋島村長に当選以来、二九年七月、町村合併と同時に初代町長に当選、三三年、再選され、天草郡町村会長、県町村会副会長、天草架橋促進期成会副会長、全国離島振興協議会副会長、内閣離島対策審議会委員などの要職にあり、天草では自治会館建設、天草連絡協議会設立などに当たり、龍ヶ岳町にあっては社会福祉面に力を注ぎ、全国に類例のない福祉三法（母子福祉、身体障害児童、戦歿者遺族年金）を単独に制定する一方、観光、産業、交通などの面にもその敏腕を発揮、島内切っての手腕家と高く評価されていた。享年四九歳。

（「みくに新聞」昭和三六年六月三〇日）

竜岳町長
森国久氏逝去
実行力に富む人材として惜しまる

「みくに新聞」
昭和 36 年 6 月 30 日

「天草民報」の死亡記事

龍ヶ岳町長、郡町村会長は二六日、自治病院で胃潰瘍のため急逝した。四八歳。町では三〇日、町葬を以って告別した。

明治四五年七月一〇日、樋島村に生まれた氏は、昭和五年三月、県立八代中学を卒業。まもなく熊本県巡査を拝命して一六年一〇月、巡査部長、一八年六月、警部補となり、特高主任を命ぜられた。戦後、公職追放とともに県鮮魚船商業組合に入り、同組合専務取締役を経て故郷樋島へ帰り、二六年五月の村長選に出馬、見ごと当選して地方自治行政の第一歩を踏み出した。初代龍ヶ岳村長を務めあげて三三年に同村長選に再出馬、よく幾度の悪条件を克服して当選したが、このころから森氏の身辺はようやく多忙を極め、郡町村会長、天草振興協議会長、架橋期成会副会長、郡観光協会長、その他離島振興関係の要務のため席の暖まる暇もなかった。この間、島内の各種会、協会などを統合して天草振興協議会を設立し、一〇数年絶えず島の町村長たちが夢に描いた自治会館を建設した功績は天草自治史に不滅の一ページを飾るものとして評価されている。いっぽう町政にあっては島内きっての後進性から脱皮させることに全霊を打ち込み、産業、交通、観光開発に残した業績は枚挙にいとまなく、とくに全国に先駆けて母子福祉、身体障害児童、戦没者遺族年金条例などの福祉三法を制定したことは余りにも有名で、福祉国家の建設、誰もが住みよい社会を造ろう……というのが死ぬまで氏の叫び続けた言葉だった。森氏死すの報に駆けつけた盟友・園田直代議士は枕頭で慟哭、「あと一〇年の命を与えて欲しかった」というのが森氏の安らかな死に顔に接した人々の口をついて出た言葉だった。山階全国離島振興協議会事務局長も驚いて東京から駆けつけ、生前の功を讃えた。弔電五〇〇通、花輪二〇〇、会葬者二〇〇〇という稀に見る盛葬をもって人々は森氏の労に報いたのであった。

『略史　天草の五十年』

メキメキ売り出した森國久氏が天草振興協議会の初代会長に就任、その後、満五ヵ年、森氏は精魂傾け尽くして新しい島づくりに専念、一〇年の懸案だった自治会館建設を成就、また天草架橋実現には寝食を忘れ、絶えず一〇年後の天草を夢見たが、不幸、病に倒れ、最後の瞬間まで島づくりのうわ言を繰り返し、架橋着工の確報も待たず息を引きとったのは痛恨事という外ない。

（みくに社刊、一一五〜一一六頁）

観乗寺での町葬

「熊本日日新聞」の死亡記事

胃潰瘍から穿孔性腹膜災を起こし、熊本市大江町九品寺自治病院で療養中、二六日午前四時四五分死去。四八歳。同町樋島出身、二六年、樋島村長に当選以来、初代龍ヶ岳村長、町長。

天草郡町村会長、県町村会副会長、天草架橋促進期成会副会長、全国離島振興協議会副会長、内閣離島対策審議会員などの公職をかね、天草自治会館の設立、天草振興協議会の設立に功績を残し、離島振興、天草架橋の実現に活躍していた。

森副会長急逝

森国久副会長（熊本県天草郡竜ヶ岳町長）は、熊本市の自治病院に入院加療中のところ、急性腹膜炎のため、六月二十六日午前四時逝去された。行年四十八才。

同氏は現竜ヶ岳町の樋ノ島に生まれ、県立八代中学を卒業、後警察官として熊本県警察部などに勤務。戦後は熊本県鮮魚船商業協同組合専務理事等を経て、昭和二十六年五月、合併前の樋ノ島村長に、二十九年には合併後の初代竜ヶ岳村長に選ばれた。特に昭和二十八年六月の本会創立以来、連続五期にわたって副会長に推され、さらに三十年一月以来政府の離島振興対策審議会の市町村代表委員として、全国の離島振興の先駆として奮闘されてきた。

本会ではただちに弔電を送るとともに、六月三十日の町葬に際しては、山階事務局長が参列し、山下会長の弔辞を呈し、花環を供え、謹しんでその御冥福を祈った。

『しま』第25号記事

また、今年一月から全国初の母子福祉、身体障害児童、戦没者遺族各年金条例を町単独で施行、町民の福利増進に努力していた。

（昭和三六年六月二六日夕刊）

森副会長急逝

森國久副会長（熊本県天草郡龍ヶ岳町長）は、熊本市の自治病院に入院加療中のところ、急性腹膜炎のため、六月二六日午前逝去された。行年四八歳。

同氏は現龍ヶ岳町の樋島に生まれ、県立八代中学を卒業、のち警察官として熊本県警察部などに勤務。戦後は熊本県鮮魚船商業協同組合専務理事などを経て、昭和二六年五月、合併前の樋島村長に、二九年には合併後の初代龍ヶ岳町長に選ばれた。

特に、昭和二八年六月の本会創立以来、連続五期にわたって副会長に推され、さらに昭和三〇年一月以来、政府の離島振興対策審議会の市町村代表委員として、全国の離島振興の先駆として奮戦されてきた。

本会ではただちに弔電を送るとともに、六月三〇日の町葬に際しては山階事務局長が参列し、山下会長の弔辞を呈し、花輪を供え、謹んでその御冥福を祈った。

（全国離島振興協議会機関誌『しま』第二五号、昭和三六年七月号）

二　弔 辞 集

國久の突然の死に、全国の離島関係者をはじめ、池田勇人首相、関係の各大臣、都道府県知事など弔電六〇〇通、花輪二〇〇が供された。そのなかから、いくつかを紹介する。

全国離島振興協議会会長　山下 元一郎

森副会長さん。去る二六日、俄かにあなたがお亡くなりになったとの電話を受け、私は自分の耳を疑い、驚きのあまりしばし茫然自失いたしました。

思えば、先頃、島根県玉造温泉で盛大に行なわれたわが全国離島振興協議会昭和三六年度通常総会の席上、あなたが元気なお姿で運営上適切な御孝言により大会の意義をひとしお昂揚されたのは、奇しくもちょうど二ヵ月前の四月二六日でございました。あの時のあなたの颯爽たるお姿は、まだ私の瞼に浮かび、昨日のことのように思われますのに、今日こうしてあなたのご霊の前に立とうとは、まことに痛恨限りなく、哀悼の極みでございます。

あなたは昭和二六年五月、樋島村長に当選せらるるや、少壮気鋭の村長としてその卓越せる識見をもって縦横の手腕を振るわれました。そして、昭和二八年六月、わが全国離島振興協議会の結成を見るや、全国離島の数多い市町村長の中から選ばれて副会長の要職に就かれ、翌七月には待望の離島振興法が公布せられたのであります。爾来、あなたは「離島振興法こそ我が村勢伸長の基本である。もし、離島振興法なかりせば離島の姿は一体、今どうなっているであろうか」ということを、どこの会合でも口癖のように申され、私達をいつも鼓舞して下さいました。

あなたの御霊前にたった今でさえ、私の耳には真情の溢れた、あなたの「離島振興法なかりせば」の声なき声は確かに聞こえるのでございます。そうして、離島振興法の実施促進のため全力をつくされたことは勿論、二四万天草島の人々のためばかりでなく、全国二〇〇万離島民の幸福を念願して、いつも旺盛な情熱を傾けて東奔西走されました。

あなたは更に昭和二九年七月、町村合併による龍ヶ岳村長に当選。ますます所信に向かって邁進されたので、業績は如実に顕われて、昭和三四年四月一日の町政施行となり、同時に初代町長として更に活躍を続けて倦むことを知らなかったあなたでございました。

この間、あなたは我が協議会の副会長であるとともに昭和三〇年一月から内閣総理大臣の諮問機関である離島振興対策審議会の委員として常に公正にして力強い意見を活発に発言されて、離島振興法実施地域の指定を始め数次に亘る離島振興法の改正、離島振興予算一本化の達成、経済企画庁内に離島振興課創設の実現、年々の離島予算の大幅な獲得、特に去る五月二九日、足掛け四年間の涙ぐましい努力の賜物として離島振興法の一部を改正する法律の公布を見るなど、これら画期的業績に対しては、すべてあなたの渾身の御努力が払われたのでありまして、その御功績は、真に称賛に値するものばかりでございます。

あなたはまた、地元にあっては熊本県町村会副会長、天草郡町村会会長、天草架橋期成会副会長として、本土と天草島を繋ぐ架橋問題については真に心血を注ぎ、超人的活動をいたされたことは関係を持つ皆様の均しく知るところであります。

その他、雲仙天草国立公園の実現に成功、天草漁民の対馬近海の入漁問題解決等々、あなたの輝く御功績は実に枚挙に暇がありません。

このようにあなたは生前数々の偉業を達成されたとはいえ、天草架橋は未だ調査の段階にあり、晴れの架橋完成の日を俟たず、また、離島振興法の恒久立法化の実現をみずして、あたら多くの春秋を残して早くも他界されたことは、さぞかし、お心残りでございましょう。あなたのご心中をお察しすれば、まさに断腸の思いがいたします。あなたの徳望と腕力量は、あなただけ唯お一人がわが協議会の結成当初から五期連続副会長を続けられた事実によって明らかであります。

あなたとともに、この八年間、離島振興一筋に苦難の途を歩み続けて来た私は、世にいう働き盛りに漸く達せられ、常に大志を抱き実行力に富まれたあなたに大きな期待をおかけしていましただけに、にわかの御逝去に遭い、ほんとうに、なにか大きな穴がポッカリ空いたような気持ちで一杯です。また、次から次にと思い出は尽きず、涙新たなるものがございます。あなたは志半ばにして惜しくも現世を去られましたけれど、あなたの崇高な御人格と あなたの大きな御遺業は龍ヶ岳町内外の人々

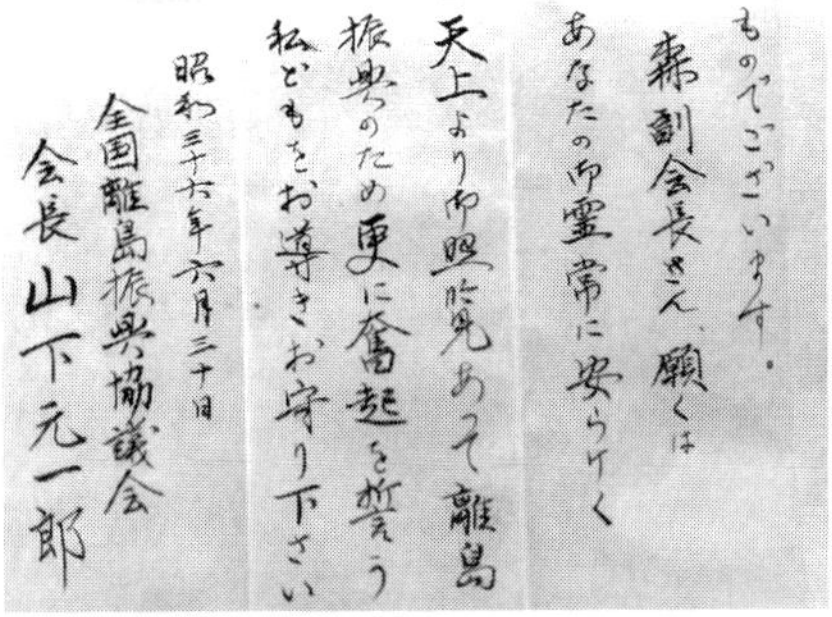
ものでございます。
兼副会長さん、願くは
あなたの御霊常に安らけく
天上より御照覧あって離島
振興のため更に奮起を誓う
私どもを、お導きお守り下さい
昭和三十六年六月三十日
全国離島振興協議会
会長 山下元一郎

の景仰の的であり、永く青史に残るべきものであります。

私どもは全国離島振興協議会の森副会長という偉大な人材を失ったことを徒らに悲しむことなく、あなたのご遺志を継ぎ、覚悟を新たにして、一層、離島振興のために献身することこそ、あなたの御英魂を慰め、御冥福を図る所以なりと確と信ずるものでございます。

森副会長さん、願わくはあなたの御霊常に安らけく、天上より御照覧あって、離島振興のため更に奮起を誓う私どもをお導き、お守り下さい。

熊本県知事　寺本　広作

謹んで、故龍ヶ岳町長・森國久先生の尊霊に申し上げます。

顧みまするに、先生は若き時代を警察官として、治安行政の任に当たられ、昭和二六年には、三八歳の若さをもって、出身地の樋島村長に選ばれ、直ちに、いわゆる町村合併の大事業に取り組まれ、二九年、現在の龍ヶ岳の誕生をみ、初代の村長となられたのであります。

一方において、先生は内閣離島振興審議会委員、全国離島振興協議会副会長、天草振興協会会長等々、各方面の要職を兼ねられ、今日に至っておられたのであります。

特に先生は強い信念のもとに離島振興に全力を傾注され、天草島民待望の架橋着工の見通しが極めて明るくなりましたのは先生のご尽力の賜でありまして、これが実現を見ずして逝去されましたことは、かえすがえすも残念の極みであります。

先生は死の直前まで、町の仕事、天草離島の仕事、県の仕事が脳裏から去らず、漏れる言葉は仕事のことだけで、周囲の人びとは先生こそ仕事の権化であると感涙にむせんだと、承っております。県といたしましても、更に、今後のご活躍に期待するところ、まことに大なるものがありましただけに、今回の御不幸は本県といたしまして、一大損失と申すべきであり、まことに、痛惜の情堪えないところであります。

しかしながら、地方自治の発展に生涯をかけられた先生の御霊は、その功績とともに永久に住民の胸に生き、龍ヶ岳町発展と地方自治の伸展を見守っておられることと存じます。

ここに衷心から御生前の偉功を讃え、敬弔の誠を捧げますとともに、ひたすら、御冥福をお祈りいたす次第であります。

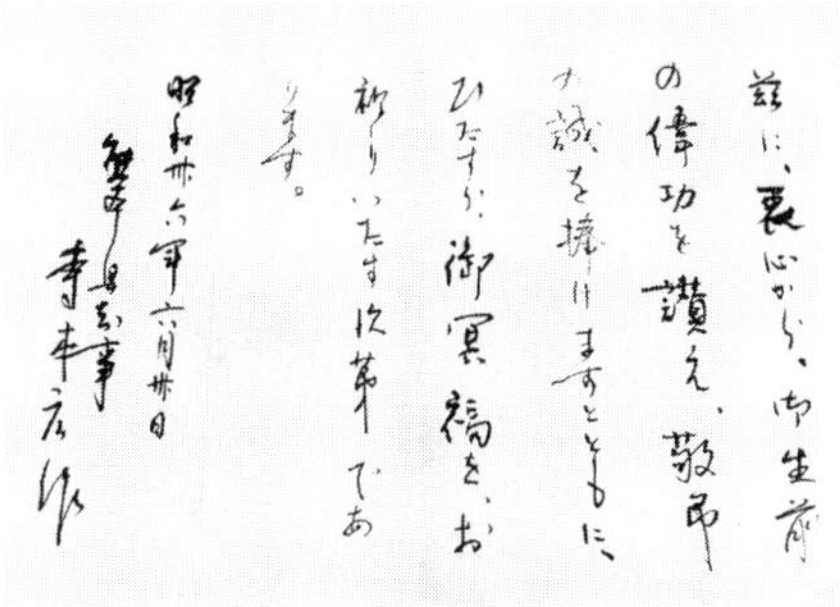

茲に、衷心から、御生前の偉功を讃え、敬弔の誠を捧げますとともに、ひたすら御冥福を、お祈りいたす次第であります。

昭和卅六年六月卅日

熊本県知事

寺本広作

熊本県町村会会長　河津寅雄

今は亡き龍ヶ岳町長・森國久氏のご霊前にぬかづき、県下町村長を代表し、謹んでお別れのことばを申し上げます。昭和三六年六月二六日午前四時四五分、自治病院において手厚い看護の甲斐もなく、あなたは遂に永眠されました。去る六月一一日、旅先の熊本において倒れられて二週間、病床に呻吟中も己れの重態を打ち忘れ、暑さと闘いつつ、ひたすら職務のことのみに気をつかわれ、緊張しておられたことが、何より体に障ったのではないでしょうか。一進一退を続けられた病状に、私どもは朝な夕な、どれくらい神仏のお加護を乞い願ったことかわかりません。それだけに悲報を受けたときの衝撃は、言語に絶するものがありました。あなたのファイトに満ち溢れた過ぎし日の面影が、走馬灯のように脳裏をかけめぐりました。

森さんは私達の最も尊敬する指導者のお一人でした。昭和一〇年、熊本県警察官を振り出しに、終戦後まで一〇数年間を県下の優秀な警察官として治安維持の任にあたられていたことは、御承知のとおりであります。昭和二一年の後半に至って熊本県鮮魚船商業共同組合専務理事、熊本県共同水産株式会社専務取締役など、実業界に入ってはその敏腕をうたわれ、昭和二六年五月には衆望を担って樋島村長に当選、昭和二九年六月、町村合併を終えられ、引続き今日まで一〇年の長きにわたり、地方行政の権威として龍ヶ岳町民の幸福のため、豊かな識見をもって、ほとんど寝食を忘れ、町政のため尽瘁されたことは、私どもの深く敬服して止まなかったところであり、ことしの一月から全国初の母子福祉、身体障害児童、戦没者遺族年金条例の福祉三法を他町にさきがけ、単独で施行、町民の福祉増進に努力されていたやさきのこととて、今日ただ今、お別れのことばを申し上げねばならなくなったことについては、限りない痛恨の情を覚える次第であります。

森さんの政策の重点は、持ち前のファイトにより町政につながる天草を如何に発展させるべきかにありました。離島振興、国立公園の編入、天草架橋など大問題と取り組み、未来の天草を青写真に画きつつ、その実現には涙ぐましい努力を続けられ、情熱を傾け、御家庭を省みる暇もない毎日

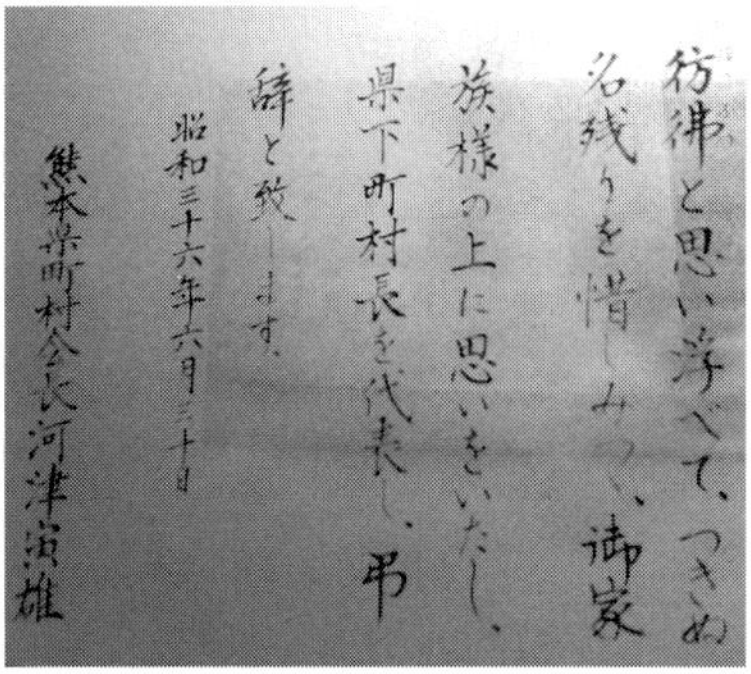
彷彿と思い浮べて、つきぬ
名残りを惜しみつゝ、御家
族様の上に思いをいたし、
県下町村長を代表し、弔
辞と致します。
昭和三十六年六月三十日
熊本県町村会長河津寅雄

であったと承っております。しかるに天草架橋も未だその緒につかないまま、この世を去って行かれたあなたの御心中、いかばかりか想像に難くありません。

　県町村会副会長は申すに及ばず、天草架橋促進期成会副会長、全国離島振興協議会副会長、内閣離島対策審議会委員などの公職が雄弁に物語っております。敬愛する私達のよき同僚であったあなたは、誠実そのものの人でありました。酸いも辛いもかみわけた洒脱のなかに内剛外柔、しかも信念と実行力のある人でありました。森さんに思い残されることは、天があなたにもっと健康を与えてくれなかったことであります。もっともっと元気でいて貰いたかったのです。

　龍ヶ岳町の発展のため、天草郡民の幸福のため、尽していただきたかったことは誰しも同じ願いでありましょう。町民の皆様は、あなたの御病気を案ずるのあまり、神仏への祈願を致されたとか、今となっては致し方もありません。町発展のため一層の力を合わせて働いて行こうと誓いあっておられます。

　御安心下さい。この静かな島はあなたの永久の眠りを温かく迎えることでしょう。

　どうか安らかにお眠り下さい。いまあなたを眼前に彷彿と思い浮かべて、つきぬ名残を惜しみつつ、御家族様の上に思いをいたし、県下町村長を代表し、弔辞と致します。

衆議院議員　園田　直（弔電）

（旧制天草中学校時代からの親友、天草の政治の発展のため共に闘った無二の親友、衆議院議員・園田直氏は通夜に出席し、一旦帰京。その後、國久葬儀当日にかけつけんとするも台風にて飛行場に待機する。飛行機が飛ばず、飛行場から出した弔電内容）

蓮田県議とともに羽田にて出発を待つ。天地、君の死を悲しみて荒廃ぜんとして鳴動す。飛行機は一刻一刻と遅延す。嗚呼、遂に葬儀に間に合わず。超然として君が冥福を祈る。

我らが郷土の港湾、道路、埋立てなど各所に見る事業は、これすべて君が血と魂の塊。

園田葬儀委員長と棺

離島振興対策審議委員、町村会長等々激務は君の魂を、肉体を燃えつくす。君の死はまさしく公務殉職なるぞ。

君が生前の風雲胸迫る龍ヶ岳町の山野は、昨日にかわぬれど、君の姿はすでになく、嗚呼悲しいかな政子夫人は、こどもを一人前に育てるからあなたの側に参りますからと泣き伏したり。君が残せる子供たちは泣き伏す顔をかばい、瞼に涙を満たしながらも歯を食いしばり、父なき後の人生をたたかい抜かんとするの決意を見せたり。

君の御霊、政子夫人と子供を守れ。

君が魂、祖国と郷土と龍ヶ岳を守れ。

われら同志、君が遺志を継ぎ祖国の再建、郷土の開発、龍ヶ岳の振興に心魂を尽くすとともに、君がのこせる政子夫人、令息、令嬢を守り抜かんことを誓う。

國久君、静かに眠れ。

君が御霊の冥福を祈って　合掌、金剛す。

（写真は町村会葬へ移送時、本渡港での園田氏。善幸丸で移動の船中、遺体に寄り添い涙を流す）

熊本県議会議長　岩尾　豊（のち、八代市長）

一九六一年夏六月二六日、暁の明星が地平に落ちるが如く、郷土が生んだ偉大なる星、森國久君は余りにも唐突に余りにも淡くわれわれの前から消え去っていかれました。私ども一同、痛恨、痛憤、悲痛やり方なく、胸ふさがって、ただその無情に啼泣するのみであります。

二回目の五時間近くの手術に松岡さんと立ち合って、その経過のよさに安堵しておった私どもは、全快祝いの日には森さんあんたの腹のすみずみまで知っておるからもう我らの前では頭が上がらんぞと、冗談を言ってやろうと楽しみにしていたのに、（しばし、絶句）もう君は、いらっしゃいません。

誰が君の死を予知し、誰が今日の不幸を考えることができたでしょうか。病中臥々、病床にあっても、苦しい呼吸の下でも、薄れた意識の下でも常に郷土のこと、あるいは龍ヶ岳のこと、あるいは県のことを口にして、一家のことは一言も語らなかった君は、まさに、「公僕の鬼」とでもいうべきでありましょう。

最期の日まで二六日の上京の「はやぶさ」の切符を頼みながら、魂は玉極まった、その日まで、天草架橋地点を決定する大事な会議のことを、また、自分でつくって自らの手で育てた離島振興法のこと、それが君の最後のベッドでの、(ダイ)唱であったのです。きっと森さん、君の魂も嵐を超えて上京し、その天草架橋の最後の会議を成し遂げたことと思います。

ああ、思えばまだまだやらねばならぬことばかりでした。あの長年苦心して今年こそ貫通する上島南岸道路の開通式もまだなのに、自慢の校舎、学校、鉄筋校舎の仕上げもまだなのに、ああ、それからもう昨年、森さんの指導で苦心して対策をやってきた旱魃が今年もやってきておるのに、天草をみかんの山にするパイロットファームの計画も、君が座長となって陳情書ができたばかりなのに、また台風がやってくるというのに、どんな困難な時にも苦い顔ひとつ見せず、笑ってことを断行した、われわれ天草、県民、天草島民の、また天草、熊本県民の大番頭であった森さんがもう、今年はいないのです。

郷土天草、郷土熊本の一穀一草、道路の石垣、舗装の一辺にも、災害復旧の一石にも、君の血の通わぬものはございません。それは、やがて県政推進の軸になってきたのです。

福祉三法を作ってＮＨＫの全国ネットで放送し、お年寄りや未亡人や不幸な人々に光を与えた君は、その人々を後にして光の彼方に去って行ったのです。

森さんは郡市民の心の灯であり、また、県民の行動に炬火を掲げたあの君の声は、殺気を檄した君の声は、もう聞くことができません。

天なり命なり、天恨むべからずといえども、この非情の仕打ちには天もまた恨まずにはおれません。せめてもこの後は、君の魂のこもった郷土の山野、郷土の海、まちの人々、郷土の人々とともに、私ども県議会一同も君の遺志、君の意図を完遂すべく、萎えた手足に鞭打つ他ないのであります。最後まで森さん、君が遺体となってまで、骨になって見つめていった龍ヶ岳の津々浦々の永遠の繁栄を図るように、君の大いなる魂を受け継がねばならないと思います。ここに、県議会を代表し、また、議会一体となり、君の大いなる遺産である天草離島振興計画を完遂し、天草架橋の偉業を果たし、また君の郷土である龍ヶ岳町の繁栄のために、われわれも懸命の努力をすることを誓って弔辞といたします。

＊録音から文章を起こしたため不明の部分があります。

熊本県会議員　松岡　義昌（天草高校同窓生代表）

われわれの盟友・園田君は、今日の葬儀に間に合うよう飛行機にのったが、天候の都合で途中から羽田にひきかえしたという。さぞ残念だったと思う。

森君、君は忽然としてこの世を去ったが、我々はまだこの眼を疑い、この耳を疑いたい。しかし、君は今、我々の眼前に小さな箱に納まって現実を示している。もう永久に闘志満々たる姿も見せず、また巧みな話術も聞かしてはくれない。

君が若くして樋島村長となり、初めて郡の町村会に和服姿で出席して挨拶をした時、先輩にあたる町村長の中には「この村長、将来やるぞ」とささやき合ったという話を聞いたが、果たせるかな、袋の中の「キリ」はいつまでもそのままではいないという例えの通り、次々と目覚ましい活躍振りを見せて、またたく間に天草として、また熊本県として、更には国家的にもなくて困る人物となってしまった。君の今までの功績は、明々白々として万人の認めるところであるが、それにも増して今後に期待することが大きかっただけに、突然の逝去はかえすがえすも残念で仕方がない。君もまた、大きな設計図を持ったままこの世を去ることは本意ではなかったのではあるまいか。また世の中の誰より君を知り、君を信頼しておられたご遺族の胸中を想い、お慰めする言葉を知らないが、ただ人間誰しもがいつこの世に生をうけ、いつこの世を去るかは、天の大きな計画の中に折り込まれているという月並みな言葉を語り、ともに泣く以外にない。

君が天草中学校時代から友情に厚く、後輩に対しては無けなしの財布をはたいて面倒を見たり、或いはまた理由なき先輩の暴力に対しては敢然として立ち向かったことなどは、今も同窓会の語り草となっている。また戦後一〇数年を経てなお、時を得ず不遇な中学時代の友人の面倒を見ている事実は知る人ぞ知るであるが、少年時代、青年時代、壮年時代を通じてつら抜き通した君の信念は、永く我々の中に生きていることであろう。君の精神を生かすことを誓ってお別れの言葉とする。

短い生涯を人の数倍も働き通した森君、さぞ疲れたろう。

ゆっくり休み給え、さようなら。

天草振興連絡協議会会長　平井　正弘

ここに龍ヶ岳町長・故森國久氏の町葬を執行されるにあたり、天草振興連絡協議会を代表して恭しく弔辞を呈します。

森さん、あなたが六月一一日、急病にて入院されたと聞いた時、平素あれほど元気で、活動家であっただけに、今日、永遠のお別れをすることなど神ならぬ身の知るよしもなく、余りの急変に茫然自失の状態で御座います。御家族様のお力落しのほど、何ともお慰めの言葉がありません。心から御同情申し上げます。

森さん、あなたが離島振興の上に、また天草架橋実現の上に非凡の力をつくされたことは、忘れることが出来ません。御功績は永く天草の歴史に残るものであり、感謝の極みで御座います。今日、天草架橋の着工も目前に迫り、また離島振興事業も重大なる段階に入り、あなたの御力にまつ所が大きかっただけに、あなたの急逝は何と申してもおしまれてなりません。天草のため一大損失で御座います。あなたの責任感と余りの忙しさのため、御健康を害なわれたことを考えます時、大きな犠牲で御座います。

堤田　実一（八代時代の友人）

森さん、あなたは遂に私たち友人や親戚知人を残して永遠に相見ることの出来ない世界に往生されてしまわれた。私があなたと知ったのは今から一七、八年前です。戦争の終局前の一番世の中の混乱時で、何でも統制であった時、熊本県水産業会の経営を私が引きうけた時、あなたは常務理事として私を助けて、当時既に崩壊寸前の熊水を正常な姿に戻すために身命をなげ打って努力して戴いた時からであります。あなたの経営が実を結び、八代支店を開始し、その八代支店長として難局を担当してもらって、今日の熊本県漁協の基礎を築いて、一方、熊本県鮮魚運搬氷株式会社を創立し、私が社長であなたが専務として国民の水産物欲求に応じたのであります。昭和二五年の天皇の天草行幸の際は「水産物は国民の動物性食糧補給に大切だからよろしく頼む」という有難い御言葉を頂戴したのでした。

しかしながら、八代支所が火災に遭い、それを最期として私もあんたも共に功なり名遂げて水産業界から引退したのでありますが、ちょうど郷里の樋島から要職を請われて村長に当選し、それが基礎となって大龍ヶ岳の建設、離島振興と息つく暇もなく、熊本県の文化産業の発展に寄与されたのであります。このことは永遠に島民の記憶から消えないでありましょう。一日一日とその向上が記録されていくように顕われるあんたの人生航路は、まさに快速列車のようでありました。

あなたの有した社会福祉の念力を国政の晴舞台で活躍する機会を作ってやったら、もっとすばらしいものがあったろうと思われてなりません。おそらく、天草郡民の多くがこの国政の花道を開けてやることを熱望していたでありましょう。

六月二七日早朝、龍ヶ岳の友人から電話であなたの悲報を聞いた時、私は恰も大空の光が一瞬に当たった時のような戦慄と悲しみが胸に迫って茫然自失の数分間であったほどでした。

政治に志すものが、死ぬ直前まで国民の幸福を口にされる環境にあることこそ、男子の本懐として最高でありましょう。人間誰でも自我と欲望を持っていないものはありません。故に切なる公共の福祉が、その自我という悪魔のために汚点を残す結果に終わるものです。しかし、あなたはその自我と欲望を克服して政敵に対してもなお旧友のように接し、死の直前まで龍ヶ岳建設を叫び続け得たということは、その政治生活に一点のシミもない正しい姿であったことを物語るものであります。

本年三月、本渡で開催された町村会長・議長会の時、何となくあんたの健康が害されているような印象を受けたので心配して聞くと、自信のあるような言葉であったので一応は安心したのだが、数年前切開手術されたことのあるのを知っているあなたのまわりの人は特にあんたの健康には心配があったようです。それは、あなたの将来に期待するものが大きいからこそであって、その待望が返ってあんたの寿命を縮める結果になったのじゃないかと、今更のように愚痴が出るのです。五〇歳ということは政治家の青年期と言われていますが、あなたの場合はその政治の大道からして他人の一〇〇歳に相当する努力の跡が現われていると断言してはばかりません。欲を申せば、今から一〇年間あなたの寿命をのばし、その一〇年間の活動の過程を見ることが楽しみであった。これは私ばかりでなく、龍ヶ岳の一万近い町民の希望したことでありましょう。

あなたの事跡こそ熊本県の歴史であり、龍ヶ岳の永遠にのこる歴史でありましょう。そして後に続く政治家の真髄となって美しい実を結びましょう。隣村からあなたの意志を尊重して龍ヶ岳の発展に微力を捧げたいと思います。

大矢野町長　森　慈秀

謹んで故龍ヶ岳町長・森國久氏の霊に捧げます。

あなたは青年首長として昭和二六年以来、樋島村長から龍ヶ岳村の初代村長に就任され、三四年、町制施行により町長に昇任されましたが、終始町政の円滑な推進に献身的努力を傾注されて貴町の発展に尽してこられました。その功績は実に偉大なものがあります。

あなたが龍ヶ岳町に職を奉ぜられてから、天草町村会長、熊本県町村会副会長、天草架橋期成会副会長などの要職を歴任し、この間、つねに誠心誠意、天性の英資と不屈の信念をもって、離島天草島開発の難問題に対処し、これを克服され、地方自治発展に挺身されました。その功績はまことに顕著であります。とくに天草郡民の宿願であり、私の一生をかけた念願の天草架橋の実現については、私と一心同体となって最初から一諸に手を携えてその運動を行ない、幾十回となく語り合い、寝食を忘れ、東奔西走、その実現に全力を傾注されたのでありまして、その御功績に対し心からお礼を申し上げます。

架橋着工を目前にひかえ、円熟した君の卓見に期待するところ誠に大きいものがあり、花咲かばともに手をとって喜びたいと念じましたのに、天、この人に齢をかさず、にわかに幽明境を異にして、呼べどもお答えなく、追えどもお帰りなく、あなたは一人淋しく逝かれ、人の世の定めとは申しながら、その逝去があまりにも早かったことは痛恨の極みであります。あなたは、かねて私の健康に気をつかっていられたのに、健康なあなたが先に永久の眠りに旅だたれ、人生のはかなさ朝露のように一層の悲しみを感じます。

架橋の渡り初めには、ともに手を握って渡るのも、今は夢でした。

しかし、あなたの御遺志はあまねく郡民の胸に刻まれて、後継者とともに心ず実現させますので草葉のかげから見守っていて下さい。私がそのときまで生き永らえていれば、あなたの在りし元気なお姿の写しを抱いて渡り初めをいたしますことを、あなたの霊前にお誓い申し上げます。

ここに町葬が行なわれるにあたり、深く哀悼の意を表し、謹んで冥福をお祈り申し上げて弔辞といたします。

では、さよなら
森國久さん

○当時の役場職員・戸山銀造氏が語る國久の最期

・初代町長（森國久氏）の急死

夕飯をたべていたら、町長の奥様から「主人が倒れて自治病院に入院された」との連絡を受けた。今朝、桑原議長と二人、離島振興のことで、県と打合せの上、上京する予定で出発された。自治会館で夕食を食べながらのことで、あまりくわしいことは解らない。とにかく私に出て来いとのことで、一一時の夜汽船で奥様と二人、熊本に行った。

朝六時頃、病院に行ってみたら、町長さんは病院のベッドにおられた。「何をしとったか、一晩中待たせて」といきなり怒鳴られたと思うや、後はスヤスヤと眠られた。用件は何も言われない。院長先生の説明では「胃潰瘍」で夕べ三時間ぐらいかかって手術をされた模様、とにかく奥様と一緒にベッドの側に座った。ヒヨッと目を開けられたので「町長さん」と言ったが返事がなく、部屋の中を見廻しておられたが、突然、奥様をみて「お前なにしに来た、なぜここに居るのか」と鋭い目つきになって怒られた（引用者注：腹膜炎から脳炎を発症していた。役場庁舎にいると勘違いしている様子）。私には「鉛筆をやれ、すぐにやれ、鞄の中に印鑑があるから出せ」と言われた。私は鉛筆の用意がなく鞄がどこにあるのか少し戸惑っていたら、いつもの調子で頭を叩く素振りをされたがすぐに眠ってしまわれた。

何が何やら少し変に思って主治医の先生に連絡をしたら、手術後で少々気が落ちつかれない様だとのこと。私は町長さんがその後も時々目を開けて「戸山、戸山」と言われるので、そばを離れることなく、その日は夜になった。

二日目の朝早く、何か言われたようで目を覚ましたら「馬鹿、靴をやれ」と言っておられる。部屋の中に靴はなかったのでスリッパを履かしたら、またそのまま眠られた。主治医、看護婦と引切りなしに来られて血圧、脈拍、或いは手術の傷跡などを見て行かれる。昨日は静かだったが今日は少々神経が高ぶって、私にあれやこれや言われるがあまりよく意味が受け取れず怒られた。ここを役場の町長室と思っておられるような。私は飯も眠っておられる間に立ったまま食べることが多かった。夜の一二時頃、ベッドの側でウトウトしていたら甲高い声で痛そうな顔をされるので、ベルを押したら先生が来られて「明後日また手術せにゃいかんばい」と言われた。そんなに悪いのかと初めて思った。明けの日から色々なお見舞客が来られたが、廊下で帰ってもらった（厳重面会謝絶）。町長さんは朝から身悶えするような痛みと痙攣のような様子が続いた。私はズボンもシャツもまくり上げて慌ただしく動いた。

腹膜炎の再手術の当日が来た。手術は午後一時から始まった。県会議員の田代先生が来て下さって二人で手術室に立ち会った。下駄履きのままで立っていた。体の廻りに氷の袋を幾つも置き、腸を全部出して色々されたようで、夜の九時頃やっと終わった。その間、誰も水も飲まず勿論何も食べなかった。先生方も田代県議も私もホッとした。手術は成功とのことであった。病室に来てから二日間ぐらいは静かに眠られたようだった。今日で一週間目、相変わらず絶対面会謝絶、私も二、三回消毒させられた。

手術後三日目頃から少し何か言われるがよく解らない。その都度、鋭い目つきになられる。言語もだが、言われることが正常とは思えない。その時は奥様を最後まで寄せ付けられなかった。よく時間を聞かれドアを開けるような仕種をされる。書類、印鑑を要求され、車々と聞かれた。庁用車を入院される二ヶ月前購入したが、その車に乗って出張される気ではなかったろうか。頭の中はいつも町長室で公務のことばかり、私はその都度泪が流れ、ただ静かに手をにぎり痙挙するような肩を押さえながら泣いた。先生が来て「少し脳症を起こしておられるようだ」と言われた。明けの日、福岡猪一郎先生（龍ヶ岳町の医師）が病室にまで入って来られた。眠っておられる町長さんを見ながら足に手をやって、少し首をひねられたような気がした。少し気になったが何も聞かなかった。

一〇日目もやや静かで、いつの間にか外は夕方になっていた。夜九時頃から気持ちよさそうに高いびきで寝て居られる。一二時頃、私もベッドの下でウトウトしていた。夜中の二時頃、ヒョッと目が覚めて町長さんを見たら、いびきが大きくて喉にたんが絡むような気がして先生を呼んだ。先生と看護婦さんがすぐ来られた。慌ただしくたんを取ったり注射をしたり動かれる。私は初めて異常を感じて、すぐに奥様を呼びに行った。

あんなに元気だった森町長さんが、まさか…といままで一度も奇異に思ったことはなかったが、私は傍らに居て思わず「町長さん、町長さん」と大声で呼んだ。肩を動かして叫んだ。しかし目をあけられず、動かれなかった。四時一五分「御臨終」と言われた（昭和三六年六月二六日、四九歳）。私はあまりにもあっけなく、大きな動揺と一一日間の病室の疲れか、しばしベッドの横に座ったまま動けなかった。冷たい涙が静かに流れた。怒られもした、可愛がられもした、まだまだやらねばならないことが山程ある。まさか亡くなられるなど夢にも考えたことはなかった。

龍ヶ岳町はどうなるのか、いろいろなことを考えながら、まず町の辻本市之助助役さんに第一報を送った。明けて早朝、いろいろの方々が見えられたが、私は辻本助役の到着を千秋の思いで待った。遺体のままで龍ヶ岳町に帰ることに決まった。これまで公用車がなく、町長さんがひどく待たれていた役場の庁用車でパトカーの先導で三角港に行った（注：最初で最後の庁用車の乗車となった）。岸壁に大道の善幸丸、大型漁船が待って居た。全町議会議員の方々が乗って来て迎えて下さった。御遺体はその日の午後、観乗寺に安置された。観乗寺で二夜通夜が行なわれた。波止場から観乗寺の参道まで約三〇〇本の花輪が並べられた。三〇〇〇人程の会葬者があり、辻本助役の「お別の弔辞」と御会葬御礼の言葉で一切の葬儀が終わった。

（戸山銀造『昭和人生』より引用。本人に再インタビューし、一部訂正、注あり）

○國久顕彰事業、銅像建設

・初代町長「森國久」顕彰事業期成会趣意書

故・森國久は樋島に生まれ、昭和二六年、三八歳にして樋島村長に選任され、財政の建て直しをなし、二八年、離島振興事業特別措置法が成立す。その卓越した政治手腕と先見の明を以て逸速く天草島の離島振興事業への加入促進に東奔西走、二八年、念願かなって離島の指定を受くるに至った。

昭和二九年七月、町村合併促進法に基づいて、高戸村、樋島村、大道村三村を成立、初代町長として全国離島対策審議員として全国的な視野に立って天草発展のため尽力され、天草救済の架橋ともいわれる天草架橋の実現にしても、期成会の副会長として政府に対する駆け引きの偉大さは抜群で、この実現に当たっては森國久の力に負うところ大であります。首長在位の昭和二九年から三六年までの七年間、港湾、漁港、道路、産業振興と輝かしい業績を残し、不幸にも二期半ばにして病魔におかされ、昭和三六年六月二六日、四八歳の若さにして、不帰の客となったことは、発展途上の町として誠に多大な損失であると同時に惜しみてもなおあまりあるものがあります。

いまだ、記憶に新たなる今日、森國久の偉大なる功績を広く顕彰し、永く龍ヶ岳町の歴史にとどめおくため、陽昇る樋島を眺め陽沈む龍ヶ岳山頂を仰ぎ見る坊主島の架橋の元に胸像を設立致したく、ここに森國久顕彰事業期成会を結成して、その事業の推進に当りたく、町民皆様の御賛同を切にお願い申し上げる次第で御座います。


（昭和五八年）

・森國久胸像除幕式での園田直代議士の祝辞

本日ここに私が最も敬愛いたしておりました無二の親友・森國久さんの胸像除幕式を挙行されるに当り、お祝い申し上げることは私の喜びとするところであります。

森さんは生来、正義心強く、天賦の才能をもって村民の期待を一身に集めて三七歳の若さで村長に推されたのであります。

森さんは村長、私は国会議員、立場こそ違っておりましたが、戦後の荒廃した郷土の復興と天草の未来に夢を託してお互いに若い情熱をもやし、夜の更けるのも忘れて語り明かしたものでした。

森さんは常に天草町村会のリーダー格として龍ヶ岳町のことのみならず、天草の発展振興のため己れを空しゅうして尽力されました。

天草の離島振興事業をはじめ数々のご功績は枚挙にいとまありませんが、森さんのご遺徳は慈願生きるが如き尊像とともに永遠に天草島民の間に語りつがれて行くことでございましょう。

今やわが国は経済大国に成長したとは言えども、道義の廃退は憂慮すべき状態にあるとき、森さんを私淑敬仰する同志の方々がここに森さんの胸像を建立して、その遺徳を広く永く伝え、郷土の繁栄に寄与されますことは、まことに敬服に堪えないところであります。

どうかこの浄域が森國久さんの生誕の地として一般町民の敬仰するところとなり、あまねく徳化を垂れるに至りますことを念願してやみません。

終わりに、この最も意義深い立派な事業を完遂されました北時町長さんや溝川国盛さんをはじめ関係各位並びにご協力を賜りました同志各位の心からなるご努力・ご厚情に対し深く敬意を表しまして、私のお祝いのことばといたします。

昭和五八年一〇月二八日
衆議院議員　園田　直

森國久銅像
元熊本大学教授・石原昌一作、現在は上天草市役所龍ヶ岳支所に設置

・銅像碑文（龍ヶ岳支所移築時、碑文が記された台座は消失）
森國久氏の偉績を讃えて
森國久氏は、明治四十五年龍ヶ岳町大字樋島に生まれ、昭和二十六年三十九歳の若さで樋島村長に当選、昭和二十九年町村合併により龍ヶ岳村となるや、初代村長に就任し、昭和

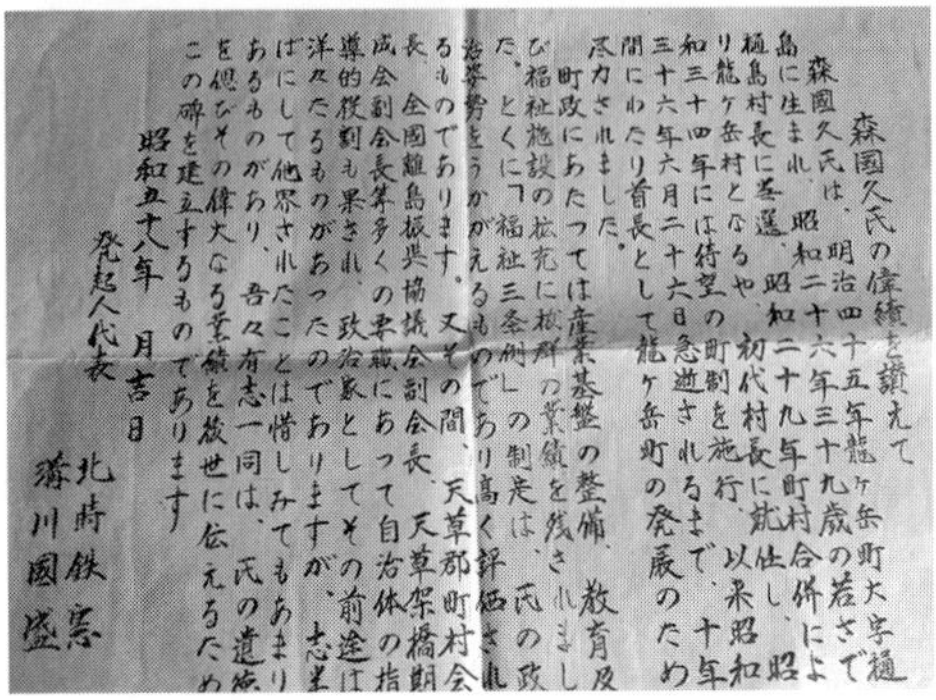

森國久氏の偉績を讃えて
森國久氏は、明治四十五年龍ヶ岳町大字樋島に生まれ、昭和二十六年三十九歳の若さで樋島村長に当選、昭和二十九年町村合併により龍ヶ岳村となるや初代村長に就任し、昭和三十四年には待望の町制を施行、以来昭和三十六年六月二十六日急逝されるまで、十年間にわたり首長として龍ヶ岳町の発展のため尽力されました。
町政にあたっては産業基盤の整備、教育及び福祉施設の拡充に抜群の業績を残されました。とくに「福祉三条例」の制定は、氏の政治姿勢をうかがえるものであり高く評価されるものであります。又その間、天草郡町村会長、全國離島振興協議会副会長、天草架橋期成会副会長等多くの要職にあって自治体の指導的役割も果され、政治家としてその前途は洋々たるものがあったのでありますが、志半ばにして他界されたことは惜しみてもあまりあるものがあり、吾々有志一同は、氏の遺徳を偲びその偉大なる業績を後世に伝えるためこの碑を建立するものであります
昭和五十八年　月吉日
発起人代表　北時鉄憲
溝川國盛

銅像の台座に記されていた碑文
（移転の際、台座は碑文は消失）

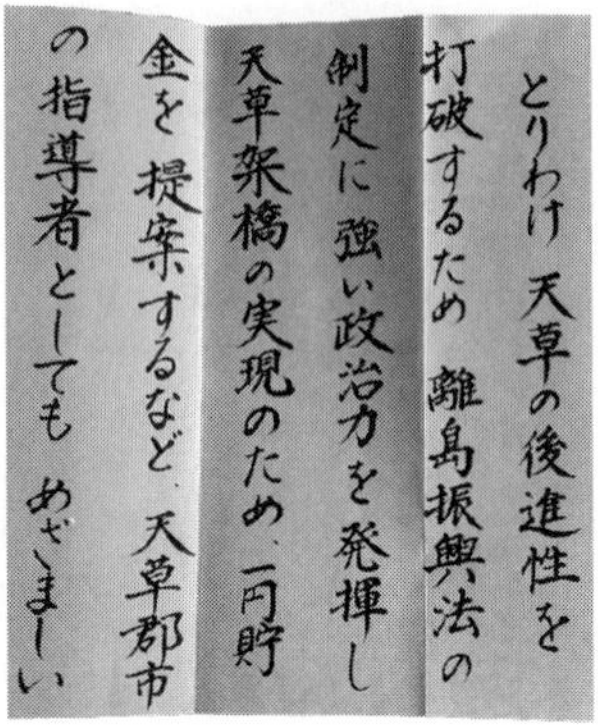

とりわけ　天草の後進性を
打破するため　離島振興法の
制定に　強い政治力を　発揮し
天草架橋の実現のため　一円貯
金を　提案するなど　天草郡市
の指導者としても　めざましい

北時町長の式辞

三十四年には待望の町制を施行、以来昭和三十六年六月二十六日急逝されるまで、十年間にわたり首長として龍ヶ岳町の発展のため尽力されました。

町政にあたっては産業基盤の整備、教育及び福祉施設の拡充に抜群の業績を残されました。とくに「福祉三条例」の制定は、氏の政治姿勢をうかがえるものであり高く評価されるものであります。又その間、天草郡町村会長、全国離島振興協議会副会長、天草架橋期成会副会長等多くの要職にあって自治体の指導的役割も果され、政治家としてその前途は洋々たるものがあったのでありますが、志半ばにして他界されたことは惜しみてもあまりあるものがあり、吾々有志一同は、氏の遺徳を偲びその偉大なる業績を後世に伝えるためこの碑を建立するものであります。

昭和五十八年　月吉日

発起人代表　北時鉄憲
溝川國盛

〈特別寄稿〉森國久氏と離島振興

元財団法人日本離島センター調査研究部長、
長崎ウエスレヤン大学教授
現諫早美術・歴史館長
鈴木　勇次

森國久氏次女・森純子さんから原稿執筆依頼をいただいた。森國久氏は、全国離島振興協議会（以下「全離島」と略す）の発足時の副会長であり、離島振興対策審議会（現・国土審議会離島振興対策分科会）委員として一〇年余離島振興推進運動に寄与された人であるが、昭和三六年、四八歳の若さで亡くなられており、私は資料・書類の上でご芳名こそ承知はしていたが、直接関わる機会はなかった。しかし、森純子さんの強い要請を感じとり、ともかく何か書かねばと思案した。結果、平成元年に全離島が作成・刊行した『離島振興三十年史』の原稿執筆時を思い出し、離島振興法制定当時の関係者の動きの中で森國久氏のご活躍の様子が把握できるならば、それらの様子を基に少しでも紹介できればと思い、筆を執ってみることにした。

森國久氏の天草地域の離島指定に際しての優先課題は、対本土架橋実現であったと思われる。しかし、言うなれば離島の最終目標である〈離島からの脱却〉の最大手段である架橋実現は、多くの外海離島の関係者から見れば、速やかに組みするテーマにはなり得ない問題である。そこで多くの離島関係者と歩調を合わせるためには、離島課題の共通項目から取りかかることが至極当然のことであった。

離島に水と光を

そこで森國久氏は、全離島の理事会でも国への要望書とりまとめに際し、副会長として、長崎県有川町長である山下元一郎会長を補佐しつつ、まず手始めに「しまの生活改善の根本問題は、〈水と光〉の確保が喫緊の課題だ」と主張したようである。

前段で紹介した全離島の「議事録」の昭和二九年六月九日の幹事会（出席は、宮本局長、大村・園池・竹田・山階各幹事、神保職員）は、『しま』第四号の編集会議が中心となったが、席上、宮本事務局長は、「第四号は〝水の特集〟としたい」と提案された。多分、宮本常一事務局長も、多くの離島を巡っている中で、飲料水確保がいかに大事であるのかを実感していたであろうし、昭和二九年四月三〇日に伊豆大島で開催された昭和二九年度第一回定期総会の際の森國久氏の「水問題発言」、すなわち「水の問題は、法律によって政府が義務づけられているはずであるから、その方面に陳情してはどうか」に端を発し、長崎・高島からも鹿児島・甑島からも、同じ天草島でも大矢野町からも島の水問題改善の意見が発せられた。森氏はこうした状況を踏まえ、「事務局においてもこの島民の声を反映して頂きたい」と強く発言され、大方の参加者の賛同が得られた。こうした動きも宮本事務局長をして、『しま』の特集記事にする大きな誘導要因になっていたに違いない。

例の幹事会では、早速に『しま』第四号の企画案が検討され、現実には「島と水」の座談会が行なわれることとなったのである。その座談会は、昭和二九年九月九日夕刻から、全離島の新たな事務所、赤坂福吉町の事務室で開催された。出席者は厚生省水道課事務官、全離島の正副会長三名と長崎県高島町長、そして事務局幹事などであった。座談会の詳細は昭和二九年一一月刊の『しま』第四号に掲載されているが、同号の事務報告「事務だより」では、その場の状況を「簡易水道敷設事業をいかに進めて行くかを真剣に話し合って、活気と抱負にあふれた座談会であった」と紹介している。この座談会で、森國久副会長は、特に「次の臨時国会にでも、離島振興法の一部改正を要求してはどうですか。補助率を上げてくれなければ、事業量を広げるとかまたは離島を持つ都道府県には枠を増やしたということを、立法化できないものだろうか」と突っ込んだ提案をされ、さらに、厚生省の意見（五分の二を三分の一補助に）に反発して、「（前略）結局、補助率引き上げは二分の一を目標とするが、事業量を減らされぬように、審議会委員にも考慮してもらって、臨時国会に離島振興法の一部改正の要求を出すということにしてはいかがですか」と発言すると、同座談会会議録では「全員、賛成！　賛成！　賛成！」と記録されていた。いかに森國久氏の発言・提案が素晴らしかったかを物語る一コマである。この座談会の最後に司会者が「簡易水道に関し、何か美談はありませんか」と問い掛けると、森國久氏は、「ある家で、〝簡易水道〟の個人引き込み線二五〇〇円が負担できないので、家へは引かないという父親に、娘から焼酎をやめて引けという抗議が出たそうです」という話、また、「私の村では、村条例で、川の流域では約三丁ほどホリドールの使用を禁止しました。水源地のあるところは植林して水源涵養をし、云々」と飲用水確保対策の実情も紹介された。その後、こうして森氏が頑張った簡易水道の改善は、昭和三一年三月三一日の「離島振興法の一部改正する法律」(三一年法第五二号)が公布され、簡易水道を布設する市町村に対し、予算の範囲内において、政令の定めるところにより、その布設に要する費用の一〇分の三・五以内を補助することができることが決定した。森氏の提案通りには行かなかったものの、離島の民生安定のために開けた風穴は、その後の離島振興法改正運動の大きな嚆矢となったことは言うまでもない。

離島振興黎明期の運動

ところで、離島振興法制定運動が緒に就いた昭和二八年初めの関係者、特に長崎、島根、鹿児島の企画担当者にとって、最も期待したものは何であっただろうか。少なくとも新潟県は佐渡島、粟島を擁していたが、最大の関心事は港湾整備であったようだし、港湾整備の難しさでは他に例を見ないほどの伊豆諸島の島々、鹿児島県のトカラ列島などでも、定期航路の運航のためには何としても膨大な費用が必要な港湾の整備が喫緊の課題であった。しかし、そもそも「論」とは少し離れるが、離島振興法制定運動のきっかけは、島根県隠岐諸島における干ばつ被害からの立ち直り方策、長崎県対馬における電気導入指向であったようだ。特に対馬については、例の昭和二六、七年の九学会連合対馬総合調査が関係していたようである。研究者などの成果の一つが島民の民生安定に対する見解であったことによる。当時といっても昭和二六、七年頃、わが国は国土総合開発法に基づく特定地域の開発計画が模索されていた。離島関係では、隠岐は「大山出雲特定地域」に、対馬は「長崎県対馬地域」に指定されたものの、「民生の発展向上」とは違った内容であったため、別の方策を模索した。その結果が離島振興法制定運動であったことは周知のことである。

昭和二八年一月に東京で開催された知事会後の離島関係知事の行動は、あまりにも大きなものであったと思う。その会合の後、まもなく作成された「離島振興法（仮称）制定に関する趣意書」によると、要望事項の第一が「本土と離島との海空交通の整備拡充」であった。すなわち、大半の大型離島の定期航路は、島の「港」の近くで艀取りが多く行なわれており、本船が島の港に係留できないため、島側から出向く小型の船艇に乗り移って、島に渡るしか方法がなかった。島の振興のためにはともかく交通、とりわけ航路の安定化のための港の整備が求められていた。

全離島副会長を射止めた森國久氏

一方、熊本県は、まず最大の関心事は既述の通り対本土架橋であったようだ。当時の状況から見て、法の対象が「本土から隔絶せる」といわれるように、外海の遠隔離島であったから、熊本の求める架橋事業は、多分正面切っては打ち出せなかったかもしれない。著者・森純子さんから拝借した当時の『天草民報』など地元の情報紙の記事を拝見すると、天草架橋実現が最大の目標であったようだ。同資料では、宮本常一先生と森國久町長が天草架橋で論戦したことも記されていた。それはさておき、昭和二九年には「天草架橋期成会」が結成された。その先頭に立ったのが、全国離島振興協議会副会長に選任された森國久町長そのものであった。しかし考えてみると、離島振興法制定運動時には後発組であった熊本県が先発五都県と肩を並べ、しかも副会長という要職を得ることが出来たのは、何故であっただろうか。

森國久氏の逞しい行動力と、人の心を魅了する発言力があったのはもちろんであったと思われるが、そこには熊本県選出の園田直衆議院議員との巧妙な連携と森國久氏を表で裏で支えたのも大きかったと思われる。いや、園田代議士を揺り動かし、「天草人」にしたのかもしれない。森國久氏は上京すると、衆議院議員会館の園田直事務所や関係省庁などに赴き、天草の振興のため只管、全身全霊で、対応策を陳情したと思われる。園田氏はもちろん天草の実情は百も承知である。問題は何もかもではなく、一点突破のための「知恵」を見いだすことであったのに違いない。離島振興法制定運動黎明期にはいわゆる内海離島としての天草など想定もされなかったのに、昭和二八年六月二五日開催の全国離島民代表者総決起大会に飛び込み、あっという間に全離島の副会長の座を射止めた森國久氏の言動は、園田議員の昭和二八年二月時点の「熊本にも島・天草がある、その運動に加わりたい」との思いと既に底通していたことは確かであろう。森氏の陳情・提案そのものが、園田議員の離島振興対策審議会委員としての諸活動に、大きな振興理念のための示唆を与えたかもしれない。青年時代から育まれた「盟友」としての信頼関係と天草人の情熱が著書からも見て取れる。

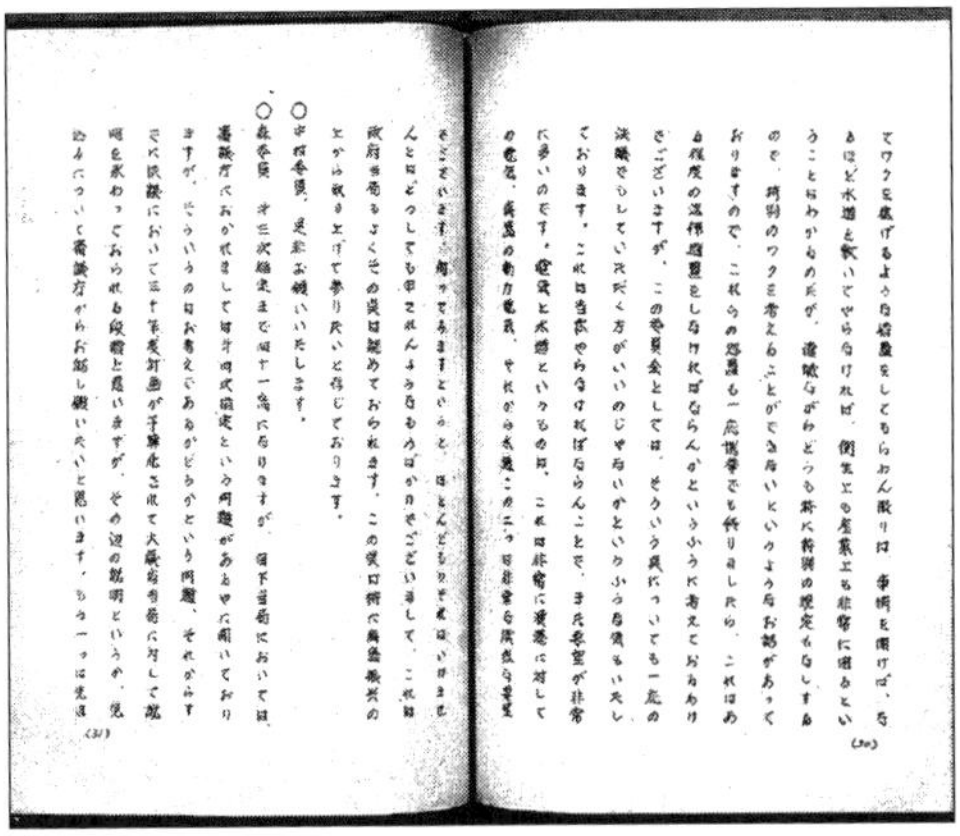

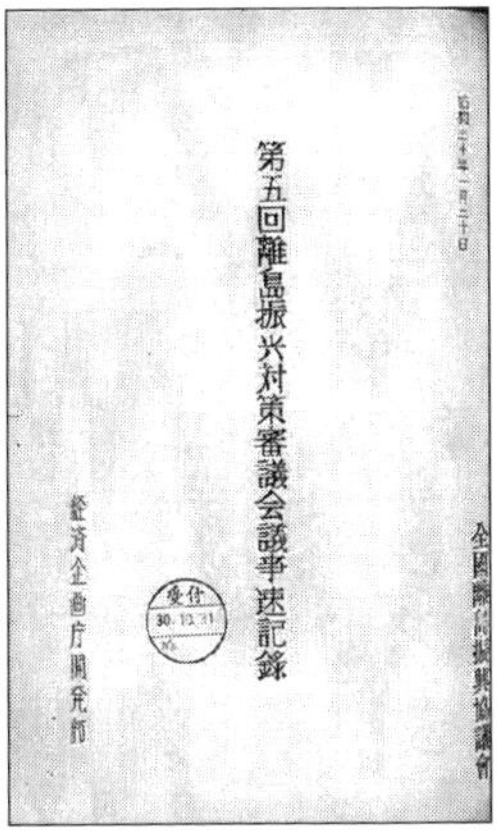

第５回離島振興対策審議会議速記録（部分）

指定基準の大幅緩和措置と離島振興事業費の「一括計上」

ところで、離島振興法の運用面できわめて大きな事案は、同法の適用地域の確定、すなわち「指定離島基準」の認定であることは言を待たないが、森國久氏がこの面で大きく貢献したことは、関係者の知るところであった。森國久氏が大塚盛義委員（新合村村長）の後を継いで離島振興対策審議会委員に就任したのは、昭和三〇年一月二〇日開催の第五回審議会からであるが、審議会委員としての森氏は、ことのほか指定地域の条件について強い発言をし、条件緩和に導いた人であったと思う。森國久氏の離島振興理念は言うまでもなく社会基盤の充実のため、国に支援を積極的に求めるものであったが、そこには天草地域以上に厳しい環境が存する他の多くの島々を何とか助成対象に組み入れたいとの切なる願望があった。それは、離島指定条件の大幅緩和措置の実現であった。その象徴的舞台は、昭和三二年六月一四日開催の第一二回審議会の席上であった。この日の中心議題は、瀬戸内海離島の指定問題であった。すでに瀬戸内海の離島の指定については、昭和三二年のいわゆる離島振興事業費の「一括計上」が閣議了解された後で、瀬戸内海離島の指定要望が強まっていた時期でもあったし、同審議会でも瀬戸内海離島の指定のため小委員会も組織され、指定基準の検討が進められていた。

昭和三二年の第一二回審議会で、森國久委員は、おおむね次の主旨の発言をされた。「……また、農林省の委員も言うように、内海の気の毒な諸島も、この際、外海同様に受け入れる段階にきているかと思う。（農林省側の）発言にもあったような極端な例もあるので、（島民人口が）五〇〇の基準は、内海との見合わせもあるし、運営上の今後の問題であろうから、意向を伺って、救えるものなら救っていただきたい。従って、基準をもう一歩、五十歩百歩ですから、基準を緩和していただきたい。私からも特段のご配慮を願いたい」と。さらに、「農林省の話を聞くと、電気を導入しなければならない島は二〇〇以上だそうで、この内海の指定基準と趣を異にするので、小委員会でもその一〇〇の指定は適当だと、私たちも結論を考えたい。当面の問題である電気導入の問題を解決するため、外海を二〇〇までにしていただきたいと考える」と発言すると、森氏のこれらの発言は同審議会の空気を大きく揺り動かし、審議会会長の白浜仁吉議員（長崎二区）は、「ただ今の森（國久）委員の発言があったが、この第二の『おおむね五〇〇人以上』とあるのを『二〇〇人以上』と訂正したい」と。しかし、大橋武雄委員（島根）は、「小委員会で検討された一〇〇名に賛成する」と発言。最終的には白浜会長をして「それでは、『五〇〇人以上』とあるのを『一〇〇人以上』に改める」となった。森國久氏の自身の天草に拘わらず、広く全国の離島を視野においた言動が、離島振興推進に大きな影響を与えたことを想起するものである。
その後、森氏は、制度改革とも言うべき離島振興事業予算においても「項」の設定を強く発言するなど、草創期の離島振興の血の通った制度化にいかに尽力されたかは、まさに知る人ぞ知る人物であった。

天草架橋五〇周年

今年、二〇一六年は天草五橋開通五〇周年を迎える。昭和二九年の天草架橋期成会発足は、現実的運動が開始され実現運動を加速した。天草架橋の実現については、国、県、市町村行政及び各議員、島民の力はもちろんであるが、森國久氏の離島振興協議会副会長、離島振興対策審議会委員としての離島指定、指定基準緩和、離島振興予算の一括計上などへの多大な貢献を改めて思い起こすとともに、離島架橋の面からは、架橋史にも刻むべき人である。

私は既に日本離島センター・全離島を退職して一〇余年経っており、しかも居住地が長崎のため、当時の資料・文献を容易に手にすることが困難であった。結局のところ、自分自身の研究用として持っていた『離島三十年史』執筆用の資料を頼りに、構想を練ることとなった。また全離島が記録していたものは、その大半が当時の全離島の機関誌『しま』(昭和四五年からは日本離島センター刊に変更)の巻末の「事務便り」に記されており、それを利用する以外には、新たな資料を見つけ出すことは事実上無理であった。また、『しま』は年四回の季刊発行であり、即応的情報のためには別の手段としてガリ版刷りの情報紙『離島情報』も随時発行されたが、今となっては容易に閲覧できない事情もあり、断片的な原稿になってしまったことはお恥ずかしい次第であるが、ご容赦頂きたい。

【追記】本稿執筆中、熊本地震があった。長崎は大きな被害はなかったが、執筆者の森純子さんは罹災されたそうである。しかし、父・森國久の足跡を残しておきたいとの一念で、罹災の中にあっても困難を排して編集に取り組まれた。ただただ敬意を表するばかりである。

〈推薦のことば　1〉

衆議院議員　園田　博之

森國久さんは、龍ヶ岳町長・離島振興対策審議委員・町村会長等々を歴任され、全国離島振興、天草地方創生に多くの偉業を成し遂げられました。しかし、激務が魂と肉体を燃やしつくし、昭和三六年に四八歳の若さで逝去されました。私は昭和三五年〜三九年、大学在学中のみ父・直宅に同居しておりました。短い間で政治を語り指導を仰ぐ機会はありませんでしたが、森國久さんが上京の度においでになっておりましたのでよく覚えております。

森國久さんと父・直とは旧制天草中学（現・天草高校）時代からの無二の親友であり、しかも私も、ご長男の章君とは同年で同じ大学学部でした。その後、章さんは書生さんのようにして同居してくれ家族のように過ごし、ずっと忘れることもありません。

離島振興、その具体策としての天草架橋建設に情熱を傾け、政争激しき頃の同志として、父にとっては真から頼りにしている、そんな印象でした。

父・直は、「國久氏は町長、私は国会議員、立場こそ違ったが戦後の荒廃した郷土の復興と天草の未来に夢を託してお互いに若い情熱を燃やし、夜の更けるのも忘れて語り明かした」と思い出を語り、別辞で「天地、君の死を悲しみて荒廃ぜんとして鳴動す。我らが郷土の港湾、道路、埋立など各所に見る事業これ全て君が血と魂の塊、君の死は公務殉職なるぞ」と死を悼んでいます。同志を亡くした父・直の落胆と悲しみは計り知れないものがあります。

今にして思えば、あまりに若くあっという間に全力疾走しながらいなくなってしまった森國久さん、その後の天草を見られたらならば、その後の政治家は、お叱りを受けるかもしれません。頑張らなくては！

本書『地方創生に駆けた男　森國久』に見る森國久の熱誠の闘いの足跡は、現在の政治に多くの警鐘を与えるものです。多くの方々に読まれ、歴史に刻まれることを祈願します。

〈推薦のことば　2〉

上天草市長　堀江　隆臣

旧天草郡樋島村長、そして龍ヶ岳町初代町長であった森國久氏は、三八歳にして就任以来、内閣離島対策審議会委員や全国離島振興協議会副会長などを歴任され、天草架橋の実現や天草を含む全国の離島振興に大きく貢献されました。

類まれな人間力で天草のリーダーとして活躍され、そしてこれからという時に、突然の死。四八歳というあまりにも早い別れのその訃報に、天草内外にかかわらず多くの島民、有力者が悲しみにくれたと聞いています。

全力で駆け抜けられた約一〇年の間に、天草架橋や離島振興のみならず、福祉、交通、産業など、あらゆる分野において多大な功績を残されました。特筆すべきは、当時から「天草は一つ」との考えのもと、広域化の重要性を訴え、遠い将来を見据えた政策を提言されていたことです。

時代は昭和から平成へと流れ、龍ヶ岳町も上天草市として生まれ変わり、天草も二市一町の時代を迎えました。そして今、我々が抱える課題を鑑みると、その先見性の高さにただただ驚くばかりです。

天草は今年、天草五橋開通五〇周年を迎えました。國久氏は架橋の実現を見ることなく亡くなられましたが、偉大な先人に対して心からの感謝を申し上げるとともに、これからの天草の五〇年を見据えた政策を行なうことが、國久氏に対する恩返しになると考えています。この國久氏の足跡を綴った本書『地方創生に駆けた男』が多くの方に読まれることにより、國久氏の功績がさらに広く認められ、次の時代まで伝えられていくことを願ってやみません。そして最後に、この度の発行にあたり、資料の提供を含め、ご協力いただきましたすべての関係者の方々に感謝を申し上げ、ご挨拶といたします。

〈推薦のことば　3〉

熊本市長・在熊天草同郷会会長　**大西　一史**

森國久氏は三八歳の若き青年政治家として昭和二九年七月に初代樋島村長に就任され、引き続き龍ヶ岳町長として離島天草の振興と、天草架橋実現のために手腕を発揮されました。しかし昭和三六年六月二六日に四八歳の若さで惜しまれながら急逝されました。

私も三〇歳で熊本県議会議員に初当選し、現在は第三二代熊本市長として市政をお預かりする立場になりましたが、その私が現在四八歳であり、奇しくも森國久氏がお亡くなりになった年齢と同じ年齢であります。

私はお目にかかり直接ご指導を頂くことはできませんでしたが、森家のご家族の皆様とは在熊天草同郷会でのご縁で大変親しくさせて頂いており、今回、森國久氏の足跡を辿ることができました。

そして改めてこれほどまでに住民のことを第一に考え、地域を愛し、天草の振興に、いや我が国の離島振興に心血を注がれた姿勢に心を打たれ、私自身に大きな衝撃と刺激を与えて頂きました。

まさに命懸けで県や国と対等に渡り合い、厳しい状況にある天草の振興と地域の住民の幸せのために心血を注がれたその姿勢こそが、今、全ての政治家が最も見習わなければならないことではないかと思います。

熊本地方は去る四月一四日と一六日に震度7クラスの地震に二度も襲われ、多くの犠牲者とともに家屋の倒壊や、熊本城の石垣や櫓などの重要文化財も甚大な被害を受けました。その後も一八〇〇回に及ぶ余震が続いており、これから復旧、復興に向けた長い道程が始まります。困難な事が次から次へと表出しますが、今回、森國久氏の足跡を辿ることにより、私に大きな勇気を与えて頂きました。

「政治の心はその住民の生活が、より豊かに、より安全に、いついつまでも変わらない安心して暮らせることにある」

この森國久氏の言葉を胸に刻み、一つ一つ震災復興への道程を進んで参りたいと思います。

平成二八年六月二五日

あとがき

明治以降、中央中心の政治、国と地方の上下関係は変わらない。どんなに国が「地方分権」「地方創生」を唱え、金とものを地方に投入しようと、「地方の自立」とはなりえない。地方も交付金・助成事業に口を開けて待ち、地方自身が自立した姿勢と主体的な施策と明確なビジョンを持たぬ限り、国に翻弄され、地域は混迷を繰り返すことになる。

國久は言葉の「地方分権」ではなく、真に「地方分権・地方の自立」を渇望し、陳情政治の悲哀をいつもかみしめた。そして、中央と地方の格差に苦しみ、「坐して待つ」ことをもっとも嫌った。

地方の自立に向けたこの闘いは、半世紀前の挑戦であることを前置きし、本書全体を振り返り少し考察を試みてみる。

國久の地方政治に見る優位性は以下の点にある。

1、地方から国を動かしたことにある。

国の福祉法案が不備と思えば、昭和三六年、今から五五年前に自ら国に先駆けて町で福祉三法条例を創り、全国に発信した。天草・島の振興は全国離島振興法に依るしかないと思うや、県に離島振興協議会結成を説き、全国離島振興協議会の副会長、審議委員に就いた。離島振興法指定・緩和、一括予算化法案修正に加わり法案修正にも関与し、天草振興にもとりわけ膨大な予算を確保した。国の施策を待つことなく、地方主導で国の政治を揺さぶり続けた。

2、一地域一町だけのことを考えた政治ではなく、地方全体の政治を試行した。

地方の自立は一地域、一町の力だけでは無理であり、同じ境遇の地域どうしの連係が必要である。各町で切磋琢磨するのは良いが、地域が生き残るには地域どうしの連携一体化は必須である。天草全土の町村、全国離島との連携が不可欠であり、このことは広い視野に立ち一体的運動・組織づくりを推進した。そのことは「天草振興協議会の結成」を機に「天草は一つ、市制構想」を提言していることからも見て取れる。

しかし、それは国の経済的効率化のために実施された平成の合併や「道州制」などの合併とは違う。天草は、自然、風土、歴史など、独自な地域性を有している。それらを前提として天草全体の一体的施策の必要性を説いているのだ。しかし地方の分散、孤立化は加速している。

かつて互いに戦争を繰り返していたヨーロッパが、ＥＵ（欧州連合）の結成に参加し、世界に類を見ない共同体を作った。しかし英国は二〇一六年六月、ＥＵから離脱することを決めた。ＥＵが抱える限界と課題はあるものの、歴史の逆行とナショナリズムへの回帰を危惧する。日本もまた無縁ではなく、歴史の逆行へと歩んでいる。

3、國久は常に「政治運動は政治家のものであってはならない」とし、民による、民のための政治を実現した。

財源がない状況でも、町村民一体で作り上げた舗装道路、村の貯蓄運動、天草架橋一円献金運動、町民一体となった災害復旧事業など、行政と町村民の一体化を目指しまちづくりを推進した。しかし、その一体化は一足飛びに出来るものではない。政治状況、方針施策などを、村民の公民館報や、地域新聞で自らの言葉で解りやすくきめ細やかに常に伝えている（機会があれば昭和二九年〜三六年の龍ヶ岳広報に目を通して頂ければ幸いである）。また、朝夕も村民の声に耳を傾け、寄り添い、町村民との信頼関係を地道に築きあげたことによるものである。

4、ヒューマニズムに裏打ちされた政治家であり、文字通り弱者の立場に立った政治を貫いたことである。

わが子のように町民を愛し、「人の悲しみも喜びも我がこと」と受け止め政治に貫いている。龍ヶ岳福祉三法条例制定の事実、広報を通して細やかに町民に語りかけているものからも政治の心が伝わる。島一春氏は「竹と鉄」で、「めだたない一本の草、小さな石ころも大切にするという森の人間的思想…」と記している。

昭和二九年、龍ヶ岳広報に地域の火災について次のように綴っている。「せめてけが人が出ないようにと祈りながら、心は焦れど船のもどかしさ、泣きぬれておられる罹災者を見ては見舞いの言葉もなく胸につまり涙が滲む……」と。「移り変わりの激しい一〇年だった。しかし、その何倍もの激変が来るであろう。しかし太古の昔から変わらないし、変わってはならないものがある。人の心です。真理です」と。人情の男、「竹と鉄」の男は政治の「原点」を貫いた政治家であった。

政治資金の不正流用疑惑事件などが続いている。もう一度、政治家の品性、政治への希望、政治の心を想起し取り戻したいものである。

5、天草架橋実現を可能としたものは、

①離島の貧困や不便を地域の固有性、地域のエゴの主張にとどまらず、全国離島の願いの一端であることを基本に据えて国の施策としての重要性を主張し続け、国と県と天草が一体となった一大事業として完遂されたことにある。

②架橋建設後のしっかりとした将来構想展望を描き、施策を実現したことにある。

五橋の開通は、島外との間で人とモノの流通・移動を飛躍的に容易にする。架橋だけに終わればそれは人の流出とモノの流入に終わりかねないという危惧をぬぐえない。それでは天草の地域振興どころか、天草の地域衰退を導くだけである。それに終わらせないためには、天草諸島の産業基盤を、零細な農業や漁業の現状から脱却させなければならない。國久はそう考えたに違いない。一つは畜産業の育成であり、もう一つは果樹園経営の育成である。これらは産業基盤の育成に向けた事業構想の試行として提案された「畜産・果樹園パイロット構想」は、國久が座長となり亡くなる直前期成会を結成しようとしていた。すでに龍ヶ岳町では、昭和三六年に天草でいち早くブロイラーの共同出荷や、果樹振興協会などの発足を見ている。構想に従えば、人は生産したものを島外に流通させ、それによって島民の所得が増え、地場産業の後継者が育つ。他方、橋を活用して人の流れを天草諸島に向けることができるならば、それも天草諸島を経済的に潤す契機となる。それが天草観光である。天草観光立島に向けた構想は「キリシタン遺跡保存、雲仙天草国立公園」として具体化された。これを実現できた暁に、民間と行政の一体事業として「天草観光株式会社構想」を提言している。このように、國久は架橋建設が実現する前にすでに、天草の展望も見据えていたのである。

現在、五〇年前のその思いは届いているであろうか。

天草のみならず、多くの地方がかかえる課題は深刻である。だがしかし、無限の夢と限りない可能性もまたそこにある。

③天草五橋は、政治家の「発案や情熱」だけで実現したものではない。ましてや森國久という男

によるものでも決してない。

島民へ政治を語りかけ、政治と民が結束し、そのうねりを島民が支え作り上げたことにある。島民に支えられた運動であったことを決して忘れてはならない。五〇年後の今、また島民、地域住民もこのことをもう一度思い出して欲しい。


つい先ごろ、故郷天草の樋島小学校に立ちよった。昭和三七年、県下で二番目の三階建て鉄筋コンクリートの校舎は、地震の影響もなく立派な姿でまだ残っていた。

樋島小学校落成式
（「龍ヶ岳広報」昭和 37 年 11 月 5 日発行）

「学校は出来たか、まだか！　色は何色がいいか」「クリーム色がいいかな」

これが、私と國久が交わした最後の会話となった。國久はその完成も待たず逝ってしまった。五〇余年前の小学校落成式の情景に思いを馳せる。校庭には、五〇〇人もの子供たちの喜びに満ちた笑い声が響き、風船が一斉に天高く青空に飛んだ。國久の遺影も、政子の胸に抱かれ来賓席で笑みを浮かべていた。今では子供の声も聞こえない。

海を眺めながら、校庭を通りかかった青年に「樋島の眺めはいつ来てもいいですね」と声をかけた。しかし青年は「何がよかな、海しかなかっぱな」と言って通り過ぎていった。青年は寂しい島しか知らない。自分の父母たちが活気に満ちて幸せに笑っていた天草・樋島を知らない。寂しい故郷を見て國久はどう思うだろうか。國久はかつて次のような警告を発していた。

「振興法の適用を受けたのだから座して手をこまねいて振興待つものありとする考え方が、もし郡市民の間にありとするならば法の指定で郷土発展百年の計を毒すること夥しいといわねばなりません。自らの郷土を自ら振興させる逞しい意欲の基礎の上に立って手を引き、腰を押し上げてこそ、やがて道は拓き花は咲き、実も結ぶでありましょう。」（天草振興の諸問題、「天草新聞」昭和二八年一一月一五日）

もう一度この警告〈政治の心と地域の力〉を思い出して欲しい。

昨年来から、少しずつではあるが國久の検証が伝えられている。上天草市教育委員会による小中学生の道徳教育（第六章二八一頁参照）や、上天草市報、天草学研究会編『評伝　天草五十人衆』（弦書房、二〇一六年八月刊）などで紹介されている。

いろいろなことがあったとしても、思い出すまでに四九年とは余りに長すぎると思うのは、私ばかりではあるまい。しかし、確実に事態は動き出しているのである。

◇　◇　◇

國久は予測もしない急病で亡くなり、自らの著書など残す余裕もなかった。命がけで政治に心血を注いだ國久は、時の経過とともに人々の記憶は風化していった。國久が遺した遺品や自筆の資料・日記などとして妻・政子の悲しみの記憶の元にこれまで封印されてきた。また、家族の私も國久の無念を言葉にしてしまうには言い尽くせず、今日に至ってしまった。

地域の知人・友人などに背中を押され、せめて架橋開通五〇周年にはとの思いで昨年から本出版に向けて資料整理と編集に着手した。しかし、時間の経過と私の力不足で、私の能力では國久を紐解くことは難問であった。当時、國久と親交のあった方々の取材も試みたが、多くが他界され、お会いする機会を逸した。近年、澤田元県知事、園田天光光・直夫人も亡くなり、改めて時間の重さをかみしめ、冥福を祈った。

「森國久」を追いかければ追いかけるほど、「政治家國久」があと一〇年生きてくれていたら、一〇年後の円熟した政治家國久を見届け、人々に伝えられたらとはがゆさがつのった。

出来る限り客観的資料編集に心がけた。母が残していた國久の遺品、原稿メモ・日記、新聞記事・資料、龍ヶ岳村長に國久が当選した年、昭和二九年九月創刊の「龍ヶ岳広報」、その他巻末にまとめた参考図書、全国離島振興協議会関係資料、新聞を活用した。多くの貴重な行政資料も合併などに伴い消失している。その中で特に天草市立「天草アーカイブズ」に依るところ大であった。今後も自治会館保存資料などの検証に期待するところである。当時の新聞の収集・入力作業は、「國久」に深く共感してくれた同郷の同級生・埼玉県在住の段下文男君の地道な努力によるものである。

半世紀前の話である、地域性、時代背景など、当時の状況を伝えきれたか不安である。なんとか本書の内容を、二〇一六年、架橋五〇周年の前に手許にお届け出来ればという思いで完成を急いだ。初めての出版で、経験不足と能力不足と、四月の熊本地震などにも遭遇し時間不足も重なり、いわゆる資料集成本に終わってしまった。取材調査・監修など精査不十分なままの発刊となり恥ずかしい限りである。関係者の皆さまにご迷惑を多々おかけし、お叱りを受けるかもしれないが、不適切な表現があればお許しいただきたい。もし別の機会が到来すれば、それにご批評を活かせたらと思う。

出版にあたり、熊本、天草地域の皆さま、上天草市・天草市および教育委員会、天草市アーカイブズ資料館、歴史民俗資料館の皆さまのご協力に感謝する。

また、公益在財団法人離島センターの三木・仲田様の御助言、全国離島振興協議会の白川会長による推薦文、鈴木先生からの貴重な特別寄稿に感謝したい。また、多忙の折の急な寄稿依頼にも関わらず、貴重な寄稿文を頂いた園田衆議院議員、堀江上天草市長、大西熊本市長には國久からの激励を受けた感であり、感謝に堪えない。編集にあたり、不慣れな執筆者に翻弄され、しかも地震後の資料整理に忙殺されながらの熊本出版文化会館の廣島さん、中村さんの御協力にお礼を述べたい。


（追記）

熊本地震は五〇名の犠牲者が出た。熊本城をはじめ、熊本は倒壊した家屋と瓦礫の町と化し、多くを失った。阿蘇地域は阿蘇大橋の倒壊で道路網が寸断され、今なお復旧の目途がたたず、住民の生活は寸断されている。架橋の寿命は一〇〇年と言われているが、思わず天草架橋が倒壊したら…と頭をよぎった。我が家も四月一六日、二度目の本震で家屋損壊の罹災にあった。出版社も我が家も何とかデータは無事であったが、共に資料整理に追われた。

震度7の恐怖と余震と一人向き合い車中泊、避難、疎開を余儀なくされた。命と物の空しさが身にしみた。しかし、それ以上に人の心が身にしみた。余震の恐怖の最中、知人・友人からの電話、疎開先樋島の人々の優しさ、地域の人々の声掛け、ボランティアの支援。感謝で涙がとめどなく流れた。自然の前に人はなす術もなかった。自然に打ちのめされた。しかし、まだ地域は生きていた。人のきずなは生きていた。地域の底力は生きていた。

天草は昭和二〇年後半、毎年のように台風被害の直撃にあい、対応と再建にずいぶん悩まされていた國久は、「災害」についてこう語っている。「災害―復旧また災害、その対応にいとまがない。そしてその手続きは年を追うごとに複雑化し復旧は遅れて行く。複雑化していく関係法律、命令の下に役人は権力化していく。かくして抜本的な治山、治水の対策はこうぜられようとしない。そして、罹災を繰り返す。ここに至っては、災害も人災との論もまたうなずける」と。

熊本地震は予想し難い災害とはいえ、多くの課題と教訓が課された。状況に甘えてもおられない。災害復興のスピードは、今、政治の力が試されている。「政治の眼目とするところは【より豊かな】【平穏にして】【より安全な生活】を総ての皆さまが【いついつまでも】楽しんで頂くことが理想であり、これが政治の姿だと深く信じてやみません」。最後の年に遺した國久の言葉である。

熊本地震で亡くなられた方々に黙とうを捧げると同時に、本書が熊本を応援して頂いた多くの皆さまへの感謝と、熊本県の再生の一助になればという思いである。

地域は不滅である。故郷を思う心は不滅である。頑張ろう熊本！

森　純子

執筆担当は以下の通り。

森國久という男　森　純子
はじめに　森　純子
序　章　森　純子
第一章　龍ヶ岳町政に見る國久の先見性と政治の心　森　純子
第二章　離島振興法の成り立ちと森國久の闘い　森　純子・段下文男
第三章　天草架橋実現の歴史とリーダー森國久　段下文男
第六章　人物評（四　家族が見た「父親」國久）　森　純子
あとがき　森　純子

参考資料文献

天草市立アーカイブズ所蔵「みくに新聞」「天草新聞」「天草民報」「天草自治会館資料」
宮本常一『宮本常一離島論集』別巻、みずのわ出版、二〇一三年
「龍ヶ岳町広報」（昭和二九年九月～三六年七月）
熊本日日新聞、西日本新聞、読売新聞各紙

『上天草市史　大矢野町編4　天草の門』、上天草市、二〇〇七年
渡辺常吉『夢の足跡』
蓮田龍介「天草橋実現に郡市民の協力を」、「天草新聞」昭和二九年一〇月？
川辺正人「天草架橋の話〝天草島民の協力を〟」、「天草新聞」昭和三〇年一月一日
鈴木勇次「離島振興法の原点とその目標」、長崎ウエスレヤン大学現代社会学部紀要
井上重利『略史　天草の歴史五十年』、みくに社
山階芳正「天草の架橋問題」、『日本地誌ゼミナール8　九州地方』、大明堂、一九六一年
全国離島振興協議会機関誌『しま』各号
全国離島振興協議会編『離島振興三〇年史』、全国離島振興協議会、一九八九年
総合雑誌『天草』創刊号、一九五五年
島一春『のさりの山河』、熊本日日新聞社、一九九六年
戸山銀造『昭和人生』
『変わりゆくふるさと樋島の昔と今』、樋島まちづくり委員会文化伝承部、二〇一〇年
熊本県広報「広報くまもと」第一六七号、一九六三年

森 國久 略歴

西暦	和暦	月	森國久	天草／県／国
一九一二	明四五	七	天草郡樋島村に生まれる。	孫文が南京で中華民国設立宣言 清朝滅亡、タイタニック沈没
一九一五	大四	七	龍ヶ岳に初めて電灯灯る。	天草に自動車走行（熊本県で第一号）
一九二三	大一二	九		瀬戸回転橋開通 関東大震災
一九二五	大一四	四	旧制天草中学入学	
一九二七	昭　二	七	旧制八代中学へ転校	芥川龍之介自殺
一九三〇	昭　五	三	旧制八代中学卒業	
一九三五	昭一〇	六	熊本県巡査	森慈秀氏、熊本県議会議員当選 翌年「大矢野架橋を建議」
		一〇	人吉警察署勤務　妻・政子と結婚	
一九三七	昭一二	七		盧溝橋事件（日中戦争勃発）
一九四一	昭一六	一二		太平洋戦争開戦
一九四二	昭一七	二	警部補に任官　熊本北警察署特高主任	
一九四三	昭一八	三	東条英機暗殺未遂事件を送検	山本五十六戦死

一九四五	昭二〇	八	藤崎宮に立て篭もる和平反対の第二神風連といわれた「尊王義勇軍」を終戦動乱の中に事なく処理し、多くの若者を救った。翌年、県警を退職。	三月二九日　樋島空襲、六名死亡 終戦。尊王義勇軍、八月一六日結成、二五日解散
一九四七	昭二二	一二	八代市にて事業経営 熊本県共同水産株式会社常務取締役	戦後初の公選知事「櫻井三郎」誕生 園田直氏、衆議院当選（民主党） 森慈秀氏、参議院立候補　落選
一九四九	昭二四	五	昭和天皇天草巡行 「水産物は国民の動物性食料補給に大切だから宜しく頼む」との御言葉を賜る	下山事件　三鷹事件　松川事件 湯川秀樹ノーベル賞 中華人民共和国成立
一九五一	昭二六	五	樋島村長就任	サンフランシスコ講和条約締結
一九五三	昭二八	五	桜井知事に國久が要請し、熊本県離島振興協議会結成、副会長就任。会長は県知事	
		六	全国離島代表者決起大会に座り込み覚悟で参加。天草に離島振興法の適用をと、國久渾身の演説 全国離島振興協議会副会長に就任	熊本集中豪雨　白川氾濫死者など五三七名 ラジオ熊本開局
		七	離島振興法成立、修正案の作成に従事	
		一〇	第一回離島対策審議会、天草全島離島振興法の指定地域となる 天草架橋開通後、離島振興法の指定地域解除（湯島、御所浦島を除く）までの一三〇〇億円の国費が投入され、天草のインフラの拡充に貢献した（現在の金額に換算すると数兆円か）	一〇月　町村合併促進法成立

一九五三	昭二八	一一	第二回離島振興対策審議会開催	
		一二	第三回離島振興対策審議会開催	
一九五四	昭二九	七	大道、高戸、樋島の三村合併 國久、初代龍ヶ岳村長当選	四月　本渡、牛深市制施行 七月　自衛隊発足 一二月　園田直氏「白亜の恋」
		九	全国離島大会（於：東京） 「離島と水」座談会参加。離島の水道の大切さを強調。樋島では昭和二九年九月給水開始 この時、宮本常一氏と「天草架橋」について論争。「一人一円献金」の構想を発案する 第四回離島振興対策審議会開催	
		一〇	「天草架橋期成会設立」決議、準備会を始動	
		一一	上島東海岸道路（松島から姫戸、龍ヶ岳、倉岳、栖本、本土への道路）期成会会長に就任 本渡瀬戸開削及び大矢野架橋問題などの予算獲得運動のために上京 樋島港改修を公共事業として運輸省が内定	
		一二	園田代議士を通じて、民主党（政権党）三役と会見 （竹山建設大臣の天草来島を要請か） 天草架橋準備会開催（一人一円献金を提案） 天草架橋期成会設立総会開催	

一九五五	昭三〇	一	内閣離島対策審議会委員に任命（昭和三六年に亡くなるまで務め、離島振興のための法案の拡充、予算の大幅増獲得に努めた） 竹山建設大臣来天草（天草架橋予定地を視察。この後、建設省職員の天草来島が頻繁になる） 第五回離島振興対策審議会開催	
		三	一人一円献金運動始まる 全国離島振興協議会役員、並びに天草架橋陳情、三〇年度離島計画のため上京	熊本県議会、天草架橋調査費計上
		六	第六回離島振興対策審議会開催	一円硬貨発行
		八	「天草架橋」正式申請書の提出のため、離島振興協会代表として上京 本渡瀬戸開削工事国営化決定	
		九	第七回離島振興対策審議会開催	九月　天草産業観光博覧会オープン（五二日間開催） 一一月　保守合同、自由民主党誕生
一九五六	昭三一	一	第八回離島振興対策審議会開催	
		二	知事とともに天草架橋、国立公園編入などのため上京 大作山電灯架設工事着手	四月「もはや戦後ではない」経済白書 五月　水俣病第一号患者確認

一九五六	昭三一	七	天草郡町村会長、天草架橋期成会副会長に就任。天草振興協議会（架橋期成会・観光協会・町村会などの天草全域の六団体を統合）設立提案・天草振興協議会初代会長となり名実ともに天草の代表として政治を牽引する 天草、国立公園に指定（天草振興協議会長として祝賀会開催）	六月　日本道路公団福岡支社架橋調査開始 一二月　日本が国際連合に加盟
		八	第九回振興振興対策審議会開催	
		一一	第一〇回離島振興対策審議会開催	
一九五七	昭三二	三	天草架橋、瀬戸開削工事国営化等陳情で國久ら上京 天草自治会館竣工（旧本渡市）	熊本県議会で議員提案により天草架橋事業費償還の保障協議成立
		四	離島予算を一本化して経済企画庁に計上する改正案成立 第一一回離島振興対策審議会開催	
		六	赤字再建団体（龍ヶ岳村）が昭和三一年度黒字に 天草振興協議会常任理事会は二級国道指定を要望 要望書を森國久天草振興協議会会長名で各方面に送付 第一二回離島振興対策審議会開催	
		八	瀬戸山農林政務次官（有明町出身）に天草を代表して、架橋の早期実現を陳情	
		一一	國久らの陳情に、根本建設大臣は「架橋現地を訪問し架橋着工日時を明示する」と発言（一二月中頃来島予定だったが、翌年四月に実現） 第一三回離島振興対策審議会開催	

一九五八	昭三三	二	天草架橋期成会では調査費増額要求（目標千万円）、岸道路公団総裁来島要請、架橋取り付け道路の促進など陳情。上京を前に森國久期成会副会長は「先般上京し副総裁に会い架橋の早期実現を要望した処、『三三年度中に架橋地点の全部をボーリングしたい』ともらしていた。架橋実現も間近いと思うので島民のご支援を願う」と報告し鼓舞した	
		三	第一四回離島振興対策審議会開催	
		四	國久等の要請を受け、岸道路公団総裁、根本建設大臣天草来島 根本建設大臣は架橋地点視察後、「三六年度から着工」と発言	四月　森慈秀氏、大矢野町長初当選 瀬戸橋はねあげ式に改修 東京タワー竣工、一万円札発行
		六	熊本市内で道路公団、熊本県、架橋期成会（副会長として出席）の打合会開催。事実上、この打合会が基本的な架橋方針を決定した （再建）天草観光協会会長就任（期日不明、翌年再任とある） 國久は昭和三二年、三四年の年頭の挨拶で、死蔵されているキリシタン関係の史跡、資料を整備し「郷土館」の建設を提言している。これらが「世界遺産」へ繫がった	
		七	龍ヶ岳村長再選。	
		九	姫戸～龍ヶ岳間の県道開通（やっと龍ヶ岳から車で松島まで行けるようになった、倉岳経由本土まではまだ） 第一五回離島振興対策審議会開催	

		一二	天草架橋早期着工を熊本県知事と連名で陳情書提出（昭和三六年架橋着工決定まで架橋に関する陳情書、要望書は森國久振興協議会会長と県知事連名による）	一〇月　天草新聞に「無灯火部落、昭和三七年度解消」と報道
一九五九	昭三四	一	「躍進する龍ヶ岳の一〇年計画」発表 総合病院（現在地に）　実業高校（船員、造船、木工、水産） セメント工場　産業会館　観光施設事業（観光ホテル　観光船　観光バス　海水浴場　水族館　観光道路　観光空中ケーブル　観光山上ホテル）　製茶工場　製油所　製氷所 澱粉工場　採炭工業	一月　寺本県知事誕生
		三	新橋駅で農民文学賞の島一春氏を激励 第一六回離島振興対策審議会開催	
		四	龍ヶ岳、村から「町」へ	七月　経済企画庁離島振興課設置（國久らの提案）
		一一	第一七回離島振興対策審議会開催	
		一二	「天草架橋の東京世話人会」結成（天草出身の東京在住者や県出身の国会議員らで構成）	
一九六〇	昭三五	一	道路公団が全国の事業計画発表、天草連絡道路（天草架橋）は三九年完成に。予算額二二億円	
		三	第一八回離島振興対策審議会開催 離島振興法の期間延長要望	
		四	龍ヶ岳にバス（本渡行き、姫戸経由）開通	六月　日米安保条約批准阻止闘争

		八	なかなか架橋着工決定が決まらず、悲観論も漂うなか天草島民に「天草架橋悲観論は無用！」と期成会を代表して記者会見をし、島民を鼓舞	当時の天草の生産所得は県平均の六二％、国平均の四五％。 七月　岸内閣退陣、池田内閣成立
		九	上村道路公団副総裁来島（架橋着工時の総裁）	一〇月　熊本国体開催（高松宮天草来島）
		一一	県町村長会副会長選任（会長は河津寅雄氏）	一二月　池田内閣所得倍増計画
		一二	第一九回離島振興対策審議会開催	
一九六一	昭三六	一	龍ヶ岳町福祉三条例施行（全国初とマスコミでも取り上げられる） 年頭の挨拶で実業高校（現・天草工業）を提言 天草架橋費、初年度一億円計上。三箇年完工の見通し	
		二	本渡瀬戸運河開削工事が七年ぶりに完了	
		三	第二〇回離島振興対策審議会開催	
		五	寺本知事とともに天草架橋問題で上京	
		六	一一日　出張先の熊本市の自治会館で倒れる 二六日　熊本市自治病院で死亡 二七日　自治会館にて天草郡町村会葬 三〇日　樋島・観乗寺にて町葬、参列者三〇〇人余。池田総理大臣他各界人の花輪で樋島は埋めつくされた	
一九六一	昭三六	七	道路公団から寺本県知事宛電話で事実上の天草架橋着工が決まる	一〇月　相撲、柏鵬時代の幕開け

一九六二	昭三七	三	離島振興法一部改正、一〇ヵ年延長 離島振興事業計画承認（第九次指定分）	一〇月　天草工業高校設立認可
		七	天草架橋起工式に妻・政子、蓉子出席。高松宮殿下、公団総裁から言葉を賜る。	五月　樋島小学校落成 一〇月　上天草病院着工予定
一九六三	昭三八	一〇	離島振興一〇周年表彰式、政子が代理で出席	
一九六六	昭四一	九	二四日　天草架橋開通。妻・政子、遺影を持って渡る	
一九七二	昭四七	九	樋島大橋完成（高戸・樋島間）	七月　龍ヶ岳町大水害、天草で死者一〇〇名以上。旧國久宅も山津波で消失

【著者紹介】

森　純子（もり　じゅんこ）

（森　國久次女）

昭和 26（1951）年　現上天草市龍ヶ岳町樋島生まれ

熊本県熊本市在住

ハローワーク熊本（平成 26 年退職）

㈱　明日香リアルティ　役員

在熊天草同郷会理事

熊本まちなみトラスト会員

森　國久顕彰委員

段下　文男（だんした　ふみお）

昭和 27(1952) 年、現上天草市龍ヶ岳町樋島生まれ

埼玉県鴻巣市在住

東京都文京区役所職員

東京天草四郎ふるさと会会長

関東観乗寺会長

関東真和同窓会副会長

森　國久顕彰委員会　事務局長

地方創生に駆けた男

天草架橋・離島振興に命を賭した森 國久

2016 年 9 月 24 日　初版

編著　森　純子・段下文男

発行　熊本出版文化会館

熊本市西区二本木 3 丁目 1-28

☎ 096（354）8201（代）

発売　創流出版株式会社

【販売委託】武久出版株式会社

東京都新宿区高田馬場 3-13-1

☎ 03（5937）1843　http://www.bukyu.net

印刷・製本／モリモト印刷株式会社

※落丁・乱丁はお取り換え致します。

ISBN978-4-906897-36-0　C0031

定価はカバーに表示してあります